绿色隧道建造技术著作丛书

绿色隧道建造技术

黄 俊 张忠宇 赵 光 李志远 著

科学出版社
北京

内 容 简 介

本书作为绿色隧道建造技术著作丛书的综述性著作，从全局角度阐述了绿色隧道的发展现状及未来发展方向，并对隧道毗邻空间利用、装配式隧道绿色建造、隧道噪声控制、隧道通风节能、隧道照明节能、隧道结构健康监测、能源隧道技术等七个绿色隧道重点领域做了系统的阐述，以期对读者了解隧道绿色建造技术及解决实际应用中产生的问题有所帮助。

本书适合隧道工程设计、施工和管理人员，隧道总体专业的相关从业人员阅读，也可供隧道设计人员、施工人员与高校相关专业师生参考。

图书在版编目（CIP）数据

绿色隧道建造技术/黄俊等著. —北京：科学出版社，2023.7
（绿色隧道建造技术著作丛书）
ISBN 978-7-03-068854-5

Ⅰ. ①绿⋯　Ⅱ. ①黄⋯　Ⅲ. ①隧道工程-环境工程-工程技术　Ⅳ. ①U45

中国版本图书馆 CIP 数据核字（2021）第 095348 号

责任编辑：姚庆爽 / 责任校对：崔向琳
责任印制：吴兆东 / 封面设计：蓝正设计

科学出版社 出版
北京东黄城根北街 16 号
邮政编码：100717
http://www.sciencep.com
北京厚诚则铭印刷科技有限公司印刷
科学出版社发行　各地新华书店经销

*

2023 年 7 月第 一 版　开本：720×1000　1/16
2024 年 5 月第三次印刷　印张：18
字数：350 000
定价：128.00 元
（如有印装质量问题，我社负责调换）

丛书编委会

主　任：黄　俊

顾　问：钱七虎　陈湘生　缪昌文

副主任：陈志龙　张顶立　李晓昭　袁大军

委　员：李大鹏　张海军　黄富民　冷嘉伟
　　　　郭志明　沈　阳　徐　建　蒋　刚
　　　　昌　盛　姚占虎　闫立胜　张志飞
　　　　周永军　郑　暄　徐志胜　李志来
　　　　侯立勋　史培新　张成平　姜裕华
　　　　孙　立　肖　剑　王登云　庄值政
　　　　刘继兵　敖　辉　高才驰　于　淼
　　　　牛晓凯　房　倩　何　瑶　邢冬冬
　　　　马　波　浦春林　施　展　董盛时
　　　　潘建立　李海光　丁文娟　吕勇刚
　　　　燕　翔　王剑宏　张忠宇　董　飞
　　　　赵　光　李志远　季红玲　杨　奎
　　　　李　奥　莫振泽　靳永福

序 一

十八大以来，党中央把生态文明建设和绿色发展提到新的战略高度，党的十八届五中全会更是把"绿色"列入中国国家建设发展的五大理念之中。中国的绿色发展正在进入世界绿色发展的先进行列。

地下空间是一个巨大而丰富的空间资源，对其进行合理开发利用能够促进我国的绿色发展。建设城市地下空间，是转变城市发展模式、治理"城市病"、建设绿色城市的主要着力点，城市建设向注重内涵的集约绿色可持续发展模式转变。

把城市交通尽可能转入地下，可以实现土地多重利用，提高土地综合利用率。在城市局部核心商务区或大型集中居住区，城市隧道不仅发挥着缓解交通拥堵的作用，还改善了中心城区地面景观及步行环境。随着城市建设规模和品质的不断提升，城市隧道在长度、宽度和维度上出现了新的发展需求，地下环路、地下互通、公路-铁路两用隧道等成为城市地下空间发展的热点。近年来城市隧道爆发式增长，在建设和运营中的节能、环保等问题日益突出，绿色隧道建造技术的研究与应用迫在眉睫。

该系列丛书从隧道的装配式建造、噪声控制、通风环保、照明节能、智慧化管养、新能源利用等方面阐述了绿色隧道的建造理念和方法。绿色隧道的建设不是一蹴而就的，唯有持之以恒、久久为功。因此，需要我们坚持世界眼光，积极利用城市地下空间，加强和保护城市生态环境，实现城市更好的绿色发展。该系列丛书的出版，将为我国绿色隧道建造起到积极的推动作用，为广大工程技术人员提供参照。

中国工程院院士 钱七虎

序　二

生态文明建设是关系中华民族永续发展的根本大计，"生态兴则文明兴，生态衰则文明衰。"中共中央政治局审议通过的《生态文明体制改革总体方案》指出，人与自然是生命共同体，强调要树立尊重自然、顺应自然、保护自然的理念，要加快生态文明体制建设，建设美丽中国。

我国于 2006 年发布的《绿色建筑评价标准》(GB/T 50378)中首次提出了绿色建筑的概念，并进行了一系列技术研究和工程应用，"十二五"期间完成新建绿色建筑 10 亿 m^2，取得了丰富的成果。随着城市化进程不断加快，快速交通和绿色交通要求日益提高。隧道在城市交通建设中体现出极大的优越性，越来越受政府和百姓的青睐，建设规模和体量呈爆发式增长。隧道越修越长、断面越修越大、地下空间利用形式越来越复杂，传统的建设理念与交通出行的安全、舒适性之间矛盾凸显。隧道建设中要求对交通疏解、地下水流失、地基变形和周边建筑物的影响降到最低，同时，实现隧道内的车、人安全舒适，周边环境影响小，养护成本可控的节能、环保指标，形成绿色隧道建造技术。

该系列丛书从"绿色建筑"出发，通过对其内涵的理解及发展理念的深入分析，结合目前隧道实际需求与发展状况，提出了"绿色隧道"概念。丛书包含《绿色隧道建造技术》《隧道噪声控制环保技术与实践》《隧道照明节能技术与实践》《隧道装配式绿色建造技术》等分册。针对隧道在设计、施工、运营、维养等阶段的关键问题，从隧道的装配式建造、噪声控制、通风环保、照明节能、智慧化管养、新能源利用等方面分析了绿色隧道的技术发展水平，并结合其特征要素进一步提出了绿色隧道的发展方向，为初步构建绿色隧道基本框架体系提供了有益参考。

中国工程院院士　陈湘生

前　言

随着新型城镇化水平的不断提高，城市开发建设品质也不断提升，城市交通隧道在长度、宽度和维度上都出现了新的发展需求，地下环路、地下互通、地下公铁合建隧道等均成为各个城市地下空间发展的中坚力量。近年来城市隧道建设呈现爆发式增长，"三分建、七分养"是地下工程的建设和运维特点，因此，在建设和运维中需要重点关注节能、环保问题，与地上建筑一样，绿色隧道概念也逐步得到了行业的重视，绿色隧道建造技术的相关研究和应用得到了很大的发展。

本书结合中华人民共和国住房和城乡建设部、江苏省住房和城乡建设厅、浙江省住房和城乡建设厅、浙江省公路局的科技研发项目和标准编制项目，对绿色隧道涉及的指标进行了梳理，提出了"绿色隧道"的概念；结合隧道设计、施工、运行、维护阶段"四节一环保"要求，即节能、节地、节水、节材和环境保护，提出了装配式隧道绿色建造技术、隧道噪声控制环保技术、隧道通风环保技术、隧道照明节能技术和智慧管养技术等绿色技术，并对各项技术进行现状分析和发展方向论述，结合工程实践的应用和测试反馈验证，提出了绿色隧道技术标准和绿色发展目标。

本书的主要撰写人员为黄俊、邢冬冬、杨奎、董飞、李志远、张忠宇、赵光等。具体分工如下：邢冬冬撰写第1章、第9章，黄俊撰写第2章，杨奎撰写第3章，董飞撰写第4章，李志远撰写第5章、第6章，张忠宇撰写第7章，赵光撰写第8章。全书由黄俊负责统稿。

绿色隧道发展理念的提出，为隧道建造技术的发展提供了一个新的方向，同时也希望借此促进隧道工程与环境的有机融合。受限于作者能力，绿色隧道理念还需要更多隧道工作者的加入、完善和拓展，以提升我国绿色隧道建造技术水平，为我国绿色发展战略添砖加瓦。

目 录

序一
序二
前言

第1章 绪论 ··· 1
  1.1 城市隧道发展现状 ·· 1
  1.2 城市隧道建造与运行技术 ·· 8
    1.2.1 城市隧道的定义 ·· 8
    1.2.2 城市隧道的功能 ·· 9
    1.2.3 隧道平纵面指标 ·· 17
    1.2.4 隧道横断面形式 ·· 18
    1.2.5 隧道建设技术 ··· 20
    1.2.6 隧道运行技术 ··· 23
  1.3 绿色发展理念 ·· 25
    1.3.1 绿色建筑发展理念 ··· 25
    1.3.2 绿色公路发展理念 ··· 27
    1.3.3 绿色隧道发展历程 ··· 29
  1.4 绿色隧道发展理念 ·· 34
    1.4.1 绿色隧道的定义 ·· 34
    1.4.2 绿色隧道技术现状 ··· 34
    1.4.3 绿色隧道发展方向 ··· 40

第2章 隧道毗邻空间利用技术 ·· 43
  2.1 隧道毗邻空间的定义 ·· 43
  2.2 隧道毗邻空间利用的发展 ·· 44
    2.2.1 国外隧道毗邻空间利用 ·· 45
    2.2.2 国内隧道毗邻空间利用 ·· 46
  2.3 隧道毗邻空间绿色设计 ··· 51
    2.3.1 隧道毗邻空间建设模式 ·· 51
    2.3.2 隧道毗邻空间结构联合设计 ·· 57
    2.3.3 隧道毗邻空间利用绿色技术指标和标准 ······································· 59
  2.4 隧道毗邻空间利用案例 ··· 59

  2.4.1 南京纬三路隧道停车场···59
  2.4.2 扬子江大道隧道毗邻空间开发利用··63
  2.4.3 西江互通连接线隧道毗邻空间开发利用···66
  2.4.4 中央商务区隧道毗邻空间开发利用··67
  2.4.5 地下综合体毗邻空间开发利用··71

第3章 装配式隧道绿色建造技术···74
3.1 装配式隧道的定义···74
3.2 装配式隧道的发展···75
  3.2.1 国外装配式结构的发展历程及现状··75
  3.2.2 国内装配式结构的发展历程及现状··76
  3.2.3 国外装配式隧道的发展··78
  3.2.4 国内装配式隧道的发展··81
  3.2.5 隧道装配式技术优势··82
3.3 装配式隧道绿色建造技术及指标···83
  3.3.1 装配式隧道绿色建造技术··83
  3.3.2 装配式隧道绿色建造指标··91
3.4 装配式隧道绿色建造案例···92
  3.4.1 南京扬子江隧道(双层预制装配式技术)···92
  3.4.2 厦门疏港路下穿通道(明挖隧道预制技术)···99
  3.4.3 永康三渡溪隧道(波纹钢混衬砌隧道修复)···105
  3.4.4 南京建宁西路过江通道(盾构管片与内部结构预制化、大断面顶管)······111
  3.4.5 港珠澳大桥海底隧道(沉管隧道)···122
  3.4.6 钻爆法衬砌装配式隧道(钻爆法预制装配式)·····································127

第4章 城市隧道噪声控制环保技术···129
4.1 隧道噪声控制环保技术的定义···129
4.2 隧道噪声控制环保技术的发展···130
  4.2.1 交通噪声预测模型··130
  4.2.2 隧道内噪声算法··132
  4.2.3 隧道洞口外噪声算法··137
  4.2.4 隧道噪声测量··142
  4.2.5 噪声控制材料··145
4.3 隧道噪声控制环保技术及指标···148
  4.3.1 噪声控制指标··148
  4.3.2 噪声控制设计··149
  4.3.3 施工与验收··151

	4.3.4 运营与维护	152
4.4	隧道噪声控制环保技术案例	152
	4.4.1 泰州鼓楼南路隧道	152
	4.4.2 南京扬子江大道清凉门隧道	160
	4.4.3 上海新建路隧道	165

第5章 绿色隧道通风节能环保技术

5.1	隧道通风节能环保技术的定义	169
5.2	隧道通风节能环保技术的发展	170
5.3	隧道通风节能环保技术及指标	175
	5.3.1 隧道通风节能技术	175
	5.3.2 隧道通风环保技术	179
	5.3.3 隧道通风节能环保指标	184
5.4	隧道通风节能环保技术案例	185
	5.4.1 深圳桂庙路隧道空气净化系统	185
	5.4.2 南京隧道竖井型自然通风系统	189

第6章 绿色隧道照明节能技术

6.1	隧道照明节能技术的定义	191
6.2	隧道照明节能技术的发展	191
	6.2.1 国外研究现状	191
	6.2.2 国内研究现状	192
	6.2.3 隧道照明节能技术发展趋势	194
6.3	隧道照明节能技术及指标	195
	6.3.1 隧道照明节能技术	195
	6.3.2 隧道照明节能指标	202
6.4	隧道照明节能技术案例	203
	6.4.1 扬州扬子江路隧道	203
	6.4.2 上海长江路隧道浦西匝道	206

第7章 绿色隧道结构健康监测

7.1	结构健康监测的定义	208
7.2	隧道结构健康监测系统的特点与发展	209
	7.2.1 隧道结构的服役环境与结构病害	209
	7.2.2 结构健康监测的技术发展	213
7.3	隧道结构健康监测系统的组成	214
	7.3.1 隧道结构健康监测的内容	214
	7.3.2 隧道结构健康监测系统总体框架	216

		7.3.3	传感器系统	216
		7.3.4	数据采集和传输系统	217
		7.3.5	结构安全评估方法	221
		7.3.6	数据管理平台	224
	7.4	隧道结构健康监测系统案例		225
		7.4.1	南京定淮门长江隧道(原南京扬子江隧道)	225
		7.4.2	港珠澳大桥海底隧道	227
		7.4.3	厦门翔安海底隧道	232
		7.4.4	南京玄武湖隧道	236
		7.4.5	南京九华山隧道	238
第 8 章	**能源隧道技术**			**242**
	8.1	能源隧道技术定义		242
	8.2	能源隧道技术的发展		242
		8.2.1	能源隧道的应用特点及分类	242
		8.2.2	能源桩技术的发展	243
		8.2.3	能源地下连续墙技术的发展	244
		8.2.4	能源隧道衬砌技术的发展	245
	8.3	能源隧道技术及指标		246
		8.3.1	地源热泵系统简介	246
		8.3.2	地源热泵在隧道中的应用	246
		8.3.3	能源隧道的应用特点	248
		8.3.4	能源桩的技术	248
		8.3.5	能源连续墙的技术	252
		8.3.6	能源隧道衬砌技术	253
		8.3.7	能源隧道热泵设计	254
	8.4	能源隧道技术案例		254
		8.4.1	隧道融雪防结冰的浅层地热能利用研究	254
		8.4.2	建宁西路过江通道地热能利用设想	259
第 9 章	**结论与展望**			**266**
	9.1	结论		266
	9.2	展望		270
参考文献				**271**

第1章 绪　　论

1.1 城市隧道发展现状

随着我国城市化进程的不断加快、国民经济的高速发展，2019年我国共有30座城市的全域人口超过了800万，其中13个城市全域人口超过了1000万；汽车保有量由2009年的7600万辆，增加到2019年的2.5亿辆，增长量超200%。由此引发的交通拥堵、环境污染以及土地资源稀缺等城市病问题也逐步凸显。而地下空间开发利用、隧道与轨道交通建设等是缓解城市资源匮乏、改善城市交通问题以及提升居民出行质量的重要途径，表1-1展示了国内典型城市的地下空间开发与城市交通的情况。

表1-1　全国地下空间发展综合实力排名前十[1]

城市	人口/万	汽车保有量/万辆	综合实力排名	城市隧道/km	轨道交通/km
南京	843	263	1	45.8	347
上海	2424	416	2	60.9	636
杭州	981	157	3	73.7	184
北京	2154	593	4	33.7	588
广州	1450	280	5	19.1	348
深圳	1303	343	6	21.5	286
成都	1633	519	7	44.1	179
武汉	1108	322	8	17.7	234
厦门	411	150	9	47.8	30
苏州	1072	419	10	16.8	119

国内外解决城市交通问题的主要途径包括拓宽现有道路，新建高架、地下快速路或建设轨道交通，这几种途径分别适用于城市的不同地区和发展阶段。

拓宽现有道路、新建快速路在一定程度上缓解了交通拥堵，但受城市中心区用地限制，无论是拓宽或是新建道路都不可避免地需要拆迁现有建筑或占用城市绿地等，地面上的扩展空间较小。同时，高架桥建设带来的环境问题、噪声问题也比较突出，随着人们对景观、环保要求的提高和对居住区品质的重视，高架桥与周边居住环境之间的矛盾日益突出，建设过程中开展的环境影响评价和社会稳定风险评估往往受到很大阻碍，新建项目实施难度越来越大。此外，各地已建高架桥也不断收到周边居民投诉，要求安装半封闭或全封闭声屏障，如图1-1所示，然而，声屏障的安装仅解决了高架桥带来的噪声问题，对城市景观的影响则更是雪上加霜。

图1-1 高架桥半封闭、全封闭声屏障

18世纪以来，修建轨道交通已成为解决城市公共交通问题的首要手段。随着轨道交通建设里程的不断增加，人群的大量出行问题得到解决，但并不能完全解决交通的问题。轨道是专用线路，难以遍布城市全区域，同时，轨道交通的建设、运行成本高，投资回收难度大，经济效益低。因此从便捷性、经济性角度，轨道交通仍然无法完全替代私家车。

城市空间的属性是立体的，不仅包括地面和地上空间，还有地下空间借鉴城市公共建筑和住宅建设的自地上向下的发展模式(图1-2)。城市交通解决方案也从地上发展至地下，从单层发展至多层，而节点下穿隧道、穿山越湖隧道、地下互通隧道等就是地面道路拓展和延伸，如图1-3所示。

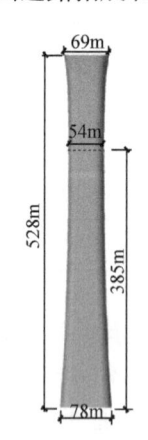

图1-2 中国尊

图 1-3 节点下穿隧道、地下互通隧道示意图

自 20 世纪 90 年代，城市隧道作为轨道交通的补充，可进一步缓解城市交通压力，并逐渐成为地下空间开发的一个重要引擎，带动城市综合开发。出于对缓解交通拥堵、提高路网连通性等因素的考虑，全国多个城市开始修建城市隧道，上海、杭州、南京、成都、武汉、厦门等城市建成及在建隧道众多，2013 年我国已建成的城市隧道里程约为 162km[2]。至 2019 年，我国已建成城市隧道里程已达 1000km，如图 1-4 所示。

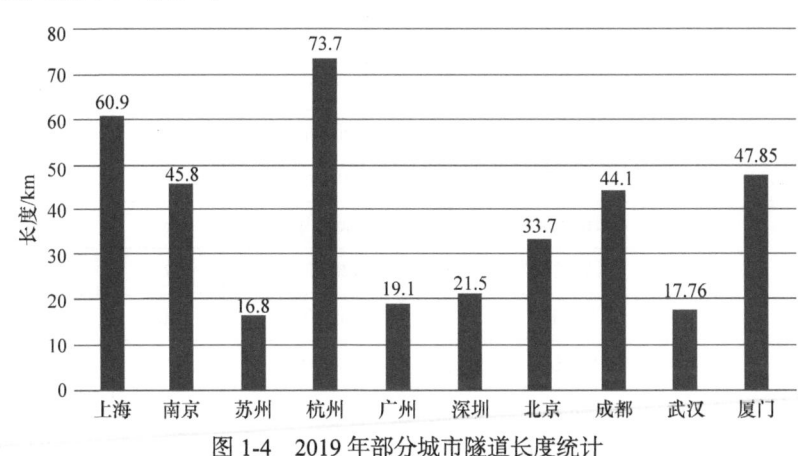

图 1-4 2019 年部分城市隧道长度统计

截至 2018 年 6 月，江苏省已建成城市隧道 72 座，总长约 83km；南京已通车城市隧道 40 座，在建城市隧道 40 座，其中包括通车的 2 条穿越长江的过江隧道和 2 条湖底隧道，详见表 1-2。

表 1-2 江苏省城市隧道规模统计表

序号	城市	隧道名称	位置	长度/m	建成时间
1	南京	玄武湖隧道	玄武湖北湖	2560	2003 年 4 月
2		九华山隧道	玄武湖东湖	2795	2007 年 9 月
3		西安门隧道	内环东线中段	1720	2007 年 5 月

续表

序号	城市	隧道名称	位置	长度/m	建成时间
4		通济门隧道	内环东线中段	1300	2007年5月
5		鼓楼隧道	鼓楼	1150	1995年7月
6		模范马路隧道	新模范马路	1451	2008年10月
7		凤台南路隧道	纬八路	533	2011年3月
8		集庆门隧道	城西干道	554	2013年12月
9		水西门隧道	城西干道	1355	2013年12月
10		清凉门隧道	城西干道	1665	2013年12月
11		草场门隧道	城西干道	733	2014年7月
12		江东门隧道	江东中路	405	2013年12月
13		北圩隧道	江东中路	425	2013年12月
14		管子桥隧道	江东北路	468	2013年12月
15		龙江隧道	江东北路	471	2014年7月
16		五塘广场隧道	幕府西路	1590	2014年1月
17		晓庄广场隧道	幕府东路	844	2014年5月
18	南京	红山南路隧道	红山南路	740	2014年6月
19		富贵山隧道	北安门街	465	1989年1月
20		龙蟠路隧道	龙蟠路	571	2005年11月
21		卫岗隧道	沪宁连接线	448	1996年4月
22		中山门隧道	中山东路	142	1996年4月
23		湘江路隧道	湘江路	528	2010年4月
24		凯旋路隧道(未开通)	石狮路	527	2005年10月
25		南京长江隧道	长江江心洲	5833	2010年5月
26		奥体新城隧道	扬子江大道	250	2008年10月
27		学林路隧道	学林路	140	2009年
28		双龙街隧道	双龙街立交桥	647	2012年2月
29		玉兰路隧道	沪蓉下穿玉兰路	121	2012年5月
30		老山隧道	沪陕高速	3595	2006年12月
31		南京扬子江隧道(S)	长江潜洲	3680	2016年1月
32		南京扬子江隧道(N)	长江潜洲	3500	2016年1月

续表

序号	城市	隧道名称	位置	长度/m	建成时间
33	南京	北象山隧道	栖霞互通主线桥	204	2012年11月
34		大校场隧道	应天大街高架	1000	2017年10月
35		江山大街隧道	江山大街	1300	2014年
36		临江路隧道	浦口大道	650	2014年
37		万寿路隧道	江北大道快速路	525	2014年
38		浦滨路隧道	浦镇大街	950	2017年7月
		合计		45835	
1	苏州	凤凰山隧道	吴中区、吴江区	207	2010年8月
2		绮里坞隧道		560	2015年12月
3		香山隧道		420	2016年3月
4		学院路地道		1880	2011年10月
5		渔洋山隧道		2410	2017年9月
6		阳澄西湖隧道	工业园区	2310	2015年7月
7		星港街隧道		1560	2017年8月
8		现代大道下立交		420	2017年8月
9		独墅湖隧道		3460	2007年10月
10		星湖街下立交		450	2007年10月
11		星港街南延下穿通道		160	2008年12月
12		G312分流线地道		460	2014年12月
13		文灵路隧道	相城区	460	2009年
14		御窑路隧道		494	2011年8月
15		北环快速路隧道	姑苏区	1510	2007年
		合计		16761	
1	无锡	澄江西路隧道	江阴	1270	2014年3月
2		太湖大道隧道	无锡(西起金匮大桥,东至广南立交)	4200	2011年5月
3		桃花山隧道	青龙山路、无锡桃花山垃圾填埋场	524	2008年12月
		合计		5994	
1	常州	龙城大道隧道	常州市高架道路—龙城大道段	1666	2013年9月

续表

序号	城市	隧道名称	位置	长度/m	建成时间
2	常州	沪蓉高速匝道至衡山路	衡山路与高邮湖路口	376	2015 年
3		辽河路地下通道	常州市新北区辽河路	600	2012 年 9 月
		合计		2642	
1	镇江	观音山隧道	镇江市润州区南徐大道—五凤口高架	1162	2016 年 1 月
		合计		1162	
1	扬州	润扬北路下穿通道	新城西区	459	2005 年 1 月
2		泰州路(跃进桥)下穿通道	广陵区	480	2014 年 4 月
3		渡江南路隧道	广陵区	840	2018 年 6 月
4		荷花池隧道	广陵区	780	2018 年 6 月
5		开发路隧道	广陵区	865	2018 年 6 月
6		瘦西湖隧道	邗江区	2212	2014 年 9 月
7		邗江路隧道	邗江区	700	2018 年 4 月
8		扬子江路隧道	邗江区	1195	2018 年 6 月
		合计		7531	
1	泰州	汇景隧道	泰州市东风路与汇景路交叉口	490	2017 年 4 月
2		永定路二号隧道	泰州市永定路与东风路交叉口	512	2017 年 4 月
3		永定路一号隧道	泰州市永定路与鼓楼南路交叉口	1043	2017 年 4 月
		合计		2045	
1	南通	通京大道-青年路隧道	南通市青年路与通京大道交叉口	750	2012 年 12 月
2		通甲路隧道工程	通甲路与通京大道交叉口	434	2013 年 6 月
		合计		1184	
1	徐州	韩山隧道	韩山	981	2013 年 10 月
2		云龙山隧道	苏堤路,云龙山	825	
3		苏山地道	西三环快速路	暗埋段 120	
4		拖龙山隧道	黄河路,拖龙山	470	2017 年 9 月
5		狮子山地道		550	

续表

序号	城市	隧道名称	位置	长度/m	建成时间
		合计		2946	
1	连云港	炮台顶隧道	东疏港高速公路	844	2011 年
2		海州湾隧道		600	
3		北固山隧道	连霍高速，北固山	1600	2016 年 6 月
4		云台山隧道		3700	1993 年
5		后云台山隧道	东疏港高速公路	3740	2011 年
		合计		10484	
		总计		83154	

注：① 表中所列出隧道为至 2018 年 6 月已建成隧道，包括建成未通车的隧道；
② 隧道长度为主线机动车道敞开段与暗挖段总长度；
③ 若存在上下线/左右线长度不同的情况，则取平均值计算。

随着城市隧道建设规模的不断扩大，与其相关的一系列研究也在不断深化，以期提高城市隧道建设与运行的经济性、安全性及节能环保。隧道运行耗电巨大，且隧道洞口尾气环境以及洞口、洞内的行车环境尤其是人车混行的噪声严重影响出行的安全和舒适[3]。在城市隧道的建设和运行过程中，相关技术人员已摸索出一些环保、节能的绿色隧道新技术，如 LED 照明节能[4]、长隧道顶部开口分段式通风环保[5]和隧道内降噪技术[3]等。

我国的城市隧道的发展可以分为四个阶段：起步阶段(2000 年之前)、探索阶段(2000～2005 年)、发展阶段(2006～2017 年)[2]和绿色发展阶段(2018 年至今)。

第一阶段(2000 年之前)：起步阶段。主要针对地下道路空间开发上的规律进行了分析，建议采用地下道路连接地下停车场。1997 年 10 月，住房和城乡建设部发布了《城市地下空间开发利用管理规定》，表明我国城市地下空间开发利用从民间研究和舆论呼吁开始转向政府行为。

第二阶段(2000～2005 年)：探索阶段。该阶段主要探讨地下道路解决城市交通拥堵问题的必要性及意义。2003 年，中国工程院院士钱七虎建议在中国的特大城市建设"地下高速公路"。地下道路是地下空间研究中的重要组成部分，我国关于地下空间相关规划的研究直接推动了地下道路的研究进程。各大城市相继出台了地下空间开发、地下道路等相关的规划研究文件，均指出合理利用地下空间开发，在交通需求量大且拥堵现象严重的区域建设地下道路，将有助于缓解地面交通的拥堵。

第三阶段(2006～2017年)：发展阶段。随着城市隧道研究的深入以及地下道路建设需求的紧迫，重点针对地下道路建设的关键技术开展了一系列的研究，其目的是提高地下道路的安全性，更好地服务于城市交通发展。这一阶段的研究关注点是地下道路的功能定位、设计、交通安全、路网规划、环境影响评价、防火研究等。2015年住房和城乡建设部发布了《城市地下道路工程设计规范》，2016年江苏省发布了《城市隧道噪声控制技术规程》，2017年上海市发布了《道路隧道设计标准》等一系列规范、标准和指南，标志着这一阶段研究的成熟，并有了绿色发展的萌芽和探索研究。

第四阶段(2018年至今)：绿色发展阶段。城市隧道在建设和运行阶段的理论、规范及标准不断完善和成熟，研究人员将更多的关注点投入到了城市隧道的节能环保领域。2018年6月，世界交通运输大会提出了绿色隧道的理念，标志着城市隧道的发展进入了一个新的阶段。2019年江苏省相继发布了《江苏省城市隧道建设、运行与维护指南(试行)》和《城市隧道照明设计标准》，是继《城市隧道噪声控制技术规程》之后对绿色隧道发展的又一贡献，明确地提出了绿色隧道的定义和建造技术。绿色隧道是在全寿命周期内，有效节约资源、合理保护环境、减少可控污染，为人们提供畅通、高效、便捷、舒适的出行环境，与自然和城市和谐共生的隧道。江苏省目前正在编制《城市隧道通风设计标准》《水下隧道健康监测技术规程》等一系列绿色隧道相关的技术标准。

本书着重介绍绿色隧道的概念、发展方向和关键技术，包括毗邻空间利用、装配式建造、噪声控制、照明节能、通风环保、智能管养及地热能利用等。

1.2 城市隧道建造与运行技术

1.2.1 城市隧道的定义

目前学术界对城市隧道的命名尚未统一，以穿越道路节点的隧道为例，有的称为地下立交，也称为地道，还有的称为地下道路。命名的不统一反映出了目前对城市隧道的研究尚不够深入，难以给出明确的定义。

在《建筑设计防火规范》(GB 50016—2014)中，为区别管线隧道、电缆隧道，根据城市隧道的特点，单独命名了城市交通隧道；在《城市桥梁养护技术标准》(CJJ 99-2017)中，也提出了城市隧道这一术语；在《城市地下道路工程设计规范》(CJJ 211-2015)中，称城市隧道为城市地下道路，并定义为：地表以下供机动车或兼有非机动车、行人通行的城市道路。

本书所述城市隧道特指：城市规划区域范围内地表以下供机动车或兼有非机动车、行人通行的城市隧道，公路及其他交通隧道可做参考。

1.2.2 城市隧道的功能

1. 交通功能

上海打浦路隧道是我国较早的城市隧道，其建设主要目的是解决穿越黄浦江的交通问题。此后，城市隧道的建设规模和体量逐渐增加，其所承担的交通功能差异也较大，现有的城市隧道主要有两种功能：①连通型功能；②系统型功能。

1) 连通型功能

城市隧道连通型功能主要包括：穿江越湖、穿越保护区(风貌、文物、立体交通等需要保护的设施)、改善节点交通等，隧道本身的等级、交通属性等服从主线道路。

(1) 穿江越湖。

随着隧道建设水平的提高，江河湖泊不再是交通的屏障，以隧道的形式穿江越湖得到了广泛应用，并较好地服务了城市发展。表 1-3 为部分穿江越湖的城市隧道统计表。

表 1-3 部分穿江越湖的城市隧道统计表

穿江越湖	名称	长度/m	设计速度/(km/h)	车道规模
长江	扬子江隧道	5076	80	双向八车道
黄浦江	打浦路隧道	2700	80	双向四车道
太湖	苏州湾1号隧道	9130	100	双向六车道
钱塘江	庆春路隧道	3060	60	双向四车道
嘉陵江	重庆渝中隧道	700	40	双向四车道
赣江	红谷隧道	1300	50	双向四车道

南京扬子江隧道是国内最长水下双层双向八车道双洞盾构隧道，总体情况如图1-5所示。位于南京长江大桥与南京长江隧道之间，距离下游长江大桥约4.9km，距离上游南京应天大街隧道约4.7km。采用双向八车道城市快速路标准设计，设计速度80km/h。过江段采用盾构法施工，盾构直径14.5m，隧道北线长4814m(盾构段3644m)，南线长5338m(盾构段长4041m)，属于特长隧道。

(2) 穿越保护区。

由于风景名胜区、文物保护区或立体交通等需要保护的设施存在，需要采用隧道方式穿越该保护区，这是较早的城市隧道建设的主要功能，表 1-4 为部分穿越保护区的城市隧道统计表。

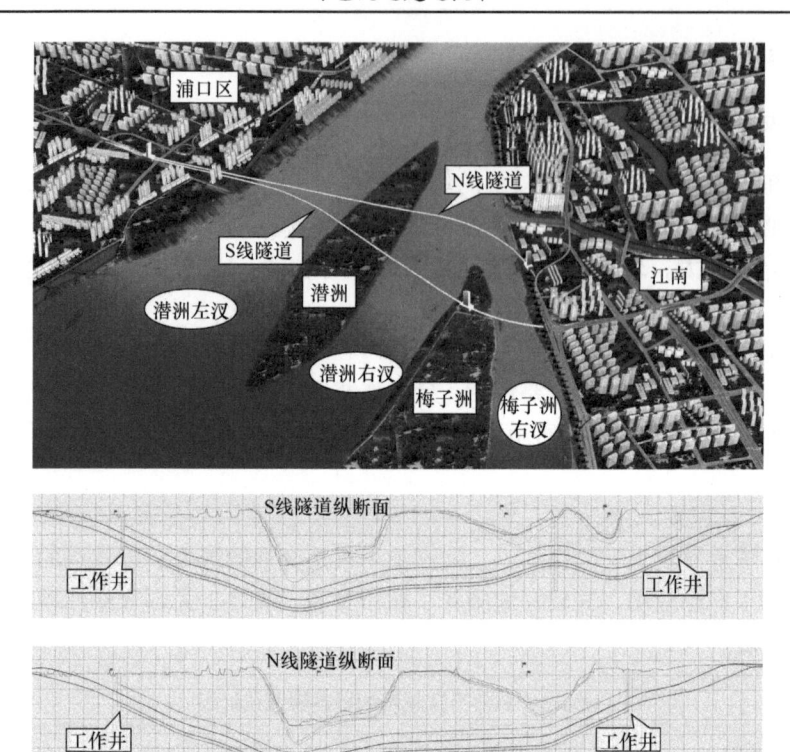

图1-5 扬子江隧道平、纵面图

表1-4 部分穿越保护区的城市隧道统计表

穿越保护区	名称	长度/m	设计速度/(km/h)	车道规模
景区	西湖隧道	1415	40	双向四车道
文物	南京鼓楼隧道	750	60	双向四车道
地铁	星港街隧道	1560	50	双向四车道
铁路	杭州环北地下快速路隧道	1800	60	双向四车道
桥梁桩基	厦门海沧海底隧道	6335	80	双向六车道
复杂建筑群	厦门梧村隧道	650	60	双向六车道

南京鼓楼隧道是中国第一条城市地下立交，如图1-6所示。位于南京鼓楼广场，地处中山路、北京东路、北京西路、中山北路、中央路等5条城市主干道的交会处。隧道采用双向四车道城市主干路标准，设计速度60km/h。隧道采用双跨连拱结构，暗挖结合明挖法施工，隧道全长750m，属于短隧道。

图 1-6　鼓楼隧道

星港街隧道是连接苏州中心地下环路的主要城市隧道位于苏州市工业园区。隧道采用双向四车道城市主干路标准设计，设计速度 50km/h。隧道北起苏慕路南侧，向南下穿现代大道、三星河、苏绣路，上跨苏州轨道交通 1 号线和苏州轨道交通 3 号线，下穿相门塘、苏惠路后接地，总长约 1560m，属于中隧道。图 1-7 为苏州工业园区星港街地下道路工程与苏州轨道交通关系示意图。

(3) 改善节点交通。

据统计，61%的城市隧道为 500m 以内下穿交通繁忙路口的短隧道，既可实现主要交通干道的通畅，也可以退让地面空间，确保地面的机动车和人非通行，典型如南京江东北路的隧道群、扬子江大道隧道群，扬州城市南部快速通道隧道群等。当隧道连续穿越几个路口后，隧道规模增加，出现了暗埋段较长的城市隧道，带来了通风防灾等一系列问题。表 1-5 为改善节点交通的城市隧道统计表。

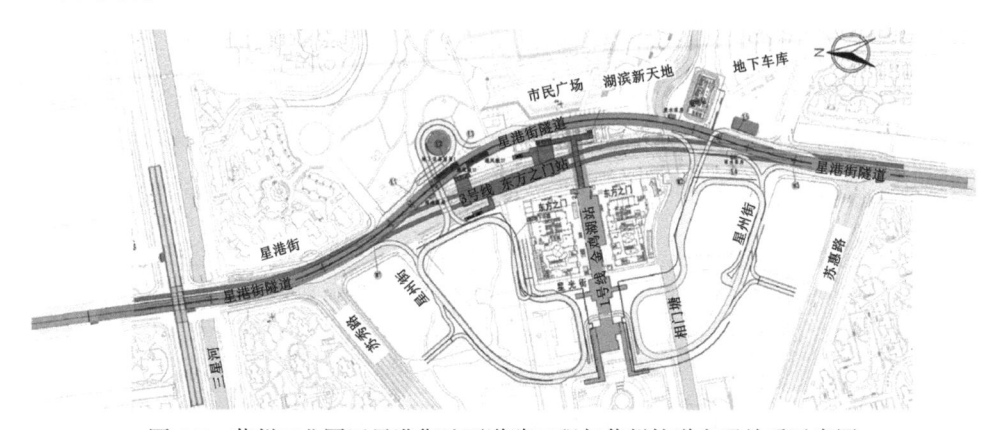

图 1-7　苏州工业园区星港街地下道路工程与苏州轨道交通关系示意图

表 1-5　改善节点交通的城市隧道统计表

下穿交叉口数量	名称	长度/m	设计速度/(km/h)	车道规模
1 个交叉口	徐州汉源大道地道	525	60	双向四车道
2 个交叉口	扬州扬子江路隧道	1195	80	双向六车道
3 个交叉口	南京锦绣路隧道	1580	60	双向六车道
4 个交叉口	南京珍珠南路隧道	2260	80	双向六车道

扬州扬子江路隧道位于扬州第一条城市快速路上，是快速路隧道群中的最长一座隧道，如图 1-8 所示。位于扬州城市南部快速通道与扬子江路交叉口。隧道下穿邗江路和扬子江中路两条路，设计采用双向六车道城市快速路标准，设计速度 80km/h。隧道采用明挖法施工，总长 1195m，属于中隧道。

图 1-8　扬州扬子江路隧道

2）系统型功能

区别于连通型功能的城市隧道需依附于主线道路，系统型功能的城市隧道为独立的、自成体系的道路系统，它的主要功能包括完善城市路网和改善区域到发交通两种。相对于连通型功能的隧道，系统型功能的隧道为近年来出现的新型隧道。

(1) 完善城市路网，利用地下空间增加交通轴线容量。

这一类城市隧道是城市路网组成部分，也可称为城市地下快速路，通过对地下空间的利用，拓宽或新增交通轴线，改善城市交通。这类隧道大多体量巨大，动辄几公里、十几公里以上。表 1-6 为部分城市地下快速路统计表。

表 1-6　部分城市地下快速路统计表

地区	名称	长度/m	设计速度/(km/h)	车道规模
上海	外滩通道	3720	40	双向六车道
上海	北横通道	17000	60	双向六车道
上海	浦东大道快速路	6100	50	双向四车道

续表

地区	名称	长度/m	设计速度/(km/h)	车道规模
深圳	沿一线快速通道	15800	60	双向六车道
深圳	皇岗路地下快速路	11500	60	双向四/六车道
深圳	望海路地下快速路	8000	60	双向四/六车道
南京	友谊河隧道	3204	60	双向四车道

上海外滩通道是国内首次采用超大直径土压平衡盾构在城市核心区掘进施工，被誉为上海市中心交通的"心脏搭桥"式工程。该工程位于上海最具标志性的外滩万国建筑历史文化风貌区，是规划城市三纵三横主干路网中东线的重要组成部分。设计采用双向六车道城市主干路、小客车专用通道标准，设计速度40km/h。工程采用明挖法与盾构法相结合的施工法，盾构直径13.95m，项目沿中山东一路、从外白渡桥下方穿越苏州河，全长3720m，属于长隧道，如图1-9所示。

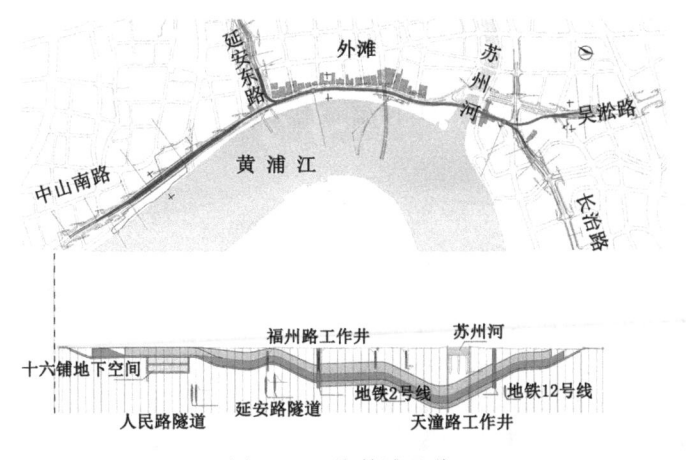

图1-9 上海外滩通道

(2) 改善区域到发交通，作为城市支路的补充，连接各地块车库。

这一类城市隧道也称为城市地下环路，它通过对地下空间的利用来改善区域交通环境，实现对外的高效集散和区域停车资源的共享，在高密度开发的城市中央商务区(central bussiness district，CBD)或大型综合体内有较多的应用。表1-7为部分城市地下环路统计表。

表 1-7 部分城市地下环路统计表

地区	名称	形式	出口	进口	泊位	长度/km
南京	鱼嘴地下环路	双环	5	5	25000	2.4
无锡	锡东新城地下环路	一环+一弧	4	6	22000	2.1+0.6
苏州	苏州中心地下环路	南北双环	7	7	6000	0.75+0.78
杭州	未来科技城地下环路	单环	5	5	20000	1.7
北京	中关村地下环路	单环	4	6	15000	1.9
广州	金融城地下环路	两主环+两次环	8	8	30000	1.6+0.8+0.4
金华	燕尾洲地下环路	单环	3	3	8000	1.2
武汉	王家墩地下交通环廊	单环	6	6	13500	1.9

南京鱼嘴地下环路是南京在建的车行地下环路，集约了地铁、商业、公园、管廊、轻轨等功能。工程位于南京河西最南端，被誉为南京未来的桥头堡，是规划鱼嘴中央商务区的重要组成部分。环路设计采用单向三车道城市支路、小客车专用通道标准，设计速度 20km/h。环路采用逆时针主副双环结构，服务包括商业区、鱼嘴公园在内的 12 个停车区域总计约 12000 个停车位，环路设置外出入口 5 对(5 进 5 出)、内出入口 24 处。主环长 1.6km，副环长 0.9km，属于长隧道，如图 1-10 所示。

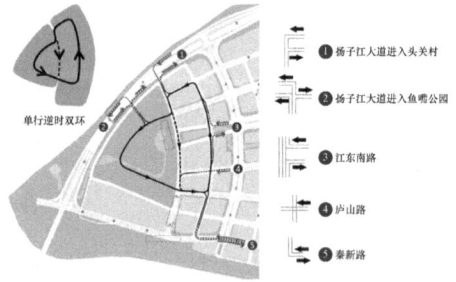

图 1-10 鱼嘴地下环路

(3) 补充节点交通，承担部分节点互通功能，满足交通快速转换。

越来越多的城市隧道需要承担交通转换的功能和需求，除简单的地面立交外，中、长、特长隧道设置匝道与地面或隧道衔接的形式也越来越多，出现了各种形式的城市地下互通。国内部分地下互通统计见表 1-8。

表 1-8　国内部分地下互通统计表

序号	名称	互通型式	规模	运行情况
1	厦门万石山地下互通	半互通	1 条环形匝道 2 条定向匝道	建成
2	长沙营盘路湘江隧道地下互通	半互通	3 条定向匝道	建成
3	青岛胶州湾隧道地下互通	半互通	3 条定向匝道	建成
4	重庆朝天门互通式立交隧道	半互通	2 条环形匝道 2 条定向匝道	建成
5	大连湾海底隧道与东方路地下立交	半互通	2 条定向匝道	建成
6	南京定淮门江东路节点工程	半互通	3 条定向匝道	建成
7	南京梅子洲过江通道扬子江大道地下互通	半互通	1 条定向匝道	建成
8	南京青奥轴线地下互通	半互通	3 条定向匝道 2 条接地块匝道	建成
9	上海外滩通道	半互通	2 条定向匝道	建成
10	汕头海湾隧道中山东路立交	半互通	2 条定向匝道	建成
11	深中通道机场互通	全互通	4 条定向匝道	在建
12	南京建宁西路过江隧道惠民大道地下互通	半互通	6 条定向匝道	在建
13	南京建宁西路过江隧道横江大道地下互通	半互通	2 条环形匝道 2 条定向匝道	在建

2008 年 5 月建成通车的厦门万石山立交隧道，是中国第一座互通式立交隧道，采用钻爆法建设，其效果图及现状图分别如图 1-11 和图 1-12 所示。

图 1-11　厦门万石山立交隧道效果图

图 1-12　厦门万石山立交隧道现状图

南京建宁西路过江通道位于南京长江大桥与扬子江隧道之间，距离下游长江大桥约 2.4km，距离上游扬子江隧道约 1.8km。该隧道江北接线采用双向六车道城市快速路标准，设计速度 80km/h，过江段及江南接线采用双向六车道城市主干路标准，设计速度 60km/h。过江段采用盾构法施工，盾构直径 14.5m，隧道全长 3550m，其中盾构段长 2362m，属于特长隧道。因两岸接线快速路距离江边较近，隧道在南北两处节点设置了 2 座大型地下互通，江北横江大道互通和江南惠民大道互通全景及放大示意图如图 1-13 和图 1-14 所示。

图 1-13　江北横江大道互通和江南惠民大道互通全景示意图

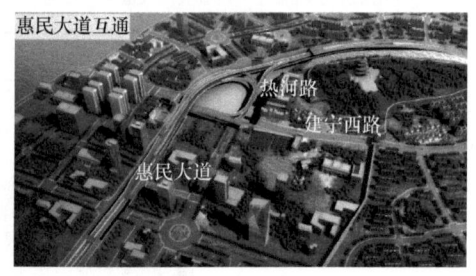

图 1-14　江北横江大道互通和江南惠民大道互通放大示意图

2. 复合功能

随着城市隧道规模、形式的不断增加，隧道建设的要求不断提高，从投资、节能、节地等角度考虑，建设一座城市隧道不仅要满足城市交通的需求，也要兼顾轨道交通、综合管廊、地下停车场等其他公共设施的需求，协同建设的理念不断深入城市隧道领域，近年来也逐渐出现了较多的与轨道交通合建、与综合管廊合建、与地下停车场合建等城市隧道，其建设方式和模式也日趋成熟。表 1-9 为部分城市隧道功能复合统计表。

表 1-9 部分城市隧道功能复合统计表

共建类型	名称	长度/m	设计速度/(km/h)	道路等级	主要工法
隧道＋地铁	武汉三阳路长江隧道	2590	60	主干路	盾构
隧道＋停车场	连云港人民路隧道	1149	60	主干路	明挖
隧道＋管廊	南京惠民大道隧道	1662	80	快速路	明挖
隧道＋地铁＋管廊	苏州阳澄湖第三通道	2430	50	主干路	明挖
隧道＋人行地道＋地铁车站	苏州星湖街隧道	1940	60	主干路	明挖
隧道＋停车场＋地下环路＋管廊	南京中央商务区隧道	2480	80	快速路	明挖

武汉三阳路过江隧道是世界上首座公铁两用的盾构隧道。位于武汉市主城区内环线内，距离下游的长江二桥 1.3km，距离上游的武汉长江隧道 1.9km，由于主城区过江通道资源有限，该通道为城市道路与轨道交通 7 号线共用，上层采用双向六车道城市主干路标准，设计速度 60km/h，下层为地铁 7 号线，设计行车速度 100km/h。过江段采用盾构法施工，盾构直径 15.2m，隧道全长 4650m，其中盾构段长 2590m，如图 1-15 和图 1-16 所示。

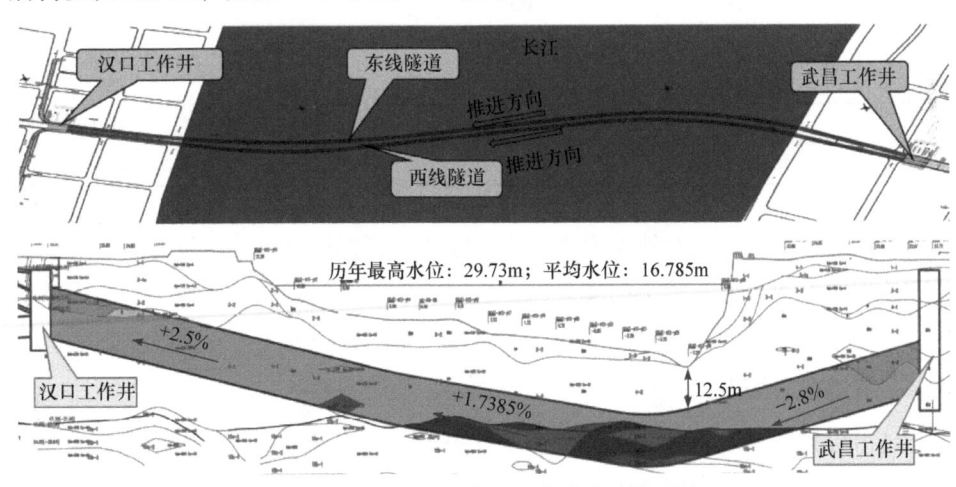

图 1-15 武汉三阳路过江隧道平、纵面图

1.2.3 隧道平纵面指标

一般的城市隧道平纵面指标与其相衔接的城市道路相一致，在部分参数设置时，会考虑隧道通行的特殊性做一定的调整。城市隧道的主线平面大多采用直线或大直径的圆曲线，纵断面指标也在经济性、舒适性和安全性三者之间找到了平衡，最大纵坡一般不超过 5%，最小纵坡也以满足排水需求的 0.3%为主。表 1-10

为南京隧道平纵面统计表。

图 1-16　武汉三阳路过江隧道横断面图

表 1-10　南京隧道平纵面统计表

序号	隧道名称	最小纵坡/%	最大纵坡/%	最小圆曲线/m
1	清凉门隧道	0.3	4.5	3000
2	水西门隧道	0.3	4.5	3000
3	草场门隧道	4.5	4.5	3000
4	集庆门隧道	4.5	4.5	3000
5	凤台南路隧道	0.3	4.5	3000
6	龙江隧道	4.0	4.0	1800
7	管子桥隧道	4.5	4.5	27500
8	北圩隧道	4.0	5.0	350000
9	江东门隧道	4.5	5.0	600

地下互通匝道形式和线型有别于主线隧道的指标要求，从经济性、安全性、节能环保等方面考虑，会不断地突破常规限定：为满足设计速度采用的隧道内超高、连续设置多条出入口进出主线、地下左进左出的交通组织方式等。

1.2.4　隧道横断面形式

城市规划范围内，因地形地质条件、周边建筑物的限制、轨道交通和管线的要求等原因，城市隧道施工需因地制宜，采用多种施工方法，且因结构受力、通风防灾、节能环保等需求，其暗埋段结构形式相比公路隧道更加复杂多变。

施工工法的不同：明挖法隧道多采用矩形断面、折板拱断面等，如图 1-17 所示；暗挖法隧道多采用拱形断面、圆形断面、椭圆形断面、圆角矩形断面、组合矩形断面等，如图 1-18 所示。

设计需求的不同：通风需求的顶板开孔断面、线型需求的台阶型断面、受力需求带夹空层断面等，如图 1-19 所示。

(a) 矩形断面

(b) 折板拱断面1

(c) 折板拱断面2

图 1-17 明挖法隧道断面图

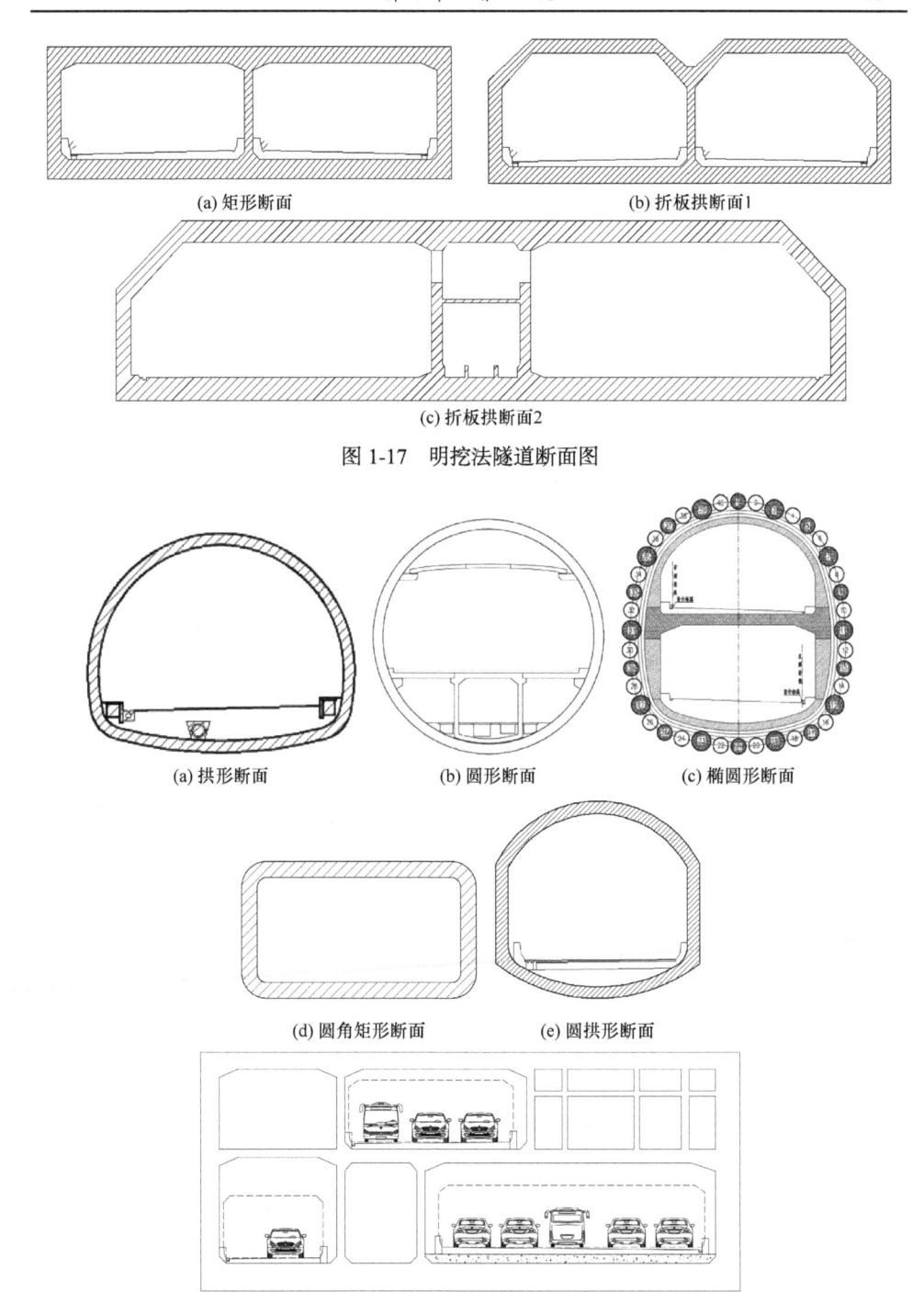

(a) 拱形断面

(b) 圆形断面

(c) 椭圆形断面

(d) 圆角矩形断面

(e) 圆拱形断面

(f) 组合矩形断面

图 1-18 暗挖法隧道断面图

(a) 顶板开孔断面

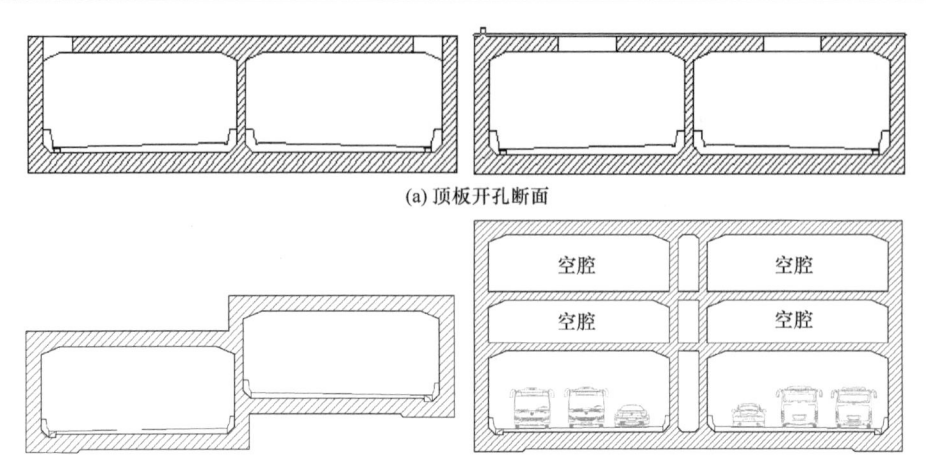

(b) 台阶型和夹空层断面

图 1-19　不同设计需求下的隧道断面图

隧道敞开段(或路堑式隧道)采用的型式主要为 U 形结构型式,根据景观、环保的要求,有直墙断面、斜墙断面、内凹型断面等,如图 1-20 所示。

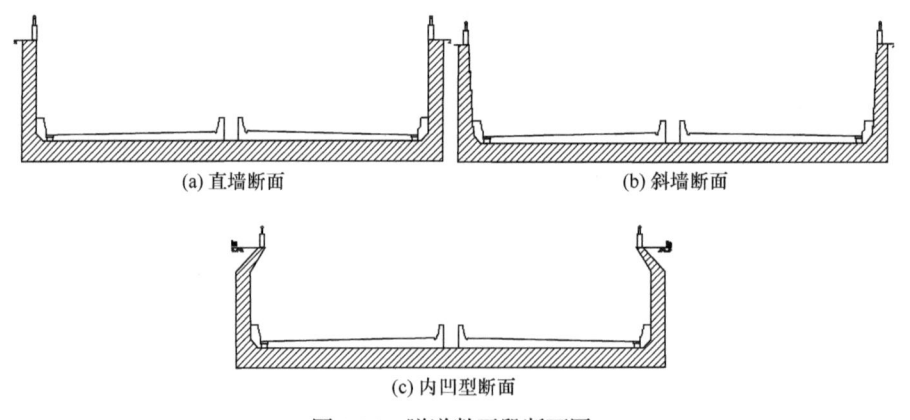

(a) 直墙断面　　　　　　　　　　(b) 斜墙断面

(c) 内凹型断面

图 1-20　隧道敞开段断面图

1.2.5　隧道建设技术

城市隧道建设技术可分为两大类:明挖法和暗挖法。近年来不断涌现的新原理、新方法、新设备、新材料、新工艺、新技术、新仪器应用已趋于成熟,各种类型的重大项目相继建成。图 1-21 为城市地下工程建设分类。

1. 明挖法

20 世纪 30 年代,Terzaghi 和 Peek 等最先从事基坑工程的研究,20 世纪 60 年代在奥斯陆等地的基坑开挖中开始实施施工监测,从 20 世纪 70 年代起,许多国家陆续制定了指导基坑开挖与支护设计和施工的法规。

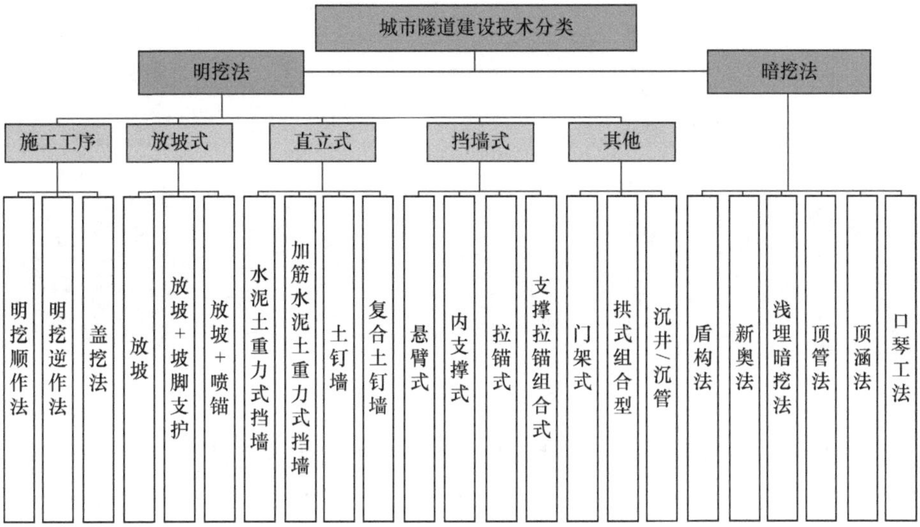

图 1-21 城市地下工程建设分类

中国城市地下工程建设起步较晚,20 世纪 80 年代前,国内出现的地下室多为一层,开挖深度也多在 4m,简单的放坡即可满足要求。到 20 世纪 80 年代,随着高层建筑的大量兴建,开始出现两层地下室,开挖深度一般在 8m 左右,少数超过 10m。

进入 20 世纪 90 年代后,在我国国民经济持续高速增长的形势下,全国工程建设亦突飞猛进,高层建筑迅猛发展,地下室深度和规模不断增大,基坑开挖深度超过 10m 的比比皆是,其埋置深度也越来越深,对基坑工程的要求越来越高。随着地下空间的开发利用,大型地下综合体、城市隧道、地下仓储物流等大量地下工程的出现,地下工程建设技术得到了长足的发展和提高。

明挖法主要运用和产生于工程中出现的深基坑工程。随着地下空间建设的发展,为适应不同基坑的开挖需求,从施工工序上发展出明挖顺作法、明挖逆作法以及盖挖法;按种类分为放坡式、直立式、挡墙式等。而在技术上的发展包括挡墙式的不同桩型:各种单一或组合形式的钢板桩,不同工艺的灌注桩、咬合桩、地下连续墙等;基坑加固或止水所需要的水泥土不同施工工艺,包括搅拌桩类型的单轴、双轴、三轴、五轴搅拌桩,TRD 工法桩,CSM 工法桩等,旋喷桩类型的单重管、双重管、三重管、RJP 工法桩、MJS 工法桩等,以及一些特殊需要下所采取的特殊工艺,包括冻结法、管幕结构法等。图 1-22 为明挖法分类。

2. 暗挖法

在城市隧道修建过程中,往往因为类似江河湖海等自然条件,或交通疏解、

图 1-22　明挖法分类

建(构)筑物保护、轨道交通、管线保护、拆迁安置等人为条件的限制需要不破坏和影响地表或地表以下一定深度范围内土体。暗挖法即是在解决以上问题的过程中不断适应新需要而产生的解决城市隧道开挖问题的手段。

暗挖法的种类很多，主要可分为两大类：盾构法类和新奥法类。

盾构法是现有长距离开挖中常用的工法，它由法国工程师 Brunel 发明。它用一个活动的罩架支撑在隧道工作面及其背后的泥土上，工人向前挖空几尺，就用千斤顶把罩架向前推，顶住新的工作面，盾构后面露出的一段隧道用砖砌面支撑，人们得以像鼹鼠一样在地面下不断掘进。

1918 年，世界上第一台盾构机在英国诞生，盾构施工实现了自动化掘进。盾构技术的发展离不开盾构机的发展，根据需求不同，盾构机不断朝着复杂化和巨大化方向发展：根据稳定开挖面的不同措施分为了泥浆式盾构、土压平衡式盾构、敞开式盾构、压缩空气式盾构、组合式盾构等；其直径也从日本小松公司生产的最小的 0.15m 到海瑞克生产的目前世界上最大直径的 17.6m 的盾构。

从盾构法衍生出来的工法主要包括顶管法、顶涵法、口琴工法等。

新奥法又称 NATM，由奥地利学者 Rabcewicz 于 1948 年提出并于 1958 年申请专利，1963 年正式命名，在近年来得到逐步发展。新奥法自申请专利以来，在世界许多国家中得到迅速推广应用，取得了良好的效果。

新奥法最初是在岩质较好的地层中应用，后来随着经验的不断丰富，较差地层中也开始应用新奥法，并获得成功。由于新奥法技术经济效益明显，现在正处于蓬勃发展阶段，受到国内外工程界的普遍重视。新奥法在山岭隧道工程中的广泛应用极大地推动了隧道工程技术的进步,在我国软土地层中衍生出浅埋暗挖法。目前，新奥法原理已经成为世界各国隧道及地下工程中普遍遵循的原理。图 1-23 为暗挖法分类。

图 1-23　暗挖法分类

1.2.6　隧道运行技术

随着隧道建设规模的增大和通车运行数量的增加，隧道运行技术逐渐受到关注和重视。成熟、可靠的隧道运行技术是保证隧道安全、畅通的前提条件。从图 1-24 南京扬子江隧道内的运行情况看，该隧道具有长度长，双层行车空间小，排烟、消防空间局促，纵坡大，曲线半径小等特点，给隧道的运行管理和防灾救援带来了一系列难题。

图 1-24　扬子江隧道内运行情况

结合隧道规模、位置分布合理配置隧道运行管理机构、事故救援机构、养护机构，才能做到现场情况掌握准确、运行策略适宜、事故应急处理迅速得当。

隧道运行技术主要包括维护管理和防灾救援两个方面。维护管理主要包括管理机构、隧道运行环境、运行管理等，防灾救援主要包括救援机构、隧道防灾、应急管理等。图 1-25 为隧道运行技术框架构成图。

1. 运行管理

隧道管理机构设置形式取决于隧道规模、位置分布、施工方式、运行管理等。过江隧道或隧道群宜建立隧道管理中心，特长隧道或孤立隧道宜建立隧道管理站，中短隧道宜建立隧道现场控制室。

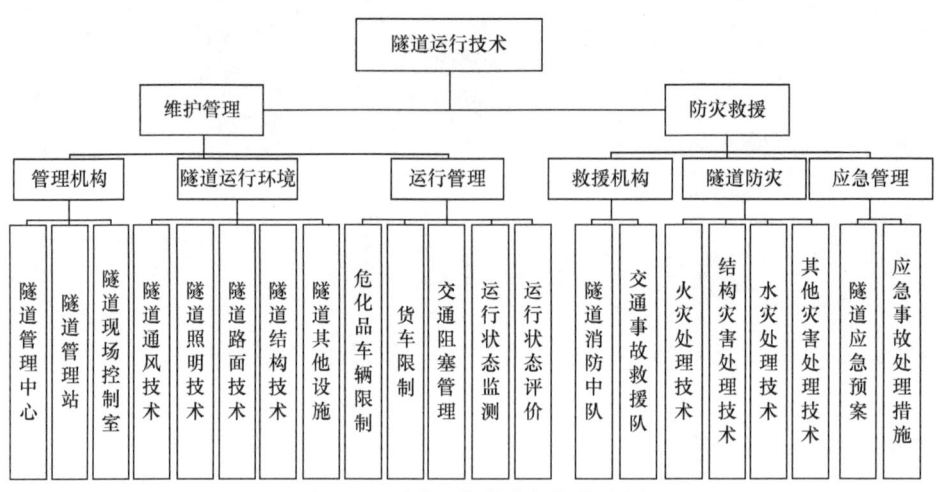

图 1-25 隧道运行技术框架构成图

隧道管理中心设置中央控制室、设备用房、管理用房、隧道维护用房、仓库及停车场，如图 1-26 所示；隧道管理站设置控制室、设备用房、管理用房、停车场；隧道现场控制室仅在隧道设置控制室和设备用房。

图 1-26 隧道管理中心中央控制室照片

为满足隧道在不同环境工况下的运行需求，在设计建造阶段，隧道内即布置了包括照明灯具、风机、摄像机、环境检测器、交通控制器等在内的辅助设备。这些设备的正常运行是确保隧道内行驶安全的必要前提，图 1-27 为隧道内部分设备的安装照片。

图 1-27 隧道内部分设备安装照片

隧道运行管理过程中最关键的是隧道交通管控，如对危化品车辆、货车、大型客车等不同种类车辆的限制，是提高隧道运行安全的重要辅助措施。隧道交通阻滞工况下，应有联动控制措施：隧道衔接路网交通信号灯应启动交通控制，道路和隧道信息发布屏及时发布隧道交通状态，提示道路周边车辆及绕行和隧道内车辆行驶注意安全，隧道运行通风风机开启及时排除隧道内污染气体。

运行状态监测和评价是隧道安全运行必不可少的环节，其主要包括土建结构、交通环境、交通工程与附属设施技术状态、交通状态的监测和评价等，以及交通工程与附属设施配置合理性评价。

2. 防灾救援

隧道救援机构设置取决于隧道规模、位置分布、交通量，以及车型组成、救援需求等。过江隧道、隧道群或特长隧道应独立设置应急响应救援队，中短隧道应急响应救援队可借用市政配套救援机构。

隧道防灾应具有火灾、水灾、结构等灾害的预防措施，防灾以防火灾为主，同一条隧道按同一时间内发生一次火灾考虑。图1-28为隧道内发生火灾和水灾。

图1-28 隧道内发生火灾和水灾

隧道运行管理机构应结合所管辖路段内隧道规模、分布等建立规范化、标准化的应急体系与预案。其应当包含隧道交通事故、火灾事故等一系列可能发生的应急事件，并借助大数据、云计算、互联网技术分析隧道事故位置、种类等，结合隧道运行状况，同步修订、完善隧道应急体系和应急预案。

1.3 绿色发展理念

1.3.1 绿色建筑发展理念

20世纪60年代，美籍意大利建筑师保罗·索勒瑞把生态学(ecology)和建筑学(architecture)两词合并为"arology",提出了"生态建筑"即"绿色建筑"理念[6]。

2001年,清华大学牵头研究并发布了《中国生态住宅技术评估手册》,成为中国第一部完整的绿色建筑评估性文件。

2003年,北京市科学技术委员会发布《绿色奥运建筑评估体系》,对"绿色建筑"进行了定义:绿色建筑是指为人类提供健康舒适的工作、居住、活动的空间,同时实现最高效率地利用资源、最低限度地影响环境的建筑物。

2006年,国家标准《绿色建筑评价标准》(GB/T 50378)对"绿色建筑"进行了更具体化定义[7]:在建筑的全寿命周期内,最大限度地节省资源(节能、节地、节水、节材),保护环境和减少污染,为人们提供健康、适用和高效的使用空间,与自然和谐共生的建筑。绿色建筑的定义可抽象为"四节一环保":"四节"就是节能、节地、节水、节材,"一环保"是保证健康舒适的室内外环境。国家层面绿色医院建筑、绿色工业建筑、绿色数据中心建筑、绿色超高层建筑、绿色商店建筑、绿色饭店建筑、绿色博览建筑、绿色公路等评价标准和细则相继出台。

随着社会的发展,节能、环保、绿色的概念已成为全球共识。欧洲绿色建筑处于全球最高水平,绿色建筑增长最快的区域在亚洲,我国于2016年提出了新的建筑评价八字方针:适用、经济、绿色、美观。直接把"绿色"放到了我国的建筑方针中。"十二五"期间我国完成新建绿色建筑10亿 m^2,取得了丰富成果。

绿色建筑的发展方向包括以下方面。

1. 绿色建筑施工装配式和标准化

装配式建筑施工技术使施工现场作业量减少,施工现场更加整洁,采用高强度自密实混凝土大大减少了噪声、粉尘等污染,最大限度地减少了对周边环境的污染,让周边居民享有一个更加安宁整洁的无干扰环境。装配式建筑由干式作业取代了湿式作业,现场施工的作业量和污染排放量明显减少,与传统施工方法相比,可减少约83%的建筑垃圾。

此外,装配式构件的工厂化生产有利于保证成品质量,特别是外墙板保温层的安装质量,避免了现场施工对保温层的破坏,有利于建筑使用阶段的保温节能。

2. 绿色建筑运维智能化和科技化

绿色建筑不能仅仅依靠硬件支撑,更需要软件的支持。这些软件包括现代的人工智能、云计算、大数据等,把建筑功能信息化,在技术支持下进行收集整理,通过智能化的系统管理,实现对已有资源的充分整合与调配,从而有效降低建筑本身的运行成本。

随着新技术的发展和成熟,各种节能、自产能设备大量运用,绿色建筑对能源的依赖逐渐减少,同时提高了应用建筑人群的体验与满意度,进而促进建筑本身的可持续发展。

3. 绿色建筑"四节一环保"内涵纵深化

在土地利用方面,通过提升工业建筑容积率,提高公共建筑建筑密度以及合理规划居住建筑布局,土地的集约节约利用得以实现。

地下停车场、地下商场等地下空间的开发利用是集约节约利用土地的有效手段,地下空间开发将逐步从浅层向深层发展。

在能源方面,太阳能、风能及地热能等新型天然可再生能源将成为绿色建筑的主流能源,未来建筑中将大面积使用新型能源来为建筑供电、照明、供暖。

为进一步节约利用水资源,节水器具将被推广,同时污水和雨水等非传统水的回收利用将成为趋势。

在建筑材料的选择上,高性能、低材(能)耗、可再生循环利用的建筑材料将成为首选。

在室内环境质量方面,改善室内热湿环境,提高空气质量,提供舒适健康的生活环境是以人为本的具体表现。

1.3.2 绿色公路发展理念

欧美发达国家十分重视公路的绿色发展。美国提出了绿色公路评级系统(The Greenroads Rating System),从环境保护计划、寿命周期费用分析、寿命周期清单、施工质量控制、废旧物管理计划、污染预防计划、路面管理系统等11个方面对公路项目的可持续发展水平进行量化评价[8]。

2003年,我国建设了绿色示范公路——川九公路。2006年,我国建设了第一条绿色示范高速公路——云南思小高速公路[9]。2016年7月,我国交通运输部发布了《关于实施绿色公路建设的指导意见》,进一步探索绿色公路的内涵,在绿色公路建设方面提出五大任务及五个专项行动,推动公路建设发展转型升级[10]。

1. 绿色公路建设的基本内涵

坚持"两个统筹"是绿色公路建设的思想精髓。一方面要坚持统筹公路资源利用、能源消耗、污染排放、生态影响、运行效率、功能服务之间的关系,寻求公路、环境、社会等方面的系统平衡与协调;另一方面要坚持统筹公路规划、设计、建设、运营、管理、服务全过程，以最少的资源占用、能源耗用、污染排放、环境影响，实现外部刚性约束与公路内在供给之间的均衡和协调。

把握"四大要素"是推动绿色公路建设的关键。在绿色公路建设过程中，坚持以质量优良、安全耐久为前提，重点在"资源节约、生态环保、节能高效、服务提升"四方面实现突破，以控制资源占用、减少能源消耗、降低污染排放、保护生态环境、拓展公路功能、提升服务水平为具体抓手，全面提升公路工程建设水平。

实施绿色公路建设是公路行业不断提升发展理念的具体行动，也是完成2020年基本建成绿色循环低碳交通运输体系战略目标的重要举措。

2. 建设绿色公路的五大任务

结合绿色公路的基本特征，其主要建设任务包括以下方面。

(1) 统筹资源利用，实现集约节约。要体现对自然资源的减量利用、有效利用和循环利用。

(2) 加强生态保护，注重自然和谐。要坚持生态优先、和谐发展的指导方针，实现公路与生态、社会的健康可持续发展。

(3) 着眼周期成本，强化建养并重。坚持全寿命周期思想，对规划设计、建设施工和养护管理全过程进行统筹考虑和系统管理，实现公路质量和效益的双赢。

(4) 实施创新驱动，实现科学高效。大力推进理念创新、技术创新、管理创新和制度创新，强化科技创新引领作用，为绿色公路发展注入强大动力。

(5) 完善标准规范，推动示范引领。充分调动各地积极性，打造公路建设新亮点，提出创建绿色公路示范工程。

3. 建设绿色公路的专项行动

随着新兴技术的发展和应用，结合绿色公路的特征要素与主导方向，公路工程的转型基于以下五个专项行动开展实施。

(1) 着力实现"零弃方、少借方"。合理控制路基填挖，统筹土方调配；高度重视环保设计，实现填挖平衡。

(2) 实施改扩建工程绿色升级。公路升级改造需要合理利用原有通道资源，加强原有公路植被的利用，做到统筹规划、减少浪费。

(3) 积极应用建筑信息模型(building information modeling, BIM)新技术。BIM作为新一代设计技术，已广泛应用于建筑设计、机械设计、铁路设计等领域，正逐步在公路行业推广应用。

(4) 推进绿色服务区建设。在服务区中开展建筑节能的设计，推广废物再利用技术,使服务区内污水废气达标排放。

(5) 着力拓展公路旅游功能。因地制宜地建设公路,加强公路的功能设计,协调统一好沿线的自然景观,使沿线旅游经济得以发展。

1.3.3 绿色隧道发展历程

城市隧道最早建设的主要目的即最大化地保护生态环境,如我国第一条城市隧道——上海打浦路隧道的建设[11],有很大一部分原因是黄浦江两岸的景观需求。因此隧道建设的本身即为"绿色"的,绿色隧道的发展即为隧道的发展史,绿色隧道发展从最初的一次建设完成,到现在的拆除高架桥重新建设隧道;从隧道建设所带来的绿色效应,延伸至隧道建造、运行的绿色技术,是人们对环保意识的不断增强,是国家对绿色发展的不断推动。

1. 隧道建设释放地面绿色空间

为了推进绿色发展,我国要加快建立绿色生产和消费的法律制度和政策导向,建立健全绿色低碳循环发展的经济体系。构建市场导向的绿色技术创新体系,发展绿色金融,壮大节能环保产业、清洁生产产业、清洁能源产业。推进能源生产和消费革命,构建清洁低碳、安全高效的能源体系。推进资源全面节约和循环利用,实施国家节水行动,降低能耗、物耗,实现生产系统和生活系统循环链接。倡导简约适度、绿色低碳的生活方式,反对奢侈浪费和不合理消费,开展创建节约型机关、绿色家庭、绿色学校、绿色社区和绿色出行等行动。

21 世纪以来,世界城市化进程不断加快,我国城市地下空间的开发利用速度也在同步提升,地下空间开发规模不断增加,各类型的地下建(构)筑物不断涌现,地下建筑、城市隧道、地下综合管廊、地下管线和地下仓储等开发建设相继完成[12]。其中城市隧道的发展最为迅速,因城市用地有限,将隧道放置地下,退让出的地面空间可用于广场、绿化以及其他有需要的建(构)筑物的建设,从节约土地资源和退让给绿化建设角度,隧道建设的本身,就是绿色理念的应用。

全球地面道路均不同程度往地下发展,各国均出现地下道路,不同规模的隧道不断涌现,尤其是美国、日本[13]、新加坡[14]等土地紧张的国家和城市,如图 1-29~图 1-32 所示。表 1-11 为地下道路建设案例。

图 1-29 波士顿中央大道(美国·波士顿)

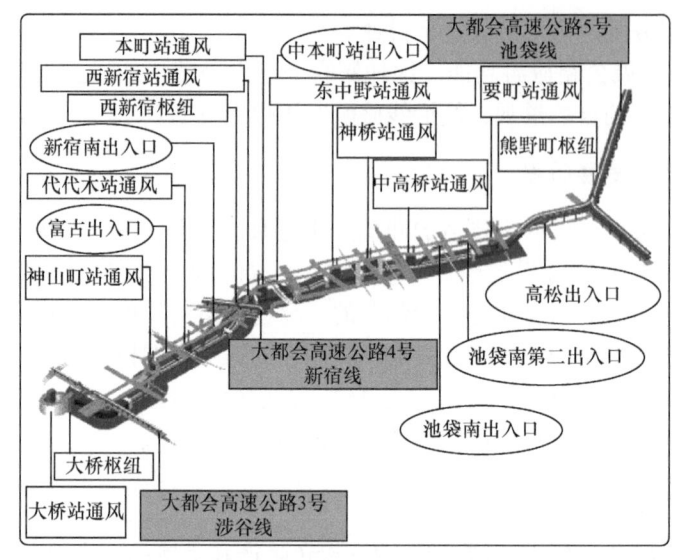

图 1-30　首都高速中央环状新宿线(日本·东京)

图 1-31　滨海高速公路(新加坡·新加坡市)

图 1-32　马德里 M-30 环线(西班牙·马德里)

表 1-11　地下道路建设案例

国家	名称	道路长度/km	建设时间(年份)	建设方法
美国	波士顿中央大道	5.6	1991~2006	明挖
日本	首都高速中央环状新宿线	11	2000~2009	明挖+盾构
新加坡	滨海高速公路	5	2008~2013	明挖
西班牙	马德里 M-30 环线	57	2003~2007	明挖+盾构

2. 拆桥建隧实现绿色发展

城市隧道在世界各大城市得到了广泛的应用，波士顿、纽约、东京等城市出现了多例拆桥、拆地面道路改为隧道的案例，如图 1-33~图 1-35 所示。通过隧道的建设，将原有的地面道路、高架道路改为城市绿化，有效地提高了城市的绿化

图 1-33　波士顿 I90 号公路桥改隧(美国·波士顿)

图 1-34 Alaskan Way 桥改隧(美国·西雅图)

图 1-35 Central Artery 桥改隧(美国·波士顿)

率以及周边居民的生活品质，也大大提高了周边土地的商业价值，实现了绿色与经济的双丰收。表 1-12 为几个国外拆桥建隧案例。

表 1-12 几个国外拆桥建隧案例

国家	名称	建设长度/km	建设时间(年份)	主要建设方法
美国	波士顿 I90 号公路桥改隧	2.9	1991~2003	明挖
美国	Alaskan Way 桥改隧	2.8	2015~2019	盾构
美国	Central Artery 桥改隧	5.6	1991~2006	明挖
日本	首都高速公路日本桥段桥改隧	2.9	2020	盾构

我国城市隧道的出现相比于国外晚了近一个世纪，其发展速度远超国外，绿色隧道理念的发展也走在世界的前列。南京是我国第一个出现拆桥建隧的城市。2013 年通车的南京城西干道，由原来的节点高架方案调整为节点隧道，扩充了路网容量，提高了绿化面积，有效地改善了两侧居民的生活环境，如图 1-36 所示。已于 2021 年全面通车的扬子江大道改造工程、拟于 2024 年通车的南京惠民改造工程等均为拆桥改隧的项目，是我国绿色隧道理念应用的典型，草场门大街、汉中门大街、惠民大道高架改隧道项目如图 1-37~图 1-39 所示。

图 1-36　南京城西高架改隧道

图 1-37　草场门大街高架改隧道

图 1-38　汉中门大街高架改隧道

图 1-39　惠民大道高架改隧道(在建)

3. 隧道绿色建造及运维技术体系逐步形成

隧道大规模建设有效地集中了汽车尾气的排放，随着隧道建造、运行技术的不断提高，隧道越修越长、断面越修越大、地下空间利用形式越来越复杂，而人们对生活环境要求也在不断增长，传统的建设理念与交通出行的安全、舒适性之间矛盾凸显，隧道内的噪声、照明、尾气等要求需进行系统性研究，以满足节能环保的绿色建造理念。

随着隧道建设的经验积累和技术进步，江苏省率先提出"绿色隧道"理念[15]，并在全国率先编制了《城市隧道噪声控制技术规程》(DGJ32/TJ 216-2016)、《城市隧道照明设计标准》(DB32/T 3692-2019)，在编《城市隧道通风设计标准》《水下隧道健康监测技术规程》，同时成果也在《江苏省城市隧道建设、运行与维护指南(试行)》中发布，通过不断摸索，未来将形成《绿色隧道评价细则》，提高城市隧道建设和服务水平，建设更低能耗的隧道建筑，实现节能环保的目标。

1.4 绿色隧道发展理念

1.4.1 绿色隧道的定义

隧道位于地下，且与岩、土、水、气共生，是一种天然的绿色地下建筑。隧道建设中要求将交通疏解、地下水流失、地基变形和周边建筑物的影响降到最低。同时，在实现运行的隧道内车、人安全舒适，周边环境影响小，养护成本可控等节能、环保指标的过程中，绿色隧道建造技术逐渐形成。

2018年6月，世界交通运输大会首次提出了"绿色隧道"概念。绿色隧道是指在隧道全寿命周期内，有效节约资源、合理保护环境、减少可控污染，为人们提供畅通、高效、便捷、舒适的出行环境，与自然和城市和谐共生的地下建筑。图1-40为绿色隧道的典型案例。

1.4.2 绿色隧道技术现状

1. 隧道毗邻空间利用技术

1) 城市建设从拆桥建隧到拆隧建隧

随着城市化进程逐步开展，国内外不断出现拆桥建隧的案例，这一城市建设的模式代表了城市核心区开发建设的趋势。南京古城是国内较早开始规划建设城市快速路的城市，相继建设了城市内环的诸多隧道，并将井字内环西线由桥梁改造为隧道，在这个过程中将原集庆门隧道(双向四车道)进行了原位扩建(双向六车道)，开辟了拆隧建隧的先河，这也成为城市地下空间开发建设的又一新的案例，如图1-41所示。

(a) 与自然和谐共生的棚洞 　　(b) 隧道内的反光诱导照明设施

(c) 与城市和谐共生的隧道 　　(d) 隧道建设中的污染

图 1-40　绿色隧道的典型案例

(a) 拆除中 　　(b) 建成后

图 1-41　集庆门隧道拆除中和建成后

随着新区建设的推进，拆隧建隧和拆管廊建隧道的案例也不在少数，如南京江北新区临江路下穿隧道改扩建(图 1-42)和南京江北新区广西梗大街管廊拆除建隧道(图 1-43)等。这样的案例提醒规划建设部门要充分重视地下空间的综合开发，在规划建设隧道、管廊等地下工程时要充分考虑远期的发展和地下建(构)筑物之间的协同规划、协同建设等问题。

(a) 拆除前 　　(b) 拆除中

图 1-42　临江路隧道改扩建项目

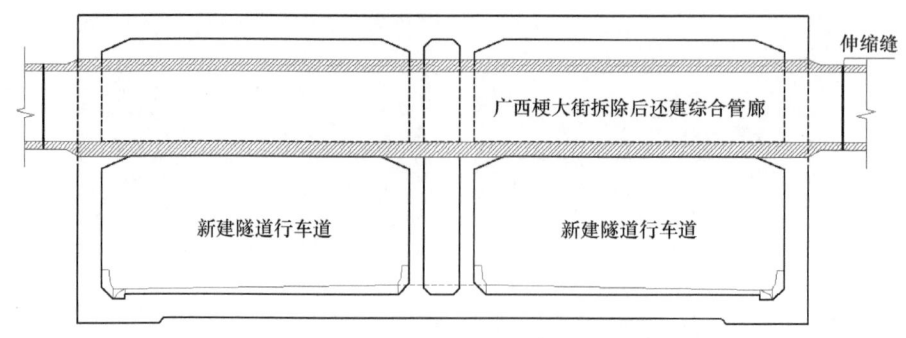

图 1-43　江北新区拆管廊建隧道方案

2) 隧道毗邻空间的高效利用

正是有了拆隧建隧的经验教训，江苏省在隧道、管廊等地下空间协同开发建设方面积极引领全国的技术发展，涌现了一批隧道毗邻空间利用的典型案例(表1-13)，并率先出台了《城市地下综合管廊与地下工程协同建设指南》《江苏省城市隧道建设、运行、维护指南(试行)》等地方规章，规范指导隧道建设和地下空间开发。

表 1-13　隧道毗邻空间利用案例

名称	建设主体	建设面积/m²	毗邻空间	利用面积/m²
扬子江隧道江南接线	明挖隧道	18000	停车场	10018
青奥轴线地下空间	明挖隧道	43000	博物馆	21000
横江大道停车场	明挖隧道	32760	停车场	15178
建宁西路夹层空间开发	明挖隧道	31600	停车场、仓储	18000

2. 绿色隧道装配式建造技术

预制化装配技术在建筑领域的应用目前已趋于成熟，2016年国务院办公厅发布《关于大力发展装配式建筑的指导意见》(国办发〔2016〕71号文)后，我国装配式建筑的建设面积由2016年的1亿 m^2 迅速增长到2018年的2.9亿 m^2。

随着隧道建设体量的增加，装配式技术也在其中得到了应用，包括盾构隧道、沉管隧道、顶管隧道、顶涵隧道等暗挖隧道，而在体量最大的明挖隧道中[16]，仅有很少一部分隧道应用了预制装配技术。表1-14为隧道装配式建筑建造案例。

表 1-14 隧道装配式建筑建造案例

序号	名称	长度	断面	方法	装配式结构
1	南京扬子江隧道	4km	外径 14.5m 内径 13.3m	圆形盾构内部双层预制装配	管片长 2m、厚 60cm 上层车道纵梁截面 500mm×1200mm 隔墙厚 150mm
2	成都磨子桥下穿隧道	1.28km	宽 22.3m 高 8.2m	明挖	节段长 1m，顶、底板厚 100cm，侧墙厚 75cm
3	厦门疏港路隧道	1.28km	宽 19.9m 高 6.45m	预制拼装	顶板厚 70cm，侧墙厚 70cm，中墙厚 60cm
4	金华三渡溪隧道	428m	宽 4～5m 高 4～5m	钻爆毛洞	波纹钢板拱内跨径 806cm，矢高 642cm，波距 200mm，波高 55mm
5	建宁西路过江通道	3537m	外径 14.5m 内径 13.3m	圆形盾构大断面顶管	管片长 2m、厚 60cm 顶管宽 11.75m×高 7.8m
6	郑州中州大道隧道	1.1km	宽 10.4m 高 7.5m	矩形顶管	节段长 1.5m，厚 75cm
7	汉中槐树关隧道	130m	限界宽 8.2m 高 4.5m	钻爆	波纹钢板宽 100cm、长 275cm、厚 6.5mm，节段长 3m
8	港珠澳大桥	5.66km	宽 38m 高 11.4m	沉管	管节长 180m、厚 1.5m
9	蒙华铁路白城隧道	3.4km	纵向最大外径 10.5m 横向最大外径 11.54m	马蹄形盾构	节段长 1.6m，厚 50cm

3. 绿色隧道噪声控制技术

随着人们生活水平的不断提高，除了基本的衣食住行需求，对生活环境的要求也在不断提高，隧道暗埋段为封闭式结构，敞开段为扩大的"喇叭式"，封闭式结构噪声反复震荡，对驾乘人员的影响较大，而扩大的"喇叭式"结构对周边居民的影响较大[17]。近年来，越来越多的隧道建设者、管理者对隧道噪声问题有了清晰的认识，对已有隧道的改造、对新建隧道的调整的案例也在不断增加，表 1-15 为隧道噪声控制案例。

表 1-15 隧道噪声控制案例

序号	隧道名称	实施范围	降噪措施	城市
1	新建路隧道	隧道敞开段	全封闭声屏障	上海
2	上中路隧道	隧道引道	隔声屏障	上海
3	玄武湖隧道	隧道出口敞开段	隧道出口侧壁吸声材料、组合林带、低噪声路面以及洞内低噪声风机	南京

续表

序号	隧道名称	实施范围	降噪措施	城市
4	惠民大道地下互通	主线隧道敞开段及暗埋段入口150m范围	吸声搪瓷钢板	南京
5	清凉门隧道	隧道出口敞开段	全混凝土结构隧道隔音棚	南京
6	城市道路下穿隧道	隧道出口敞开段	侧壁吸声板、弧形声屏障、全封闭声屏障	—

4. 绿色隧道照明节能技术

据统计，目前在运营城市隧道中耗能最大的部分即为照明，对照明新技术、新材料的应用也是隧道节能研究的重点，目前光导管方案、LED照明、中长隧道遮光棚[18]以及智能照明控制系统已在部分隧道中得到了应用，取得了较好的经济效益。表1-16为隧道照明节能案例。

表1-16 隧道照明节能案例

名称	建设方法	建设规模	节能方法	节能效果
长江西路隧道	盾构	8.95km，双向六车道	光导管	减少照明灯具约96套，节约照明能耗达30%
泰州鼓楼南路隧道	明挖	1043m，双向六车道	采用LED灯，灯具布置分段简化	节约照明工程建设成本62.1万元
扬州扬子江路隧道	明挖	1150m，双向六车道	遮光棚	优化照明方案节约运行费用约为34.15%
南京长江隧道	盾构	3790m，双向六车道	T8荧光灯和高压钠灯改造为LED灯，增设智能照明控制系统	综合节能率54.5%

5. 绿色隧道通风环保技术

中长隧道因其长距离的封闭环境，机动车的尾气会产生聚集现象，对行车安全、人身健康有较大影响，且在隧道火灾事故下，烟雾难以迅速排除，导致救援无法进行，由小灾引发成大灾难[19]。因此隧道的通风问题对隧道的安全运行有着举足轻重的影响。通风环保问题主要集中在对汽车尾气的处理方案上，现有的运用较多的高风塔方案并不能彻底解决隧道污染问题，除尘、净化等设施的应用只在极少部分隧道中得到了应用，且因其运行成本的问题，使用频率均较低。因此目前对于如何实现隧道通风环保的低成本、高效率仍是绿色隧道领域中的一大难点。表 1-17 为隧道通风环保案例。

表 1-17　隧道通风环保案例

名称	建设方法	建设规模	环保措施	环保效果
深圳桂庙路隧道	明挖	4900m	尾气净化	隧道左右洞出口各设置一座静电除尘机房
深圳春风路隧道	明挖	5080m	尾气净化	隧道左右洞出口各设置一座静电除尘机房
玄武湖隧道	明挖	2660m	水净化	隧道一端建风塔高排，一端建净化机房
建宁西路长江隧道	盾构+明挖	5172m	尾气净化	隧道工作井风塔高排和主洞分散净化装置

6. 智慧管养技术

隧道运行规模的不断扩大，带来的不仅是运营能耗的急剧增加，管理的难度也是与日俱增。新一代信息技术的发展，给隧道的管理问题提出了解决方案，通过隧道内预留预埋的各种传感器、监控设备等，结合智慧管理平台，可以全方位掌握隧道的运行状态，实时反馈隧道各种信息，实现隧道的智慧管养。表 1-18 为隧道智慧管养案例。

表 1-18　隧道智慧管养案例

名称	建设方法	建设规模	智慧管养	管理效果
南京建宁西路长江隧道	盾构+明挖	3km	交通管控	控制隧道交通流量、降低交通事故
南京应天大街长江隧道	盾构+明挖	3km	智能管理	监测隧道交通运行状态
胶州湾隧道	钻爆+明挖	6km	交通管控	控制隧道交通流量、降低交通事故
苏州中心地下环路	明挖	1.4km	智慧管养	有效保障环路、车库交通有序，环路运行安全

7. 隧道地热利用技术

隧道结构大多位于地下，结合地源热泵技术可以有效地为隧道自身或附属建筑物提供热能。目前国内地源热泵技术在隧道领域的应用仍较少，仅在南京部分隧道有所应用，地源热泵的应用、技术的提升还有很大的空间。表 1-19 为隧道地热利用案例。

表 1-19 隧道地热利用案例

名称	建设主体	利用规模	毗邻空间	提供负荷
扬子江隧道江南接线	明挖隧道	利用了暗埋段 440m 和北敞开段 180m 下方的 244 根桩基(桩长 20～30m)，桩基内敷设地热埋管提取地温能	停车场	通过地缘热泵系统升温后为南敞开段 245m 长道路提供融冰热量
建宁西路过江通道	明挖+盾构	在隧道1300m长的连续墙内敷设换热管，连续墙埋深 55～60m	工作井、管理用房	为隧道工作井设备用房及管理用房提供 2800kW 的冷量
奥地利 Jenbach 隧道(双轨高速铁路隧道)	盾构隧道	在长度为 54m 的隧道管片衬砌里安装换热管	隧道上方为公共中心	为隧道上方 Jenbach 镇的市政建筑提供 40kW 的热量
奥地利 Lainzer 隧道 LT24 区	明挖隧道	在隧道 59 根灌注桩(桩径 1.2m，平均桩长 17.1m)中敷设换热管	附近有一所学校	用 6 台地源热泵将提取的地温能提升后为附近学校供暖，提供 150kW 的热能

1.4.3 绿色隧道发展方向

绿色隧道技术是结合了隧道建造和运维的需求，考虑安全、成本和环保等因素，在隧道规划、设计、施工和运维各个阶段逐步实施落地的特殊手段和措施。其方向包括隧道毗邻空间利用、装配式建造、照明节能、通风环保、噪声控制、地热节能利用、防灾减灾及智能养护等方面，实现隧道全寿命周期内的安全、节能与环保。图 1-44 为绿色隧道发展方向框图。

1. 隧道毗邻空间利用技术

隧道位于地下岩、土、水、气中，置换地下空间，释放地面空间给建(构)筑物、道路、水体或者绿化等用途，本身就是一个绿色的构筑物，开发地下空间是可持续绿色发展的趋势。

在隧道的开发建设过程中，需要结合地下空间综合开发绿色理念进行规划，实现地下空间的立体开发和协同建设，即以隧道建设带动地下空间的综合开发，实现隧道毗邻空间的复合利用；否则，隧道周边的毗邻空间在很大程度上会造成浪费，二次开发的难度会增加。因此，必须建立隧道毗邻空间开发利用的系统技术，指导地下空间规划建设。

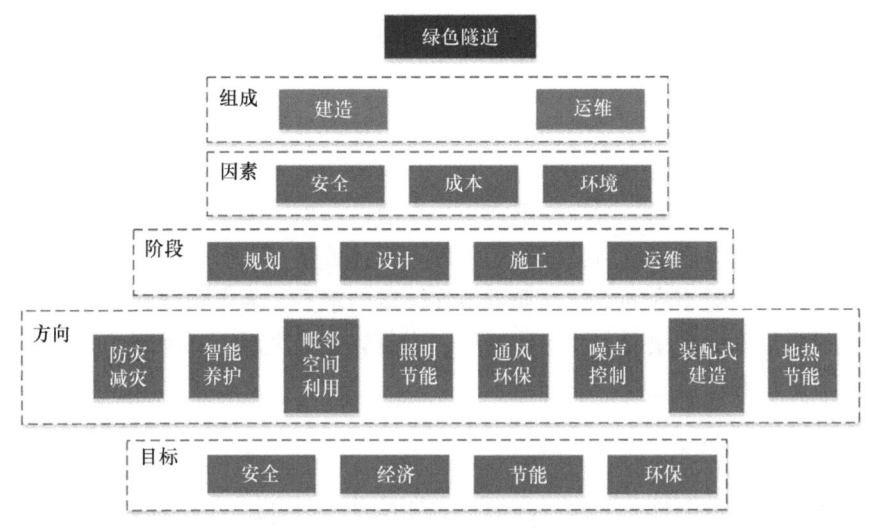

图 1-44 绿色隧道发展方向框图

2. 绿色隧道装配式建造技术

预制装配式技术是一种采用工厂标准化生产的预制构件，通过现场拼装形成整体结构的技术。采用预制装配式技术建设隧道可提高工程质量、缩短工期、降低成本，提高工业化程度，同时节能环保，是一种绿色建造方式。因此，为解决城市核心区隧道建设中的快速施工问题，应研究隧道与地下工程的装配式建造方法，结合耐久性、防水、抗震等方向进行理论和实验分析，并提出设计、施工和验收标准。

3. 绿色隧道噪声控制技术

隧道属于半密闭空间，声音经过多次反射、叠加后产生更大的噪声，对驾驶员或者维护人员的健康造成危害；隧道内噪声的强烈混响会导致隧道内的广播系统在传达语音信息时，出现声音资讯被干扰甚至被屏蔽的现象，从而造成无法估量的人员或者财产损失。为解决隧道内噪声对人车的影响、隧道外噪声对周边环境的影响问题，应研究隧道噪声污染现状、噪声发展规律，同时提出设计、施工和验收标准。

4. 绿色隧道照明节能技术

在世界"低碳经济"发展和我国"节能减排"战略背景下，照明节能是当前关注的焦点问题之一。隧道照明系统全天运行，消耗大量能源。因此，为解决隧道照明中的节能问题，应系统地分析不同形式、规模和用途的隧道照明系统组成和节能方案，结合隧道洞口建筑设计和新型材料等方向进行理论和实验分析，并提出设计、施工和验收标准。

5. 绿色隧道通风环保技术

隧道是个闭塞空间，污染物不能很快扩散，污染气体浓度会在隧道内逐渐积累，烟尘量达到一定程度后，会使能见度下降，威胁行车安全，甚至造成人体中毒。因此，为使隧道内的空气品质维持在一定的水平，为车辆驾驶员及隧道维护管理人员提供一个健康通道和工作场所，应研究并解决隧道通风环保问题，并提出设计、施工和验收标准。

6. 智能养护技术

随着我国隧道大规模发展，隧道运行管理难度也日益增大。隧道智能养护技术是在新一代信息技术环境下对传统隧道交通工程设施的全新演绎，是未来公路隧道运行管理的发展趋势。因此，为解决隧道养护管理过程中隧道设备运行状态、环境、结构等管养监测不到位问题，应利用云计算、大数据、物联网、互联网等技术，建立一套智慧化隧道管养平台。

7. 隧道地热利用技术

地热资源是一种无污染(或极少污染)的清洁能源，能源转化率高，用途广泛。地源热泵技术是一种利用地下浅层地热资源的技术，相对于其他供热防冻方式更加节能、环保。因此，为解决隧道中的温度调节问题，应从理论、试验研究两方面确定冷热负荷并进行换热器设计，并提出设计、施工和验收标准。

第 2 章　隧道毗邻空间利用技术

2.1　隧道毗邻空间的定义

城市隧道的建造必然会扰动地下土层或岩层，在基坑开挖、挡土墙修建、交叉结构建造的过程中，均会产生大量经开挖建造但未用于隧道交通功能的建筑空间和闲置结构，建设过程中的通常做法是将闲置空间和结构封闭，并将扰动过的地层在隧道结构完成后用土石加以回填。这样的做法不仅使得大量地下空间在开挖后被闲置，造成地下空间资源的浪费，而且封闭的结构和回填的地层存在二次开发的不可逆性，对今后地下空间开发不利，与现代环境保护和低碳、绿色建设的发展目标背道而驰，隧道周边闲置和回填空间的废弃对城市地下空间资源造成了大量的浪费。

地下空间利用的形式可分为点状、线状、面状等，不同类型的地下空间，适宜开发的功能也不相同。城市隧道是现有城市地下空间的重要组成部分，城市隧道所处的地段及其功能的特殊性使得隧道在建成之后，其上部及周边范围内的地下空间再利用变得非常困难。

对于城市交通隧道，尤其是过江隧道等所利用的交通空间一般处于较深层的地下空间，现有过江隧道明挖范围内的结构空间利用率不足 50%，含地下互通的过江通道其利用率更低，车行通道的上部空间因缺乏有效的利用，在隧道建成后，基本做封闭处理。

我们通常把因隧道建设所带来的未承担交通功能的其余地下空间称为隧道毗邻空间，它是随着隧道的建设而产生的，在一定意义上可以认为隧道是隧道毗邻空间的"载体"，隧道毗邻空间为隧道的附带空间。因此，在对隧道毗邻空间进行概念和特点研究时，一方面要紧密结合其"载体"——隧道的相关研究，另一方面还要赋予隧道毗邻空间一定的独立性。

关于隧道毗邻空间，目前还没有统一的概念。交通隧道夹空层是在隧道建造施工过程中为了满足结构受力需求而在隧道结构周围构建的附属结构所围合的空间，其概念有狭义和广义之分：狭义的夹空层是交通隧道本身结构的一部分，是为了满足交通隧道自身受力而必须设置的结构部分，它是同交通隧道使用空间一起产生的，亦是在交通隧道设计之初就予以考虑的；广义的夹空层是狭义毗邻空间在空间上的拓展，是狭义夹空层同其周围空间联合开发所组成的地下空间，该部分空间可突破交通隧道自身结构限制，结合地下空间规划进行综合开发利用。

隧道毗邻空间就是广义的夹空层，即隧道周边可开发的所有地下空间。在实际工程中，隧道毗邻空间往往是在掘开式施工过程中形成的除隧道本身以外的空间，包括闲置的隧道结构空间和待回填土空间两类。

如图 2-1 所示，右侧隧道空间上方的局限空间为狭义毗邻空间，两隧道空间上方连通空间以及其侧向可利用空间均可认为是广义毗邻空间，即隧道毗邻空间。隧道毗邻空间是地下空间的一种存在形式，其概念不应仅仅局限于交通隧道本身，而应该结合交通隧道周边地下空间的规划与开发，赋予其更为广泛的概念。

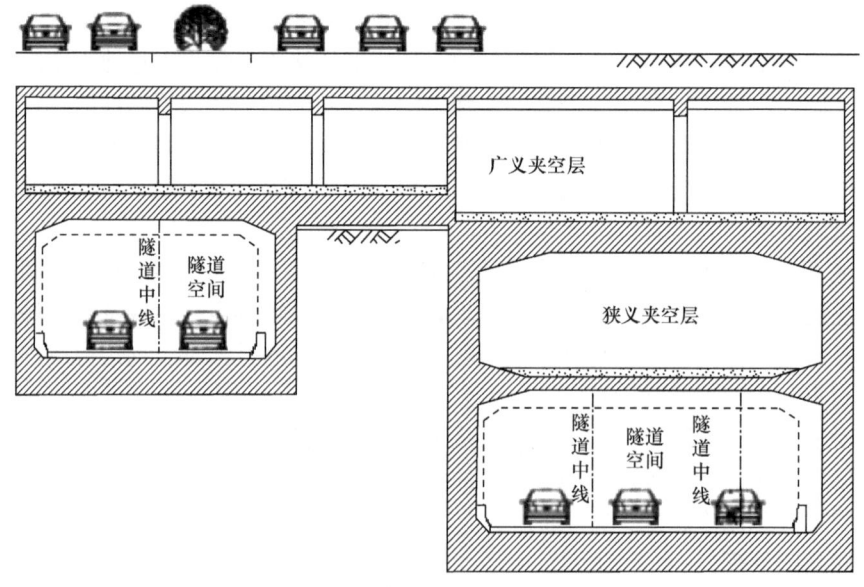

图 2-1 隧道毗邻空间概念示意图

2.2 隧道毗邻空间利用的发展

地下空间开发利用与城市交通有密切的联系。城市交通要达到快速、舒适、高效、环保要求，开发地下交通网络，是一种必然的趋势。我国近年来许多城市纷纷开始建设地下道路，例如，上海中央商务区(CBD)核心区地下井字通道、上海外滩交通枢纽、广州珠江新城地下交通规划、南京井字内环地下快速路等。

北京按照中心地区地下空间开发利用规划，对中心城划定的重点地区实施地下空间综合开发。中关村西区创立了综合管廊、地下空间开发、地下环行车道三位一体的地下综合构筑物模式，采用立体交通系统，实现人车分流，各建筑物地上、地下均可贯通；金融街地下道路工程通过地下隧道，将该区域联通起来，一定程度缓解了地面交通。

一些城市结合地下大型交通枢纽、广场进行大跨度、大规模的地下空间开发都是结合地下道路的建设展开，如重庆解放碑 CBD 地下空间开发和地下道路建设，遂宁市 CBD 下穿隧道及配套设施建设项目等，均取得良好的社会效益。

相对于我国地下道路发展的实践而言，对地下道路毗邻空间综合利用的理论研究却相对滞后。提出隧道毗邻空间的概念并且作为一个独立的个体空间进行研究和工程实践尚不多见，特别是结合过江隧道等城市隧道与地下空间联合开发的案例较少。南京纬三路过江隧道毗邻空间作为地下停车场加以开发利用，是国内对交通隧道毗邻空间进行开发利用的首例，以其为典范，梅子洲过江通道接线工程——青奥轴线工程、建宁西路过江通道工程、横江大道隧道工程等一系列工程中均考虑了隧道毗邻空间联合设计的开发模式，将隧道毗邻空间同步设计，作为地下停车场、仓储、管廊等用途。

2.2.1 国外隧道毗邻空间利用

国外开发地下空间起步较早，隧道建设方面的研究也较完善，尤其是发达国家的城市地下交通建设和地下空间开发利用，实现了较为完善的统一规划、综合开发和统筹利用。

1995 年建成的日本大阪钻石地下街(图 2-2)以解决该地区的交通拥挤问题和联络既存建筑物的地下层，促进地区经济发展为目的，有地下街、地下停车场、地下道路网络形成地下交通网络。在地下一层形成地铁车站或大楼与地下人行道相连的人行网络，以充实地下空间的周游性及便利性；在地下二层形成以公共地下停车场与大楼附带停车场相连接的机动车网络，促进停车场出入口的集中化和管理的整体化。梅田地区是大阪市以阪急、阪神两个铁路车站为中心的重要城市节点之一，20 世纪 50 年代开始实行立体化再开发，1957 年建成首条难波地下街，1963 年和 1970 年分两期建设了梅田地下街，1969 年建成阪急地下三番街。与地铁站、火车站和高层建筑地下室全部地下连通，地面共计 72 个出入口。90 年代以交通的立体化与地下化为重点进行再改造，地下一层为商业开发和人行通道；地下二层为停车库，并设置车库联系辅道；地下三层为轨道交通车站。其中"钻石"地下街，建成地下街一层的步行道(共 12800m²)和地下二层停车场的机动车联络网，缓解地面的交通拥挤问题，并改善车站之间的换乘条件。"钻石"地下街面积 40500m²，其中商店 6100m²，地下停车场 7900m²。

美国芝加哥为了缓解城市交通压力，通过打造立体交通网络，修建地下道路，挖掘地下空间潜力，将部分地面交通转地下，分流地面交通压力，结合街区地下空间开发形成地下快速通道系统，地面与地下道路相结合，构成多层次、立体化

图 2-2 日本梅田地下空间利用

的道路网络体系，倡导多元化的交通方式，满足人们不同层次的交通需求，如图 2-3 所示。

2.2.2 国内隧道毗邻空间利用

我国城市开始对地下空间开发是在 19 世纪 60～70 年代，以人防工程和地下工厂为主要形式，该现象一直持续到 20 世纪 80 年代中期。由于工程造价昂贵，平时空置的人防工程逐步开始向平战结合发展，在平时承担一定的城市功能。进入 90 年代后，随着城市化进程的加快和国民经济的发展，城市地上空间远远满足不了人们对空间的需求，一些城市开始了以城市交通设施改扩建为主导的城市再开发，地下空间开发利用进入一个快速发展的阶段，其开发利用形式呈现出多样性。

城市地下交通已成为地下空间开发利用的重点。城市的高密度和高强度开发，使发展轨道交通成为必不可少的选择，但是单一的轨道交通建设难以解决所有的交通问题。随着城市化和机动化水平的提高，城市道路交通系统开发类型与匹配

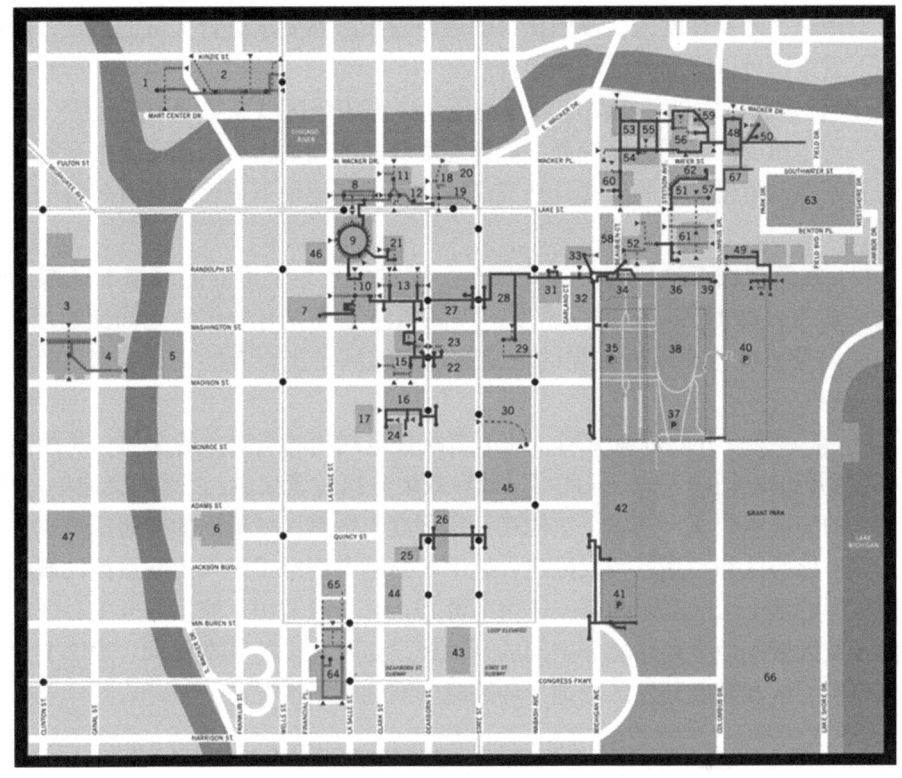

图 2-3 芝加哥部分地下道路示意图

的矛盾越来越突出。城市道路经历了地面、高架的大规模建设，依然无法解决城市交通问题，并造成了严重的环境问题。城市地下道路的开发作为地面道路的补充或衔接，对缓解地面交通起到了较好的作用。

1. 城市核心区和高强度开发区的地下环路隧道毗邻空间利用

核心区、高强度开发区的地理位置多在城市的商业区域和金融区域，以城市 CBD 为代表。这些区域的特点主要是经济发达，尤其是商业、金融业水平高，区域地价较高、土地资源稀缺、出行和吸引量大、交通方式多、停车需求量大。为了能够有效地聚集和疏解交通，区域需要相对发达的道路网、公交网络和轨道交通网络。由于这些网络的增长有限，而出行需求的增长不断扩大，交通方式多，停车需求量大，出于对商业繁荣的考虑，一般机非混杂、交通效率较低、环境较差。

城市核心区和高强度开发区建设地下道路的目的大多是分担城市某一区域的交通，以改善区域性路网交通功能。此类道路的特点是设计车速较低，一般为 30～50km/h。地下道路的主要功能如下。

(1) 节约土地资源，减少拆迁。由于交通的需求巨大、道路的饱和度高、土地资源稀缺、开发强度大，按照正常的道路建设必然要求进行大量的拆迁，而修建地下道路则可以节约大量的土地资源。

(2) 促进区域发展，提高区域环境质量。因为该区域高等级道路较少，低等级道路构建而成的路网密度较高，修建速度较高的地面道路或高架道路会割裂地块的完整性，阻碍区域的沟通，造成区域衰退。修建地下道路能够有效解决以上缺陷。

(3) 缓解地面交通压力，提高安全。通过修建地下道路能够增加区域道路的通行能力，增加区域的道路密度，提高道路等级，有效缓解地面交通压力。将地面设置成慢行交通为主导的道路体系能够满足步行者的交通需求，提高地面的交通安全。

(4) 能够有效分离过境交通。地下道路是全封闭的点对点的交通，长距离交通将在更短的时间内完成，因此可以最有效地分离过境交通，使地面交通单一化，为将来的交通组织奠定基础，也能在一定程度上缓解区域地面的交通压力。

城市核心区和高强度开发区建设地下道路的常用形式是作为联系该区域内地下停车库的地下交通联系通道——地下环路，其一般适用于城市商务中心区的高强度开发区域。地下环路毗邻空间的开发建设是其建设的基本要求。表 2-1 为国内城市核心区和高度开发区的地下环路毗邻空间利用情况。

表 2-1 国内城市核心区和高强度开发区的地下环路毗邻空间利用情况

状态	项目名称	功能	建设及使用情况
已建成	无锡东新城高铁地下环路	高铁枢纽连接通道，以服务高铁车辆快速集散为主，同时联系高铁周边地块的地下车库，服务地块部分到发交通。地下环路"一环＋一弧"布置	联通高铁站的"一弧"已于 2013 年 5 月投用。考虑利用地下车行通道毗邻空间
	北京中关村西区地下环路	地下车行连通通道，实现停车资源共享	2007 年投入使用，前期规划无环廊，后期补充建设
	北京金融街	地下车行连通通道，实现停车资源共享	未投入使用，原二环出入口未建完
	北京奥运中心	贯通奥林匹克公园的地下单向三车道地下环路将公园内的地下商业、公共地下车库、地铁及地上建筑物连接成互联、互通、互用的地下公共空间	2008 年北京奥运会在地下空间利用方面的创新考虑隧道毗邻空间利用
建设中	北京奥体文化商务园	联系各地块地下车库，为地面无车区提供联通通道	考虑隧道毗邻空间利用
	武汉王家墩商务区核心区地下交通环路	地下车行道路网络，车辆由地上和地下道路共同进出 CBD 地下停车库，改善地面交通情况	利用地下环路隧道毗邻空间设置地下共同沟

续表

状态	项目名称	功能	建设及使用情况
建设中	天津于家堡金融区立体交通	地下一层为双向六车道的车行系统和各类管线的共同沟，地下二层为"日"字形地下人行环路，行人系统将有配套商业和能服务设施，地下三层是于家堡金融区轨道交通线	于家堡金融区规划建设近400万 m^2 的地下交通商业活动空间。2014年完成主体结构
	重庆解放碑CBD地下交通环路	连接金融商务核心区和部分金融休闲混合区14个地块，共连通约1万辆地下停车位	前期规划无地下车行环道，后期补充建设
	北京丽泽金融商务区	地下一层为步行商业街、人行地下通道和市政管线层；地下二层为丽泽路下穿隧道、地下交通环廊和停车场；地下三层规划作为地铁14号线和地下停车场；地下四层规划作为地铁16号线和地下停车场	初步设计阶段。实现地铁、市政管网及地下交通环廊统一规划，实现交通功能、公共空间及开发地块的便捷衔接

2. 城市交通枢纽地下道路隧道毗邻空间利用

以交通枢纽为中心的地下空间开发积累了诸多成果。多种交通主体混杂区域或交通枢纽强调的是交通模式的多样性和衔接性，而开发的强度不一定特别高，区域内包括了枢纽、站场、交通走廊等交通量巨大的设施。区域的道路非常拥挤，道路的服务水平低下，虽然已经开展了必要的交通改善等措施，但交通拥挤状况仍然严重，难以适应将来交通增长的需求。车辆经常处于频繁停车、启动变化的状态，因此噪声和废气排放量大，区域的环境条件很差，需要规划地下道路来解决这一矛盾。此类地下道路主要特点是距离较短，可以起到避免平面交叉的作用，设计的行车速度等技术指标和相衔接的地面道路匹配。表2-2为城市交通枢纽地区的地下道路隧道毗邻空间利用案例。

表2-2 城市交通枢纽地区的地下道路隧道毗邻空间利用案例

项目名称	功能	建设及使用情况	利用情况
天津海河东路隧道与地下广场工程	天津市海河东路进入天津站地区的道路改走地下，以缓解过境交通对天津站的影响。隧道内同时设立地下小型立交，输送进出天津站地区的机动车	城市隧道从地下广场框架结构的一层通过，为双向六～八车道，由此形成了地下一层为城市隧道，地下二层为地下停车场的城市隧道与地下建筑连为一体的结构体系	隧道毗邻空间利用良好
遂宁市中央商务区下穿隧道及配套设施	解决中央商务区的过境交通，减少地面交通对中央商务区环境的影响	地下道路置于地下二层，地下一层为地下商业空间	隧道毗邻空间利用良好
深圳福田交通枢纽地下道路工程	福田站与城市轨道交通系统构成综合换乘枢纽，是国内第一座大型地下铁路车站。枢纽建设结合地铁隧道建设上盖物业，形成集高铁站、地下商业、地下停车等于一体的综合交通枢纽	京广深客运专线从深圳市中心城区通过，现状几乎全部为建成区，因此，广深港高速铁路进入深圳特区后将从地下通过。结合铁路线路的下穿，福田站也将成为中国第一个地下火车站	隧道毗邻空间利用良好

3. 城市地下快速道路隧道毗邻空间利用

城市地下快速道路的特点是设计车速较高，一般为 60km/h 以上，其主要功能是为出行距离较长的车辆服务，一般沿着城市主干道或高架道路设计。长距离快速地下道路在一定距离内设置出口和入口，具有多进多出的特点。穿越特殊区域的地下道路一般为一进一出的点对点连接，其功能如下：

(1) 完善和补充地面、高架道路系统的不足，连接重要集散点，分离过境交通。地下道路是高架和地面快速路的补充和替代，为了能够更有效地利用地面、高架、地下快速路，需要重新分析各种形式快速路在城市所承担的交通功能，修建地下快速路彻底分离长途交通和过境交通，形成真正意义上的快速路。

(2) 完善路网，穿越地面道路难以联通的区域。城市道路路网布设状况复杂，尤其对拥有久远历史的大城市和特大城市，路网的发育在局部是完整的，而延伸部分却受到多种土地用途的阻挡，难以保证有效的外延。例如：城市的建筑拆迁困难、城市铁路阻挡、城市水域隔断、城市大型交通设施(交通枢纽、机场设施等)阻挡，难以逾越，而高架道路又存在较大的环境和景观的损害。而地下道路在解决断头路问题，穿越特殊区域(如景观区、水域等)等问题上完全可以满足城市道路建设需要。例如，东京的中央环状线和法国的 A86 环状线由于拆迁和风景区保护，西段难以成环，目前都采用了地下道路方案。

(3) 保护城市景观，节约城市核心区的土地资源，减少拆迁。景观区域对噪声和废气排放都有一定的要求，区域内交通压力相对较小，穿越交通问题突出。无论是高架道路还是地面道路，机动车的穿越交通会对环境产生一定的负面影响，地下道路可以解决这一问题。城市核心区交通需求巨大，道路的饱和度高，土地资源稀缺，开发强度大的特点，地面道路的改扩建与新建将会面临拆迁的问题，如果修建地下道路则可以节约大量的土地资源。

(4) 疏解潮汐交通和出入城市中心区交通。出入城市中心区交通和城市潮汐交通的最大的特点是：产生交通问题规律性强，产生的时间固定并且交通流量大。修建地下道路可控性强，能够在固定时段内开通和关闭。例如：在高峰时段内对高流量方向交通服务，对低流量交通关闭，形成单一方向交通流，更安全有效地解决潮汐交通和出入城市中心区交通问题。表 2-3 为城市地下快速道路隧道毗邻空间利用案例。

表 2-3 城市地下快速道路隧道毗邻空间利用案例

项目名称	功能	建设及使用情况
南京玄武湖隧道、内环线隧道	隧道部分长 14.87km，占南京内环线全线长度的 45.5%。分流机动车辆，解决该路段的过境交通	上部覆土回填，未考虑隧道毗邻空间利用
南京城西干道	全线共清凉门、水西门和集庆门 3 座隧道，隧道总长 3.445km，占全线 77%	上部覆土回填，未考虑隧道毗邻空间利用

续表

项目名称	功能	建设及使用情况
法国巴黎A86号公路西线隧道工程	10km双层隧道，通行小型车辆，一条是7.5km单层隧道，通行各种车辆	未考虑利用
石家庄新胜利大街地下工程	沿铁路隧道的上方裕华路至新华路之间的地下空间进行开发	地下二层为铁路隧道，地下一层设置地下商业、人行过街通道，地下停车场
南京纬三路毗邻空间停车场	隧道施工中由于地面交通疏解道路需要局部开挖后回填。利用该部分开挖的侧向三角带隧道毗邻空间建设地下停车场。与隧道上部的空间一体化开发，提高了土地资源的利用效率	利用效果良好
南京青奥轴线地下交通工程	全国最大的地下立交系统。地下三层开挖深度达28m，地下一层为扬子江大道下穿隧道和青奥轴线广场地下空间，地下二层为各条匝道组成的隧道，地下三层为青奥轴线主线隧道	结合青奥轴线地下立交工程建设隧道毗邻空间，利用地下隧道毗邻空间建设地下停车库和青奥博物馆

2.3 隧道毗邻空间绿色设计

2.3.1 隧道毗邻空间建设模式

隧道毗邻空间按照与隧道之间的空间关系可分为以下三类。

(1) 隧道闲置空间。

这部分隧道毗邻空间主要是指隧道结构建设过程中由于受力需要，在功能需求的隧道结构周围构建的地下空间。该部分空间无实际使用功能，仅为结构受力等所需要，可以进行开发利用。

(2) 近隧道待填土空间。

交通隧道工程，尤其是过江隧道等所利用的交通空间一般处于较深层的地下空间，其上层一般在建设完成后进行回填。回填层厚度可达几米甚至十几米，为了减少回填量，通常会在隧道明挖段设置毗邻空间，毗邻空间一般封闭不用，这部分空间称为近隧道待填土空间。

(3) 联合建设的近隧道新建空间。

地下空间的不可逆性和隧道工程本身的结构特点，使得隧道建成后，其上部包括临近周边的地下空间再利用将非常困难。因此，隧道工程与其他地下工程在建设之初实现综合规划和联合设计，可以提高土地利用率。这部分结合隧道结构建设的周围所有地下空间称为近隧道新建空间。该部分空间可结合地下空间的规划进行综合利用。

1. 隧道毗邻空间开发利用的要素

1) 隧道毗邻空间利用关键要素(区位、规模、深度)

隧道毗邻空间位于城市内,且位于繁华地区,利用价值更大,利用模式更广。

隧道毗邻空间具有一定的规模。地下空间可以作为地下停车场、地下商业城、地下通道、物资储备库、文体设施等,因此为满足地下建筑的功能需求,隧道毗邻空间需具备一定的规模。如地下车库需要面状的空间,且要求面积较大;相反过街通道则需要带状空间,要求面积则较小。

隧道毗邻空间的位置具备适用性。地下空间的造价随开发深度呈指数增长,因此,隧道所在浅层空间的毗邻空间开发成本低,利用价值更高。图 2-4 中右上和左下方分别为隧道毗邻空间 1 和 2,但隧道毗邻空间 2 的综合利用功能相对较小,一般仅作为隧道的泵房等进行使用。当隧道毗邻空间 1 的纵向长度达到一定规模后,则可开发为地下商业、地下停车场等设施。同时,如果隧道毗邻空间 1 可以结合上部、侧面的隧道毗邻空间进行综合利用,适用性更强。

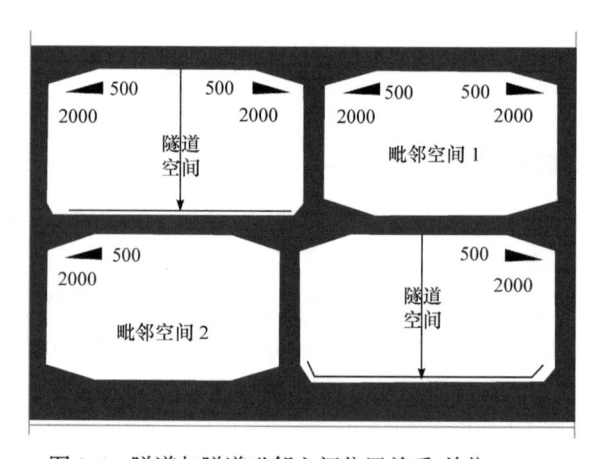

图 2-4　隧道与隧道毗邻空间位置关系(单位:mm)

2) 其他影响因素

隧道毗邻空间作为交通隧道的"附加产物",无论是其开发利用的规模形态,还是所开发利用的功能类型,均受到交通隧道本身特点及其周边地上建筑建设情况与地下空间开发现状影响。

2. 隧道毗邻空间开发利用的目标与原则

1) 开发利用目标定位

隧道毗邻空间开发利用是城市地下空间综合开发的重要组成部分,其目标在于减少城市地下空间资源的浪费,提高城市地下空间开发利用效率,协调城市地上地下空间一体化规划，创造有序的城市地下空间环境。

该目标首先对隧道毗邻空间开发利用进行了定位，强调了对城市地下空间资源的节约。随着城市化的推进，人们对城市空间由以地上空间为主、地下空间为辅逐步转变为城市地上空间、地下空间一体化规划。因此，对隧道毗邻空间开发利用日益受到重视，成为城市总体规划不可忽视的组成部分。

另外，该目标还对隧道毗邻空间开发利用提出了优化空间布局的要求。按照形式美法则，对地下空间进行空间整合，讲究形态与内容的对立与统一，讲求内部空间序列与秩序，不局限于仅仅将隧道毗邻空间进行简单的开发利用，而充分考虑人们身处其中的视觉感触与使用便利，营造出宜人的城市地下空间环境。

2) 开发利用原则

充分利用隧道毗邻空间，为人类创造良好的城市功能空间，改善城市空间环境。然而对隧道毗邻空间的开发利用存在不可逆性，不当的开发将造成城市地下空间的不可恢复和浪费。针对以上问题，对隧道毗邻空间的开发利用需要遵循一定的原则，实现对开发的可持续性。

(1) 以人为本的原则。

以人为本的原则是指，在进行隧道毗邻空间的开发利用规划中，不但要注重其开发利用所产生的功能，更应注重其对人们居住、工作环境的改善，以及在形态和功能上始终将人们的需求作为较为重要的指标进行综合考虑、规划。以人为本是确保隧道毗邻空间开发利用功能适宜性的根本原则。

(2) 公共优先的原则。

隧道毗邻空间既是城市地上空间在地下的资源延伸，又是地下空间特殊的存在形式，其开发利用应优先满足公共需求，即遵循公共优先的原则。随着城市人口的快速增长，人们对城市公共设施的需求难以得到满足，隧道毗邻空间是城市难得的空间资源，将其优先规划为市政基础设施、公共服务设施，是对资源的优化配置，有助于城市空间环境的改善。

(3) 开发与保护相协调的原则。

隧道毗邻空间是城市发展宝贵的空间资源，是解决城市一些突出问题的必要手段，同时其与城市空间环境又有着密切的联系。然而，隧道毗邻空间开发利用的不可逆性使得在其开发利用时必须坚持保护与开发相协调的原则，确保对隧道毗邻空间进行保护性开发，不能为了追逐短暂的经济利益而违反此原则。图 2-5 为隧道毗邻空间开发与保护关系。

(4) 地上与地下相协调的原则。

随着城市化进程的不断推进，城市地上地下一体化规划理念逐渐被人们所推崇。城市地上地下一体化规划讲求将城市地上空间与地下空间作为一个有机的整

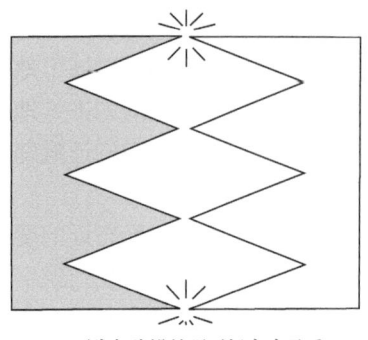

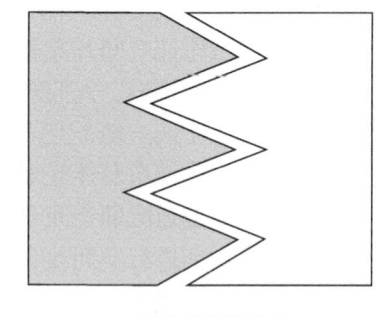

(a) 开发与建设处理不好产生矛盾　　(b) 开发与保护协调发展

图 2-5　隧道毗邻空间开发与保护关系图

体，在对其进行规划时，应综合考虑城市地上空间与地下空间各自功能相互补充、相互促进，充分发挥各自资源价值，如图 2-6 所示。因此，地上与地下相协调的原则要求在进行隧道毗邻空间开发利用时做到规划空间与现有空间的有机整合，既激发了其应有的空间优势，又使整个城市空间充满活力。

图 2-6　地上、地下协调开发利用

(5) 近期与远期相协调的原则。

城市建设是人类发展史上一项长期的群体性行为，当代的城市建设仅仅是其中一个短暂的篇章。隧道毗邻空间的开发不能局限于短期经济或社会目标，而应将其与城市总体规划发展目标相结合，与城市各层次规划相衔接，科学预测城市在不同发展时期地下空间开发体量的需求。因此，对隧道毗邻空间进行开发利用要树立长远发展的理念，坚持统一规划、分期实施，为以后各个时期发展预留空间，使其开发始终与城市需求、经济技术水平相适应。

(6) 平时与战时、灾时相协调的原则。

20 世纪 50 年代，为了防御敌对国进行空中打击，全国各城市兴建了单纯用于战时掩护的人防工程。随着城市的发展，学者逐渐认识到建造单一功能的人防工程不仅消耗大量的人力财力，而且对现代城市地下空间联合开发形成了较大的阻碍。因此，在对隧道毗邻空间进行开发利用时尤其要注重平时与战时、灾时不同功能的灵活互换。开发利用隧道毗邻空间既要考虑在战时或灾时能够提高城市的总体防灾抗毁能力，又要考虑平时商业空间、休闲空间等民用空间的设置，以此来实现隧道毗邻空间的经济效益、社会效益、国防效益最大化，有效发挥隧道毗邻空间复合化开发利用所产生的多元效益。

3. 隧道毗邻空间开发利用的典型理论模式

隧道毗邻空间形态组合模式从空间位置上划分可以归结为以下三种类型。

1) 隧道毗邻空间位于交通隧道上部

由于交通隧道工程所利用的交通空间一般处于较深层的地下空间，在采用开挖法施工时，其上层一般在建设完成后进行回填。回填层厚度可达几米甚至十几米，为了减少回填量，通常的做法是在隧道明挖段设置隧道毗邻空间，可以将这部分空间加以利用。以深圳建设的深港西部通道(图 2-7)为例，整个地下空间规划为地下三层，地下快速通道长约 7km，位于地下二、三层，过境车辆全部引入地下穿越城区，解决交通问题、改善城市地面环境。地下一层为商业街，并设置了过街通道。

图 2-7 深圳建设的深港西部通道

2) 隧道毗邻空间位于交通隧道下部

在某些情况下，隧道毗邻空间也可以位于交通隧道的下部。下面以北京中关村西区地下综合管廊工程为例进行介绍。

(1) 项目背景。

中关村广场是我国对地下空间进行大规模综合开发利用的典型案例，其成果和经验值得借鉴。中关村广场地处城市黄金地段，是北京西北部的中心片区，由于有机场净空和景观控制的限制，地面建筑高度的发展受到一定制约，在地下空间的开发利用方面具有强烈的需求。同时，该区域采用一级土地开发的建设模式，为地下空间的统一规划、综合开发创造了条件。

设计方案对地下空间进行了充分、详细的规划，形成了 30 万 m^2 的地下综合利用空间，这一数字尚不包括各单体建筑底部的地下室。地下空间的高强度开发，创造了可观的经济效益。

(2) 项目建设内容及规模。

中关村地下空间开发中采用了综合管廊 + 地下空间开发 + 地下环行车道的三位一体的地下隧道毗邻空间模式。中关村广场综合管廊长度为 1400m，是具有开创性意义的地下市政综合管廊系统。

地下空间为三层结构，其中地下一层是交通环廊，地下二层是向区域内建筑物提供市政设施的支管廊层和通往各地块的步行系统和商业空间，地下三层为从区域外引入中关村广场内公共使用的主管廊层，给水、供电、燃气、供热、电讯、供冷等六种管线汇集其中。中关村地下空间集商业、餐饮、娱乐、停车场、物业管理与能源供应于一体，开创了一个集约化的地下综合构筑模式。

3) 隧道毗邻空间位于交通隧道侧面

在地下交通隧道建设的工程中，出于建设的需要，对交通隧道的侧面也会进行一定程度的开挖，或者交通隧道的周边也有开发地下空间的需求，这时可以在交通隧道的侧面建设隧道毗邻空间。南京纬三路过江通道的建设过程中，定淮门大街与扬子江大道交叉口属于隧道用地范围，在施工过程中由于地面交通疏解道路需要局部开挖后回填，项目利用该部分开挖的侧向三角带隧道毗邻空间，建设地下停车场，与隧道上部的隧道毗邻空间一体化开发，提高了土地资源的利用效率，南京纬三路过江通道侧向三角带隧道毗邻空间利用情况如图 2-8 所示。

4) 混合模式

在具体的建设过程中，隧道毗邻空间的用途不一定是单一的，也可能存在多种功能综合开发。同时，根据项目具体的情况和城市建设的不同需求，隧道毗邻空间利用的模式也不是单一的，会出现多种空间形式同时存在、综合开发利用的混合模式。相比于前三种单一的开发模式，这种混合模式将各种功能综合在一起，可以更加有效地利用城市地下空间。例如，于 2013 年 2 月完成成果公示的北京市丽泽商务区——丽泽路地下空间一体化规划设计，通过规划设计将丽泽商务区内的地铁、市政管网及地下交通环廊统一规划，实现了交通功能、公共空间及开发地块的便捷衔接。

地下交通环廊共分两段，分别布置在丽泽路下穿隧道南北两侧，位于地下二层，相对标高为-10.0m(与丽泽路下穿隧道平层)，单向逆时针交通组织。主隧道内单向逆时针行驶；南北侧分别设置 1 对进出口与丽泽路相连；南侧设置 4 个与

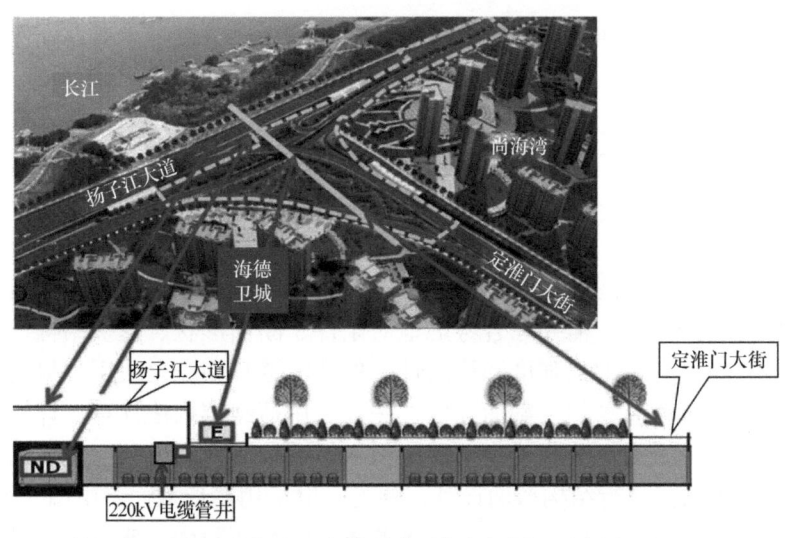

图 2-8 侧向三角带隧道毗邻空间剖面示意图

地面道路连接的出入口，9 对与地下车库连接的进出口；北侧设置 5 个与地面道路连接的出入口，7 对与地下车库连接的进出口。在地下空间一体化设计上，实现了多层地下空间综合利用，地下一层竖向层高为-5.0m，为步行商业街、人行地下通道和市政管线层；地下二层竖向层高为-10.0m，为丽泽路下穿隧道、地下交通环廊和停车场；地下三层为地铁 14 号线和停车场；地下四层规划为地铁 16 号线和停车场。

2.3.2 隧道毗邻空间结构联合设计

隧道毗邻空间的利用符合地下空间开发利用和节能减排的需求，可以最大限度地利用地下空间资源，避免浪费。隧道毗邻空间利用的特殊性决定了其结构形式的特殊性。隧道毗邻空间是结合交通隧道建设而出现的地下可利用空间，与隧道的形式和位置密切相关。可利用的隧道毗邻空间位于隧道明挖段，可以分为三种。第一种是车行隧道原有的空置空间(隧道毗邻空间)，一般位于较深的明挖段。这一空间对于隧道本身没有使用价值，从隧道结构设计的角度，用来保持隧道断面的连续，同时减少上部覆土的回填量。对这种隧道毗邻空间利用属于隧道毗邻空间功能上的再利用设计，不存在结构上的变动。第二种是接近隧道出口，原隧道没有空置空间(隧道毗邻空间)，但是隧道上部有较厚的覆土(覆土厚度在 4m 以上)，回填了可利用的浅层地下空间。对这一浅层地下空间的开发利用需要在原有隧道基础上增加满足功能需要的新的结构，属于新增毗邻空间设计。第三种是原隧道设计存在空置空间(毗邻空间)，但是毗邻空间的层高较低或者尺寸较窄，其开发利用需要在原隧道设计的基础上进行改造，这种情况属于毗邻空间改造设计。隧道毗邻空间结构联合设计主要存在以下几方面特殊性。

第一，隧道毗邻空间结构是隧道与其周围其他结构的联合体，与单纯的隧道工程和一般地下空间工程在结构设计方法上有所不同。

隧道工程属于线形的地下工程。首先要满足公路交通规划的要求，根据地质、地形、路线走向、通风等因素确定隧道的平曲线。其建筑限界、断面净空、隧道主体结构以及营运通风、照明等设施，按照预测交通量设计。隧道的结构设计主要是衬砌设计，需要综合考虑地质条件、断面形状、支护结构、施工条件等。衬砌应具有足够的强度和稳定性，保证隧道长期安全使用。衬砌的结构设计按破损阶段法验算构件截面强度，一般采用荷载结构法计算。计算时先按照地层分类法及土力学公式确定地层压力，然后按照弹性地基上结构的计算方法计算衬砌内力，进行结构截面设计。隧道一般采用箱形截面，由墙、板组成，称为横框架结构体系，构件尺寸大，具有较大的截面刚度。隧道结构设计采用的是平面应变受力体系。

地下空间工程，根据使用功能的不同，一般需要较大的平面空间。受用地限制呈长条形布置的项目，如地下商业街工程，其长细比也远小于隧道工程。因此，地下停车场等地下工程，属于面状地下工程，其结构形式一般采用框架结构或无梁板结构，基础形式多为筏板基础或桩筏基础。结构计算采用的是三维空间杆件计算方法或三维有限元计算方法。

总之，隧道和地下停车场等一般性地下空间工程的结构设计，在结构形式、设计思路、计算方法上都存在较大的差异。两者作为一个整体进行的联合设计需要对设计方法进行分析。

第二，工程的抗浮问题。

地下空间是一个连续的空间，地下工程受力情况复杂，地下工程还是一个结构与水、土共同作用的整体。对于大规模、重叠的多层地下空间开发，保证结构的稳定是一个重要问题。新增毗邻空间和毗邻空间的改造设计减少了原隧道上方的覆土厚度，在地下水较为丰富的地区，对工程的抗浮产生影响。

一般的抗浮措施是在结构底部布置抗浮桩或者抗浮锚杆，对于隧道而言，较多采用配重的方式解决抗浮问题。新增或改建的毗邻空间一般位于隧道顶部或两侧，毗邻空间的利用使得工程上部覆土(配重)减少、内部空间增加，抗浮问题突出。利用隧道两侧的围护排桩进行抗浮是比较经济的方法。但是围护桩与结构的连接方式成为主要问题。

第三，两类工程的安全性等级要求不同。

隧道工程设计安全性要求较高，合理使用年限 100 年。相对应的对于材料的耐久性，结构的安全性、稳定性都有较高的要求。一般的地下空间结构，如地下车库、地下商业街等，重要性等级为二级，合理使用年限50年。

两种工程联合设计时，如果全部按照隧道的要求进行设计，尤其是在新增加空层规模较大的情况下，可能导致费用的增加。如果新增毗邻空间按照一般地下结构的设计等级要求进行设计，会出现"一个工程存在不同设计标准"的情况。毗邻空间的结构与隧道主体是一个整体，合理区别设计等级是结构设计方面存在特殊问题。

第四，联合设计中可以利用工程中的围护结构作为临时或者永久的结构。

对地下空间的二次开发利用而言，围护结构中的地连墙等永久结构上部可以作为新增毗邻空间的外围护结构；排桩等可以作为结构抗浮设施来进行设计。从而可以大大节约工程造价，实现节能环保的目标。

2.3.3 隧道毗邻空间利用绿色技术指标和标准

隧道毗邻空间在规划设计阶段应结合地下空间开发利用充分考虑以下要求。

(1) 当隧道埋深位于地下一层，底部存在构筑物时，应综合考虑同期协同建设；或做好远期建设该地下空间的预加固措施，降低可能的影响。

(2) 当隧道埋深位于地下二层及以下，顶部存在夹层空间和大量回填土时，应综合考虑利用该空间，同时兼顾两侧空间的连通性。

(3) 当隧道路径内存在平行的地下构筑物类型时，应结合所有地下结构物类型进行地下空间的平面和竖向布局，并进行结构协同设计，节约投资。

(4) 圆形交通隧道建设应考虑其空间高效利用，在技术成熟的条件下，优先考虑轨道交通、管线等生命线工程在隧道空间内的布设。

(5) 水下交通隧道建设应综合考虑与走廊带内的其他水下工程一并实施，并兼顾工程的难度和投资(应天大街长江隧道内考虑220kV电力廊道、和燕路长江隧道和建宁西路长江隧道内考虑给水管道过江)。

2.4 隧道毗邻空间利用案例

2.4.1 南京纬三路隧道停车场

纬三路过江隧道工程江南明挖段的毗邻空间开发利用为早期的典型案例，并申请了专利。项目位于扬子江大道与定淮门大街交叉口，其利用纬三路隧道夹空层、顶部回填空间等毗邻空间进行改、扩建，并与用地红线内的交叉口互通立交下方的地下空间连通。本项目地理位置图和相对位置图如图2-9和图2-10所示。

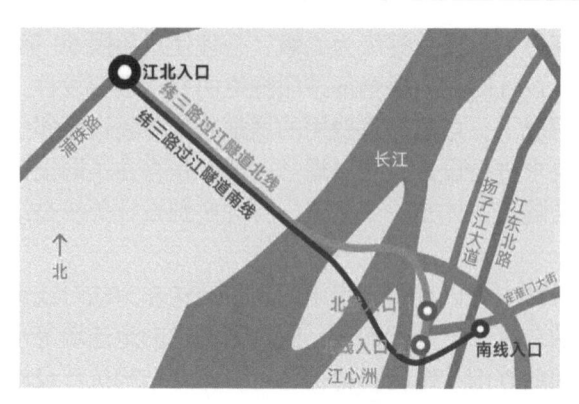

图 2-9 项目地理位置图

图 2-10 项目相对位置图

该隧道江南明挖段及工作井隧址范围内有扬子江大道、定淮门大街、郑和南路、漓江路、江东北路和龙园西路等六条城市主干线。其中 N 线江南明挖段顺接扬子江大道，为城市主干道，隧道结构复杂，存在多层结构，部分结构存在夹空层可进行利用。该隧道明挖段平面图如图 2-11 所示。

隧道明挖段结构断面形式见图 2-12。工作井位置断面为三层结构，NU 线和 ND 线分别位于地下二、三层，地下一层为夹空层，如图(a)所示；工作井以南两条隧道线轴线逐渐分开，结构断面加宽，如图(b)所示；位于地下三层的 ND 线上抬至地下二层，地下一层形成较开阔的空间，如图(c)所示；NU 线逐渐上升至地下一层，两条线分开成为两条隧道，结构面如图(d)所示。

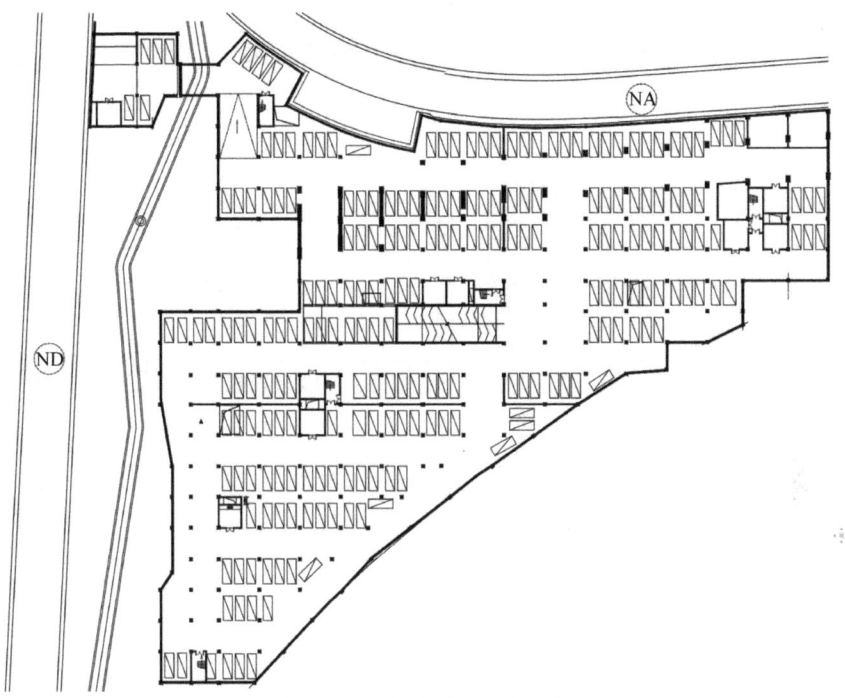

图 2-11　隧道明挖段平面图

图 2-12(a)和(b)所示空间，夹空层宽度较窄，空间利用受到局限。且由于本项目先期没有考虑夹空层空间的利用，靠近工作井一段的隧道已经在先期施工完毕并回填，失去了改建利用的时机。

纬三路隧道段夹空层利用设计范围，南北向全长 454.30m，总占地面积 10532m²。利用夹空层建筑面积 3363m²；利用夹空层顶板部分建筑面积 6386m²，车库出入口建筑面积 783m²。表 2-4 为建设规模汇总表。

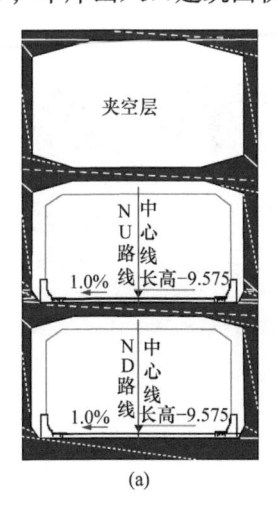

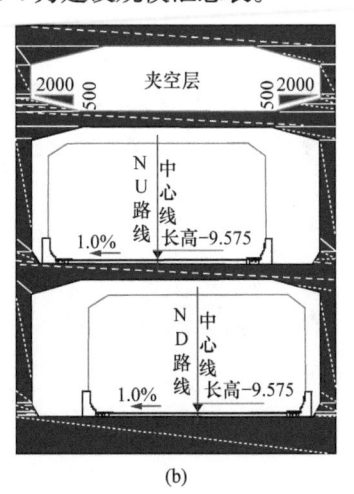

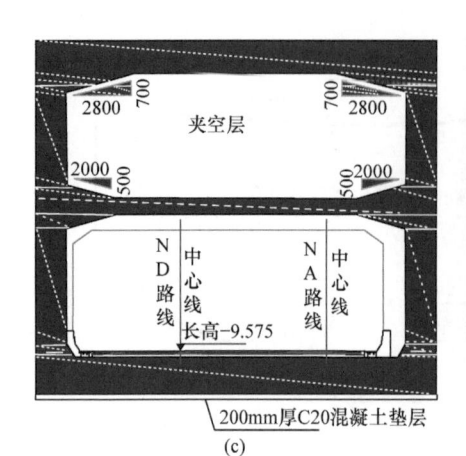

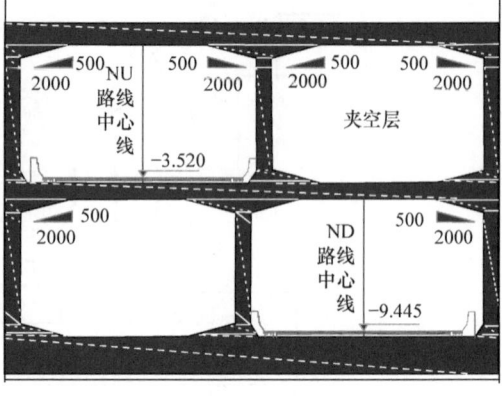

图 2-12 夹空层断面图(单位：mm)

表 2-4 建设规模汇总表

层位	建筑面积/m²	区域
地下一层	6386	NU、ND结构上方回填区停车场方案
地下二层	3363	上层隧道空间
出入口	783	3处车行出入口，9处人行出入口
合计	10532	—

　　基于纬三路交通隧道毗邻空间设计、建设地下停车场，提高了土地资源利用率，在一定程度上节约了城市资源，缓解了人地矛盾，增强了城市交通基础建设。该工程建设完成后现场情况如图 2-13～图 2-15 所示。此外，该毗邻空间设计中还采用了光导管等节能绿色建造技术。

图 2-13　南京市纬三路过江隧道毗邻空间停车场结构

图 2-14　南京市纬三路过江隧道毗邻空间停车场出入口

图 2-15　南京市纬三路过江隧道毗邻空间停车场光导管

2.4.2　扬子江大道隧道毗邻空间开发利用

扬子江大道综合管廊结合扬子江大道快速化工程同期建设，沿扬子江大道布置，起于定淮门大街，终于河西大街。由于与众多地下工程共线或交叉，如地铁、地下道路、人行地道、电力隧道、大直径管道等，综合管廊平面布置在扬子江大道西侧与东侧间发生多次转换，导致线形扭曲，如图 2-16 所示。

1) 综合管廊与地铁

扬子江大道综合管廊与地铁 4 号线、13 号线、9 号线及 10 号线存在布置干涉，其中 4 号线、13 号线及 9 号线为规划路线，10 号线为建成路线。综合管廊与地铁

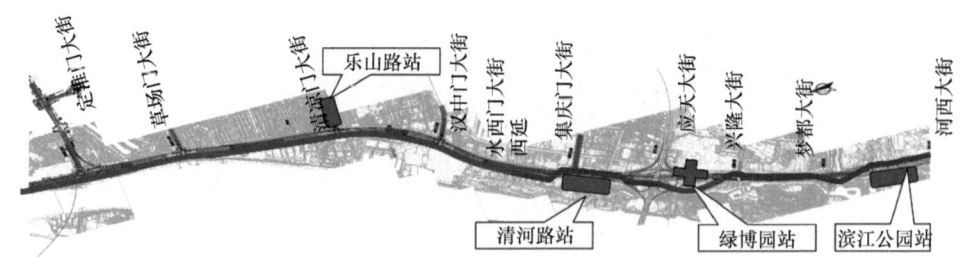

图 2-16 扬子江大道综合管廊总体布局

9号线存在部分共线段，与地铁4号线、13号线、9号线及10号线均存在交叉节点。表2-5为综合管廊与地铁的关系。

表2-5 综合管廊与地铁的关系

序号	管廊桩号	地铁情况	相交形式	净距	处理措施
1	GLK0+420	规划4号线	交叉	>15m	基本无影响
2	GLK2+580	规划13号线	交叉	>21m	基本无影响
3	GLK3+120	规划9号线	交叉	7.39m	基本无影响
4	GLK3+940	规划9号线	相交，电力支廊(2.6m×3.5m)共线长度280m	3.9~4.4m	调整桩基位置
5	GLK4+520	现状10号线	交叉	4.10m	分舱逐段施工，保证地铁运行安全
6	GLK4+920	规划9号线	交叉	5.16m	调整桩基位置
7	GLK5+540	规划9号线	交叉	3.01m	调整桩基位置
8	GLK5+660	规划9号线	交叉	2.07m	调整桩基位置

地铁车站埋深较浅，其上方不具备布置综合管廊的条件，因此综合管廊应采用绕避地下车站的方案。以绿博园站点为例，地下车站覆土厚度仅3.1m，综合管廊须进行绕避，如图2-17所示。

2) 综合管廊与电力隧道

既有220kV电力隧道布置于扬子江大道东侧，与扬子江大道综合管廊基本共线，局部位置存在交叉，如图2-18所示。综合管廊为绕避规划地铁9号线清河路站，布置于扬子江大道东侧，与既有220kV电力隧道存在两次交叉，交叉处综合管廊下穿电力隧道。

3) 综合管廊与地下道路

扬子江大道快速化改造工程采用节点下穿的快速化方案，设置了4座节点隧

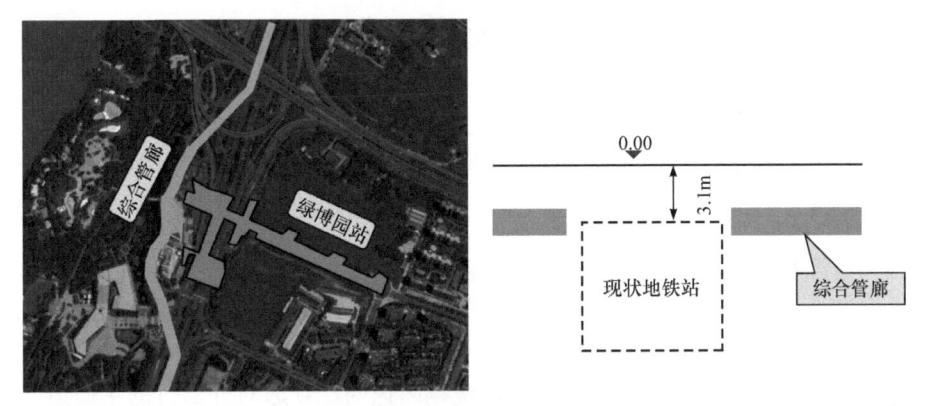

图 2-17 管廊与轨道交通关系

道。为集约利用地下空间、降低工程费用，综合管廊与节点隧道共线段综合管廊布置于地下道路一侧，二者按同一基坑设计，如图 2-19 所示。

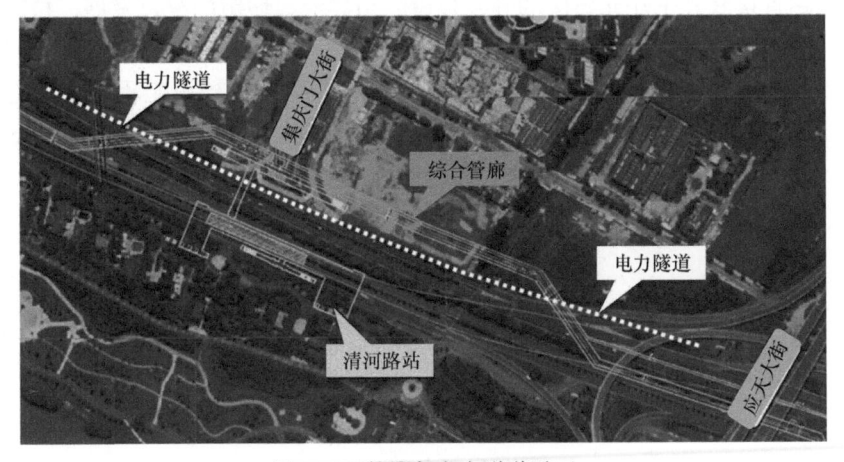

图 2-18 管廊与电力隧道平面

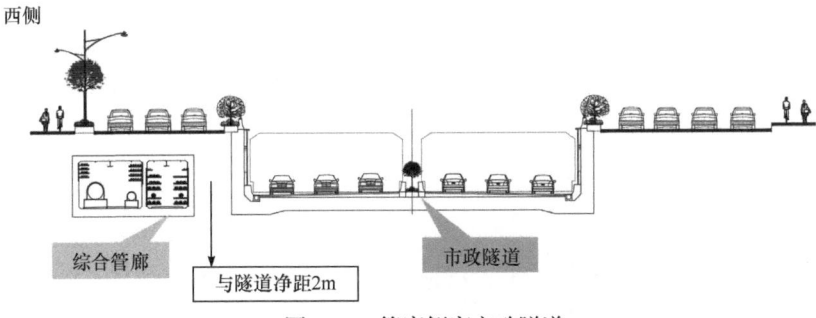

图 2-19 管廊侧穿市政隧道

扬子江大道综合管廊借助扬子江大道快速化改造的契机进行建设，在综合管廊与地下工程协同建设方面开展了诸多积极的探索。该综合管廊位于南京市主城区，区域开发强度较高，综合管廊设计过程中不仅需要解决与既有地铁、人行地道、电力隧道的共线或交叉问题，而且需协调与新建节点隧道的三维控制关系，还需为规划地铁预留实施空间，设计难度极大。该综合管廊属于较为典型的主城区综合管廊采用明挖法为主的案例，对于结合道路改造进行综合管廊建设具有较高的借鉴价值。

2.4.3 西江互通连接线隧道毗邻空间开发利用

1. 隧道工程

西江互通连接线既是江北新区连接绕越高速西江互通对外出行的主通道，也是新区规划的一条重要的轴向快速路——横江大道的组成部分，由东北向西南贯穿六合、浦口两区，是江北新区城市发展的轴线。项目建成后将实现横江大道南北的贯通，大大改善区域的出行条件，直接连接绕越高速，同时串联新区多个片区，能够直接服务于江北新区的开发建设，引导沿线城镇的统筹发展，拉动沿江产业的快速集聚，对于整个江北地区的经济社会发展起到关键的支撑和引导作用。

项目起点顺接 S356 省道(浦口西江路至苏皖省界段)建设工程，主路终点在 S356 省道跨三桥高速桥落地点；辅路起点接西江路平交口，总长 7.107km，如图 2-20 所示。

图 2-20 工程项目位置示意图

设置车行隧道 4 处，分别为团结路隧道、行知路隧道、紫创路隧道、园腾路隧道。其中，团结路隧道自北向南下穿团结路，隧道暗埋段长 150m，为短隧道。行知路隧道自北向南连续下穿行知路、五合路、绿水湾路，隧道暗埋段长 875m，为中隧道。行知路隧道于五合路附近道路东侧设置一处入口匝道，道路西侧设置一处出口匝道。紫创路隧道自北向南连续下穿虎桥路、园特路、紫创路，隧道暗埋段长 795m，为中隧道。园腾路隧道为支线下穿隧道，隧道暗埋段长 115m，为短隧道，如图 2-21 所示。

图 2-21　西江互通连接线城南河路至 S356 段下穿隧道情况

2. 管廊工程

项目范围内综合管廊起点为城南和桥梁落地点，与东段横江大道综合管廊终点相接，终于西江路南侧，综合管廊全长约 7.248km，如图 2-22 所示。表 2-6 为综合管廊概况一览表。

图 2-22　综合管廊平面布置示意图

表 2-6　综合管廊概况一览表

范围	长度/m	断面类型及外尺寸
桥梁落地点—五桥连接线	2200	平层断面 7.4m×4.2m
五桥连接线—西江路	5048	平层断面 7.4m×4.8m
合计	7248	—

管廊位于道路东侧辅道下方，综合管廊和管线都不占用道路东侧绿化带，此外，隧道、综合管廊、污水管可共基坑实施，如图 2-23 和图 2-24 所示。

2.4.4　中央商务区隧道毗邻空间开发利用

1. 项目概况

横江大道位于南京市江北新区沿江方向，为城市规划快速路，中央商务区隧

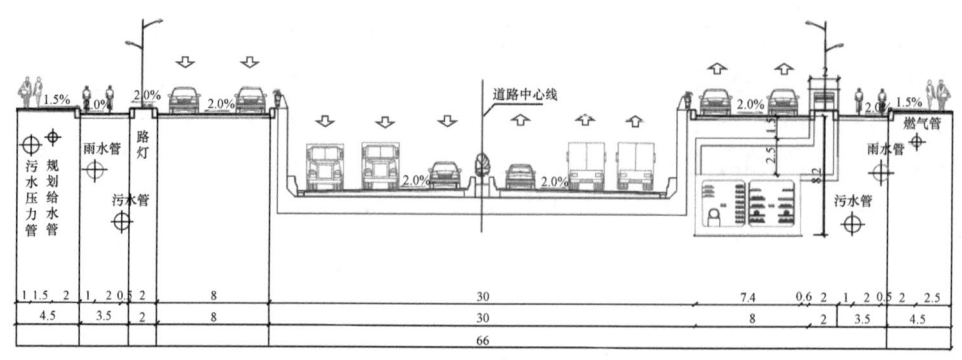

图 2-23　综合管廊布置方案(单位：mm)

道南侧起于城南河路，北侧止于纬三路，全长 2.48km。中央商务区隧道工程在穿越江北新区商务区地下空间时，形成南北两处隧道毗邻空间，其中南侧隧道毗邻空间可利用部分长度约 570m，宽度约 31m，可以用于城市公共停车。北侧隧道毗邻空间长度约 360m，宽度受地下环路匝道影响，宽度约 17m，地下空间可利用，隧道毗邻空间利用情况如图 2-25 所示。

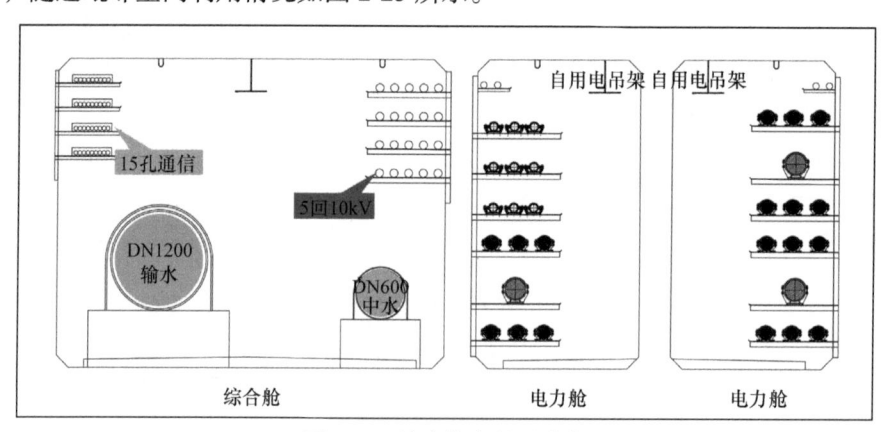

图 2-24　综合管廊断面形式

2. 总体设计

1) 工程设计规模

中央商务区隧道毗邻空间利用项目随隧道走向和结构空间布置，起点桩号为 K6+842，终点至纵二路与地下一层商业街相连。利用隧道南侧毗邻空间地下一层范围，长度约 570m，宽度 31m，局部受环路和隧道匝道影响，宽度有所变化，最窄处宽度 6.2m。隧道毗邻空间利用的物业形态为地下停车库。地下空间面积 15927m²(不含楼梯、坡道敞口段)，其中车库面积 12958m²，通道面积 1441m²，地下车位数量 299。毗邻空间利用情况如图 2-26 和图 2-27 所示。

图 2-25　中央商务区隧道毗邻空间平纵面示意图

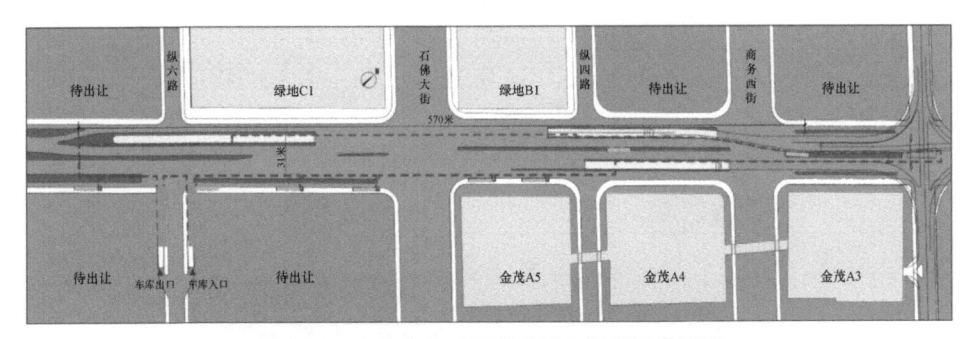

图 2-26　中央商务区隧道毗邻空间利用总平图

图 2-27　中央商务区隧道毗邻空间停车场建成后效果图

2) 出入口设置

中央商务区隧道毗邻空间利用项目地面出入口分为人行出入口、车行出入口和设备孔口。由于西侧管廊影响，出入口统一设置于道路东侧，人行出入口结合人行道树池绿化设计为敞口式，车行出入口位于纵四路两侧待出让地块内，地块机动车开口距路口大于 50m，符合城市规划要求，设备孔口位于中分绿化带内，采用下沉式，周边用绿化遮挡，如图 2-28 和图 2-29 所示。

3) 交通流线

中央商务区隧道毗邻空间利用项目车行出入口位于纵六路东侧，江南车流在石佛大街右转后进入车库，江北车流在石佛大街左转后进入车库；出口位于纵六路西侧，江南车流出库后驶入大街路口掉头回江南，江北方向车流出库后驶入横江大道回江北，如图 2-30 所示。

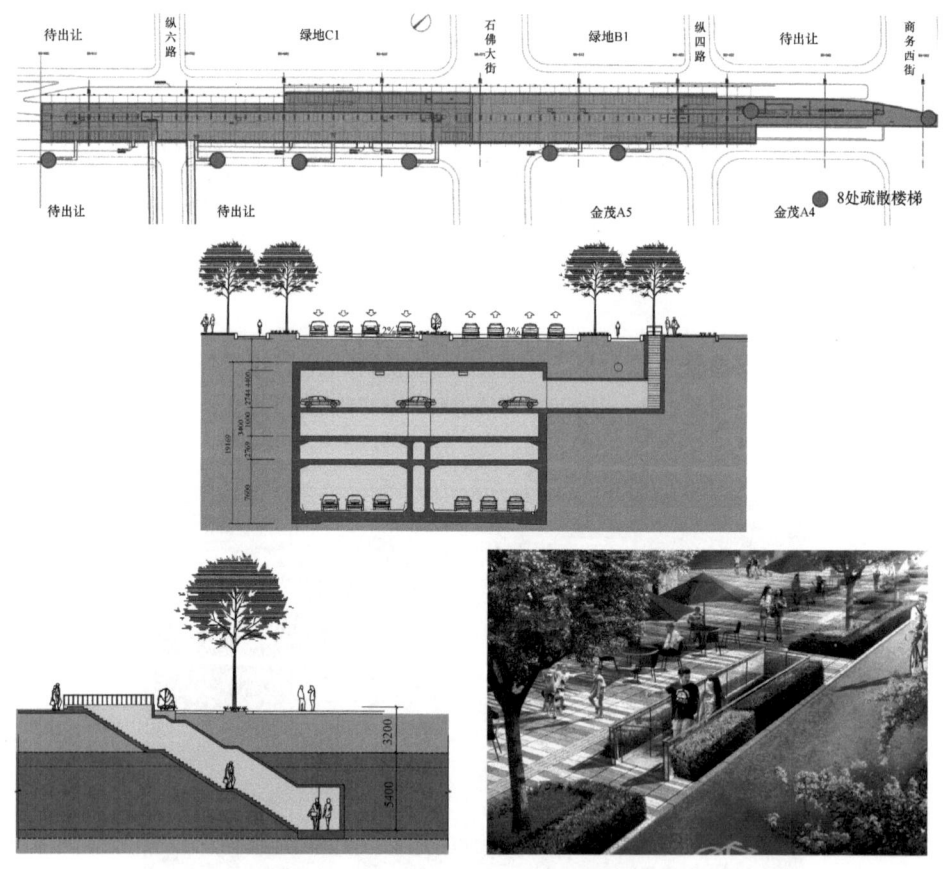

图 2-28　停车场人行出入口设计(单位：mm)

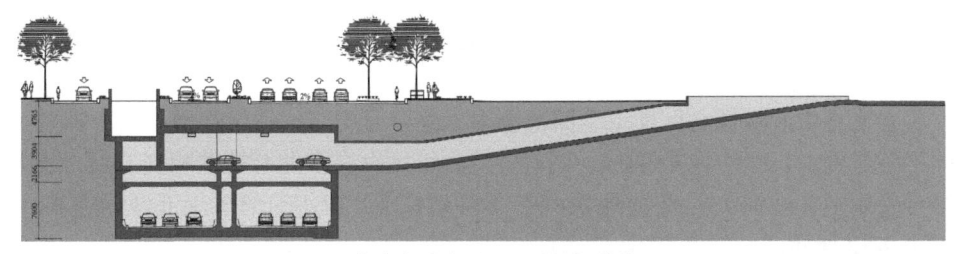

图 2-29 停车场车行出入口设计(单位：mm)

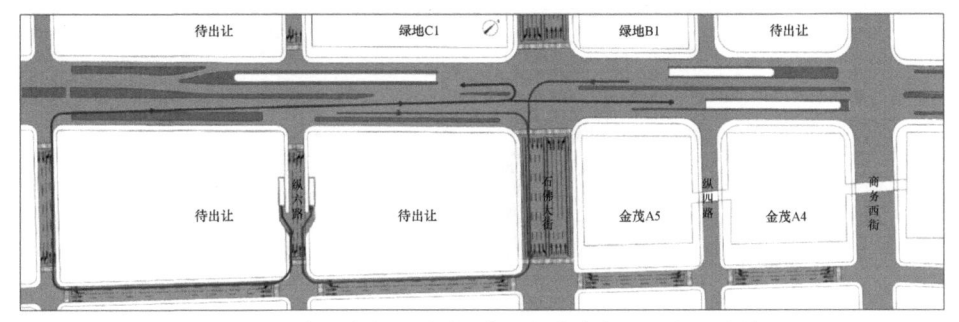

图 2-30 中央商务区隧道毗邻空间停车场进出交通流线

2.4.5 地下综合体毗邻空间开发利用

1. 武汉光谷中心城

光谷中心城核心区地下空间位于神墩一路、光谷五路、望月路及周边市政绿地范围内，沿光谷五路(纵向 3.6km)和神墩一路(横向 1.3km)布置，总建筑面积达 51 万 m²。地下空间主要功能包括地下商业、轨道交通、综合管廊、地下道路等。其中，综合管廊位于地下三层轨道交通站台层的侧面，如图 2-31 所示。

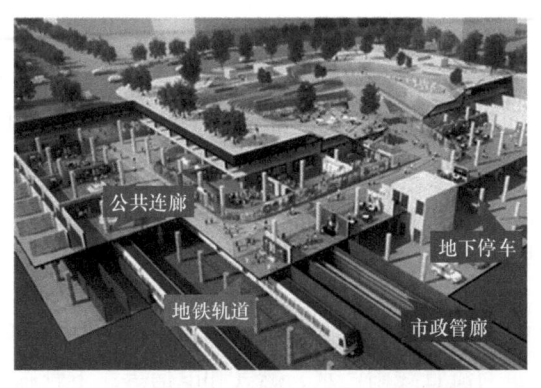

图 2-31 光谷中心城地下空间区域示意图

综合管廊全长约 24.47km，覆盖了光谷中心城大部分区域，分为单舱、双舱、三舱三种形式，是目前武汉市在建的规模最大、入廊管线最多的综合管廊工程。

在光谷中心城核心区地下空间范围内，综合管廊与地铁沿光谷五路、神墩一路平行布置，长度约为 4.72km。同时，综合管廊存在多处与地铁相交节点，其中结合管廊上穿地铁 4 处、下穿地铁 4 处，下穿地铁节点处综合管廊局部埋深达 26m，如图 2-32 所示。

图 2-32 综合管廊与地铁交叉示意图

2. 北京 CBD 核心区

北京 CBD 核心区位于朝阳区国贸桥东北角，东三环路以东、建国路以北、针织路以西、光华路以南，东西长约 600m，南北长约 500m，总占地面积约 30hm²，地下建筑规模约 140 万 m²。CBD 核心区采取九宫格的布局方式，路网模式采取井字形道路两横两纵的布局方式，如图 2-33 所示。

CBD 核心区地下公共空间主要功能包括：地下道路、综合管廊、景观以及综合防灾等，其中综合管廊建筑面积约 9 万 m²。综合管廊主要为干支混合型综合管廊，局部为缆线管廊。综合管廊分布在井字形道路的下方，分为上管廊和下管廊。上管廊管线主要是重力流管线雨污水、燃气和电信等；下管廊管线主要为电力、热力、给水和再生水等，如图 2-34 所示。

图 2-33 北京 CBD 核心区规划图

图 2-34 北京 CBD 核心区地下空间

第3章 装配式隧道绿色建造技术

3.1 装配式隧道的定义

预制装配式混凝土结构型式是我国建筑结构发展的重要方向,是住宅产业化的重要组成部分。住宅产业化(housing & industrialization)的概念最早于1968年出自日本,其含义是采用工业化生产的方式生产住宅,以提高住宅生产的劳动生产率,降低成本。我国的住宅绝大部分为混凝土结构,要实现混凝土结构住宅的工业化,预制装配技术重要的手段。装配式结构(prefabricated concrete structure)是装配式混凝土结构的简称,是以预制构件为主要受力构件,经装配(连接)而成的混凝土结构,可以连续地按顺序完成工程的多个或全部工序,从而减少进场的工程机械的种类和数量,消除工序衔接的停闲时间,实现立体交叉作业,减少施工人员,从而提高工效、降低物料消耗、减少环境污染。装配式钢筋混凝土结构是我国建筑结构发展的重要方向之一,它有利于我国建筑工业化的发展,提高生产效率、节约能源,发展绿色环保建筑,并且有利于提高和保证建筑工程质量。与现浇施工工法相比,装配式结构有利于绿色施工,更能符合绿色施工的节地、节能、节材、节水和环境保护等要求,降低对环境的负面影响,包括降低噪声,防止扬尘,减少环境污染,清洁运输,减少场地干扰,节约水、电、材料等资源和能源,遵循可持续发展的原则。

我国在未来的建筑部署中明确提出要发展装配式建筑,装配式建筑迎来一个政策扶持时期。但目前我国装配式建筑的发展进程整体上来看还较慢,每年新建的装配式钢结构仍较少。从另一方面来看,我国钢铁产能却逐年递增,目前位居世界第一,如果建筑行业将钢铁产能消化吸收,会对我国经济十分有利。目前我国每年装配式钢结构占新建建筑比例不到10%,相比日本、欧美上升空间很大。推广使用装配式钢结构在一定程度上可以化解钢铁产能,促进产业的转型升级。装配式钢结构是装配式建筑中重要的一种结构体系,在装配式建筑未来的发展中会更偏向于装配式钢结构的建设。秉持经济、适用、环保的原则,全面提高装配式钢结构的经济效益、社会效益和环境效益是当下装配式钢结构建筑发展的核心内容和关键所在。

装配式隧道是衬砌结构以预制构件为主要受力构件,经装配(连接)而成的混凝土衬砌结构,可以标准化方式连续地按顺序完成隧道建设的结构。国内外装配式隧道衬砌主要应用于盾构法施工隧道，并在技术上越来越成熟，其应用领域主要集中在城市地下工程中。城市地下交通隧道、市政设施管道、引水隧道、越江跨海隧道等衬砌形式都是装配式结构的应用领域。装配式衬砌结构的应用领域将会随着城市建设的发展进一步扩大，在地下停车场、地下仓库、共同沟、综合地下商业开发及地铁车站等地下结构装配式衬砌方面都能得以应用。预制装配式结构是实现地下工程产业化的重要方式，其发展方向不可逆转。随着科技的不断创新，新材料、新技术和新设备的不断引入，预制装配式结构体系的发展将迎来新的机遇。

住房和城乡建设部在《"十四五"建筑业发展规划》提出了 2035 年远景目标：智能建造与新型建筑工业化协同发展的政策体系和产业体系基本建立，装配式建筑占新建建筑的比例达到 30%以上，打造一批建筑产业互联网平台，形成一批建筑机器人标志性产品，培育一批智能建造和装配式建筑产业基地。

3.2 装配式隧道的发展

3.2.1 国外装配式结构的发展历程及现状

欧洲是最早开始研究装配式结构的地区，在 17 世纪初，西方国家决定将建筑转向工业化，一些发达国家积累了大量预制装配式设计施工经验。1851 年，马萨诸塞州布里奇沃特的预制混凝土墙板是最早的预制构件。1875 年，Willian Herny Lascell 获得英国 2151 号发明专利 "Improvement in the Construction of Buildings"。专利中提出将预制的混凝土墙板和楼板安置在主体承重构件上的建筑方案。这样，预制混凝土墙板仅具有分隔空间和外围保护的作用，除承受本身的重量外，还要承担水平风荷载。世界上最早的装配式混凝土建筑是 1878 年巴黎博览会上的一个临时别墅，其采用了预制混凝土墙板技术。

北美国家从 20 世纪 20 年代开始探索预制混凝土的开发和应用，到 20 世纪 60~70 年代，预制混凝土技术得到大面积普遍应用。美国在 1997 年颁布的《美国统一建筑规范》中表示，在试验分析能证实的前提下，装配式结构的承载力和刚度都可以与相应的现浇结构相当，甚至更好，那么在高烈度地震区也可以允许使用预制结构。目前，预制混凝土技术在居住建筑，学校、医院、办公等公共建筑，停车库，单层工业厂房等建筑中都得到官方的应用。在工程实践中，大量应用大型预应力预制混凝土构件技术，使预制混凝土技术更充分地发挥其优越性，如纽约帝国大厦、迪拜哈利法塔这些著名超高层建筑物都是装配式建筑，它们具有施工便捷、建筑质量高、节约投资等优势，可以经济高效、保质保量地完成项目建设。美国和加拿大预制混凝土研究协会组织都完成了预制混凝土技术的规范和标准的编制工作，都拥有完备的使用手册。这些手册不断地、适时地更新，以适应技术的发展。

日本的建筑工业化发展较完善，质量和水平较高。1963年成立了预制建筑协会，并编写了《预制建筑技术集成》。日本建设省提出《住宅建设的工业化构想》，该构想中提出要发展工业化的住宅建筑。而后，日本通过学习欧洲的预制混凝土构法，研发出本国的W-PC构法，短短十几年间日本建造装配式住宅12万户。其装配式混凝土建筑从第二次世界大战以后至1990年持续发展，并在地震区的高层和超高层建筑中得到了十分广泛的应用。目前，这些建筑的预制技术达到世界领先水平，质量标准很高，并经历了多次地震的考验。日本有关装配式混凝土建筑的标准规范体系完备，工艺技术先进，构造设计合理，建筑构件的集成化程度很高，施工管理严格，体现了很高的综合技术水平。

法国的建筑工业化开始较早，推行已经有130多年的历史。全装配式大板模板技术最早出现在法国的建筑施工中。1977年，法国成立构件建筑协会，加速了住宅工业化的进程。如今，法国的建筑业已经形成现代化的住宅产业。例如，法国创建的一种装配整体式混凝土结构体系——世构结构体系，采用建筑部件建筑了多栋房屋组成的住宅群。

装配式混凝土结构的关键在于它的连接技术。对于连接节点，欧洲标准国际结构混凝土协会提出了以下的基本要求：①标准化；②简单化；③具有抗拉能力；④延性；⑤适应主体结构变形的能力；⑥抗火；⑦耐久性；⑧美学。根据这样的要求，FIB进一步提出了基本的设计具体要求，其中包括对设计、生产、运输和吊装等各个阶段的各种问题的处理方法，如节点的模数协调问题、节点处公差的处理、对结构稳定性的影响、施工的吊装能力对设计的影响等问题。对于装配式混凝土结构的连接技术，美国和日本曾经进行过为期五年的共同研究工作，并对两国技术进行了比较。总体来说，日本强调装配式混凝土结构基本属于混凝土结构的延伸，总体设计目的是希望把装配式混凝土制作成等同于整体混凝土的行为；美国认为装配式混凝土结构的细部构造不同于整体混凝土，他们主要强调节点和快速施工。

3.2.2 国内装配式结构的发展历程及现状

我国从20世纪50年代开始逐渐认识和了解装配式建筑。60年代，人们开始初步研究装配式建筑的施工方法，并形成了一种新兴的建筑体系。通过科学技术的不断进步，20世纪80年代，装配式建筑在我国的发展达到鼎盛，但是由于装配式建筑的局限性和不足，加之我国当时的设计水平和施工水平有限，跟不上装配式建筑的发展需求。直到20世纪90年代，装配式建筑在我国的应用大面积开展，全国各地形成了设计、制作和施工安装一体化的装配式混凝土工业化建筑模式。此时，装配式混凝土建筑和采用预制空心楼板的砌体建筑成为两种最主要的类型，应用普及率达70%以上，但在建筑设计、施工管理研究上依然存在局限，导致装配式建筑在我国的推广应用发展较为缓慢。

在20世纪90年代的中国，受生产水平的限制，工厂化生产预制构件的能力有限，生产规模小、设备工艺单一、产品标准低，无法满足大规模发展要求，加之运输工具的简单单一，现场构件安放管理混乱，无法形成完善的管理体系，使得该时期预制装配式住宅的外墙防渗性能差，墙体的保温隔声性能差。特别是某些自然灾害的影响，如唐山大地震中多数预制装配式房屋的倒塌，使得预制装配式结构的应用推广受到抵触。

由于我国处于改革开放大发展时期，城市化进程加快，房地产行业发展迅猛，而这种发展是以资金和土地的大量投入为基础，关于结构的使用性能与质量、环境的污染与安全等关注并不多。同时，由于劳动力资源的廉价与过剩，设计者对预制拼装结构缺乏系统的认识，预制构件之间的连接问题得不到处理，预制构件的加工精度和生产工艺落后等原因，现浇混凝土技术取代预制装配式技术成为建筑结构施工的主要工法。

进入20世纪末期，我国城市化进程进一步加快，住宅房屋需求强烈，加之预制装配式结构本身的优势，以及我国工厂加工精度的提高、构件预制质量的保证，发展预制装配式住宅成为又一趋势。在这一趋势的引领下，相关学者学习西方相关研究经验，总结出了适合中国发展的预制装配式结构，也解决了预制装配式结构的相关技术难题。赵斌等[20]就全装配式结构的梁柱组合件抗震特性进行了详细分析，并提出了节点耗能的构造措施。李远辉等[21]在国内外预制装配式框架结构中预制构件间连接方式的研究成果基础上，探讨了消能减震技术在预制装配式框架结构中的研究现状和应用现状，并对今后我国消能减震技术在预制装配式结构中的发展进行了展望。

有了相关技术的支撑，20世纪初我国的预制装配式结构也得到了较好的应用，并就预制装配结构营建过程中的质量安全管理有了研究成果。孔复耀[22]针对装配式钢筋混凝土空心楼板施工裂缝的原因进行了分析，并提出相关应对管理策略；谢颖等[23]则通过对新建住宅小区质量问题的调查和研究，结合土木工程项目管理理论，提出了住宅工程中各主要分部、分项工程的质量通病、原因分析和防治措施。不仅如此，多位学者对预制结构工厂预制、现场安装、使用期间各种质量问题进行了研究和探讨，但并没有形成系统的管理体系，也未形成相关规范章程对结构营建期间各种质量、安全、进度等问题进行严格的控制。

经过诸多预制装配式结构的研究与应用，我国形成了相关的技术章程如《预制装配整体式房屋混凝土剪力墙结构技术规范》(DB23/T 1813-2016)、《预制装配整体式钢筋混凝土结构技术规范》(SJG 18-2009)、《装配整体式混凝土住宅体系设计规程》(DG/TJ 08-2071-2016)、《润泰预制装配整体式混凝土房屋结构体系技术规程》(DBJ/CT 082-2010)等。

在政策方面，2006年6月，建设部下发《国家住宅产业化基地试行方法》，2008年开始探索SI(skeleton-infill)住宅(承重结构骨架具有高耐久性且固定不变)技术研发和中日技术集成住宅示范；在装修方面，进一步倡导了全装修的推进。近年来，地方政府关于住宅工业化的政策也相继出台，其中北京、上海、深圳、沈阳等城市也专门制定了规范。2013年1月国家发改委和住建部联合发布了《绿色建筑行动方案》，明确将推动建筑工业化作为十大重点任务之一。在转变经济发展方式、调整产业结构及大力推动节能减排的背景下，北京、上海、沈阳、深圳、济南、合肥等城市地方政府以保障性住房建设为抓手，陆续出台支持建筑工业化发展的地方政策。从全国来看，以新型预制混凝土装配式结构快速发展为代表的建筑工业化进入了新一轮的高速发展期。这个时期是我国住宅产业真正进入全面推进的时期，工业化进程也在逐渐加快推进，但是与发达国家相比差距还很大。

在技术方面，我国在装配式建筑方面已经形成一定的体系，但距离发达国家仍然存在巨大的差距。目前预制混凝土住宅常用的有预制剪力墙结构、叠合剪力墙结构、异型柱结构、框架结构四种结构形式。剪力墙结构体系的优点是室内规整，但剪力墙单块自重大，节点处工程量较多，连接比较复杂；外墙为受力结构，与保温材料一起预制难度较大；户型内部无法后期调整，无法形成可变住宅，不符合可持续发展要求。目前国内预制装配式剪力墙结构在高层建筑中的应用技术还不算成熟，预制率最高只能达到30%左右。异型柱结构解决了室内的凸出梁柱问题，同时避免了剪力墙结构的某些缺点，但框架剪力墙异型柱结构在7度区仅适用于40m以下的建筑，高度限制使其无法在更大范围内得到广泛应用。因此国内比较流行的装配式结构为框架结构和框剪结构。

2016年9月，国务院常务会议审议通过的《关于大力发展装配式建筑的指导意见》(国办发〔2016〕71号)指出，力争用10年左右时间，使装配式建筑占新建建筑的比例达到30%。随着建筑工业化的不断发展，装配式建筑成为建筑产业现代化的重要标志，装配式建筑工业化是世界性的大潮流和大趋势，同时也是我国改革和发展的迫切要求，传统建筑方式已经不再完全符合时代的发展要求。对于日益发展的我国建筑市场，现浇结构体系所存在的弊端趋于明显化。在我国政府的大力支持下，借鉴国外建筑工业化的成功经验，预制装配式结构的发展必将进入一个崭新的时代。

3.2.3 国外装配式隧道的发展

苏联在20世纪50年代定型推广了一种装配式钢筋混凝土衬砌结构，该结构适用于无水地层或降水放坡开挖的基坑，施工速度比现浇混凝土快，底板为现浇混凝土,其余为预制结构。20世纪70年代以后出现了成段衬砌结构和整体管段衬砌结构,在俄罗斯、乌克兰、乌兹别克斯坦等国家的地铁隧道中进行了应用,段状衬砌形式增强了结构的整体性,有利于提高结构的防水和抗震性能,且与单块预制件拼合的拼装结构相比,含钢率降低。荷兰鹿特丹地铁区间隧道采用过一种壳式隧道结构(图3-1),该结构先在地面打设钢板桩、混凝土桩,开挖隧道基坑布设横撑,然后在基坑内部浇筑底板,把壳式构件放置到隧道的底板上,各构件彼此相互连接并与底板相连接,施工速度快,防水效果好。

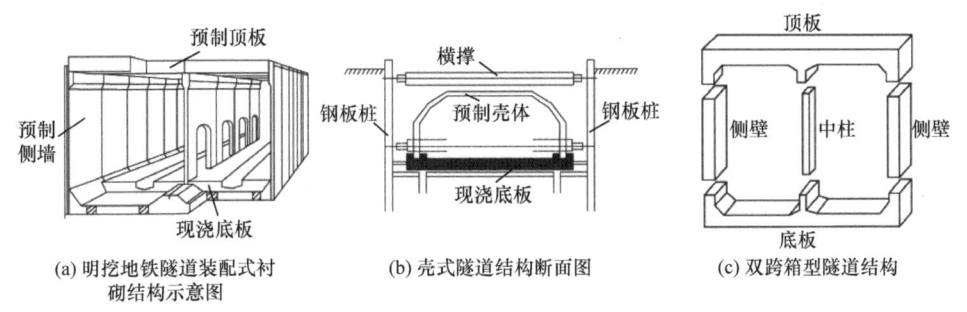

(a) 明挖地铁隧道装配式衬砌结构示意图　(b) 壳式隧道结构断面图　(c) 双跨箱型隧道结构

图3-1　不同形式装配式结构示意图

此外,日本对预制装配式结构的应用也进行了有益的尝试,在仙台市地下铁道工程中采用了预制双跨箱型结构,整个结构分成顶板、底板、侧壁及中柱等预制构件。结构设计中针对构件的划分及轻量化、构件的纵向连接和横向连接等问题开展了大量研究。日本在东京地下通道、大阪铁路隧道和横滨地下立交工程中采用Harmonica工法进行施工,该工法是采用矩形顶管机将数个小型预制钢管片(钢筋混凝土管片)顶进隧道内形成隧道空间,再将内部管片拆除合并成大隧道断面的施工方法。

在预制装配式地铁车站结构的研究和应用上,俄罗斯进行了进一步的创新。俄罗斯利用单拱结构的基本原理和特点,修建了第一座地铁双层换乘枢纽奥林匹克站。车站整体结构形式为装配式层间楼板单拱结构(图3-2)。明斯克市有几个明挖地铁车站也采用单拱结构建造,该车站的顶底板均为单拱结构,能够产生较大的侧向推力来平衡地下连续墙所受的主动土压力,构件之间采用错缝拼接以增强整体结构的稳定性,车站所有构件均为预制,施工速度快,施工作业环境好。内部结构在主体结构拼装完成后进行,方便盾构过站。

国外在明挖装配式地铁车站中除了采用单拱结构外,矩形截面形式采用的也较多。这类车站结构底板一般采用现浇混凝土结构的形式,结构边墙和顶板采用预制构件拼接而成,为了减轻顶板的重量,可借鉴肋板式结构和箱型结构,将顶板设计成密肋板式结构,以利于构件拼装。

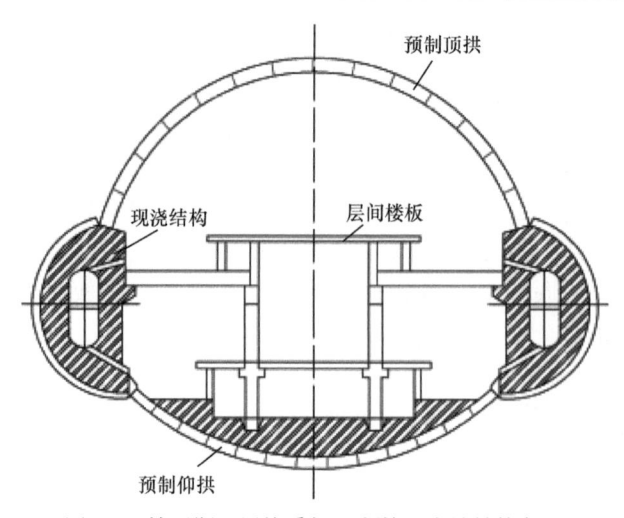

图 3-2 俄罗斯双层换乘枢纽奥林匹克站结构断面

在暗挖地铁车站中，预制装配式结构应用相对较少。预制管片装配法起源于法国，首次使用是在巴黎凯旋门广场下的地铁区间快车线夏尔戴高乐星形广场车站("星广场"站)的施工中，施工跨度21m。该站长225m，内直径24m，加边墙外直径40m，高20m。"星广场"站所处的位置敏感，位于巴黎闹市区歌剧院附近，上部有3号地铁隧道(图3-3)。经过多方案论证，最终选择了暗挖施工条件下的预制钢筋混凝土管片装配拱技术。该技术先从两侧廊道施工隧道侧墙，作为预制拱的支座，在掌子面开挖后，用液压钢拱架逐一装配预制管片形成主体结构，其结构断面形式与奥林匹克站的单拱结构类似。该工法有效结合了预制装配式结构和现浇混凝土结构，初期支护和二次衬砌合为一体，取消了临时支护，加快了工程建设速度，节省了工程造价。表3-1列举了用钢筋混凝土预制管片装配拱技术施工的车站规模及其管片尺寸。

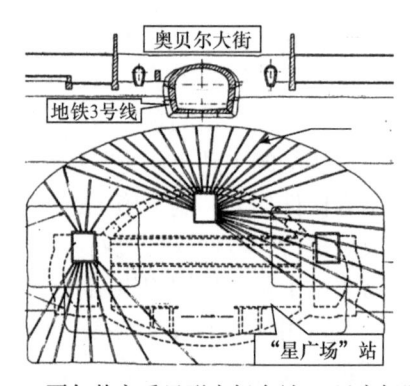

图 3-3 夏尔戴高乐星形广场车站("星广场"站)

表 3-1 采用钢筋混凝土预制管片装配拱技术施工的车站规模和管片尺寸

车站	RER 地铁区间快车线				地铁		
	星广场	奥贝尔	民族	玛苒达	夏特莱	金字塔	马德莱
车站长/m	175	225	225	225	120	120	123.55
车站宽/m	21	24	25	15.98~18.63	18.48	18.48	16.48~18.48
管片长/m	不等	不等	不等	1.75	1.2	1.2	1.2
管片宽/m	0.8	0.8	0.8	1.2	1.2	1.2	1.2
起拱管片厚/m	1.1		1.3	0.96	1.2	1.2	1.2
封顶管片厚/m	0.6	0.85	0.8	0.96	0.6	0.6	0.6
管片重/t			5	5	0.6~6	4	4
每拱环管片数	14	16	15	10	12	16	16
地质	泥灰岩	泥灰岩	泥灰岩	石灰岩	石灰岩	泥灰岩	泥灰岩

3.2.4 国内装配式隧道的发展

1. 地铁盾构隧道管片装配式结构

从国内隧道与地下工程预制技术发展来看，预制装配式结构主要应用在盾构法修建的工程中，一般为圆形结构。盾构隧道是目前较为成熟的施工方法，国内许多学者和团队在管片结构设计理论与方法，管片接头形式及防水设计，盾构隧道的抗震结构设计及盾构隧道施工技术等方面开展了大量的研究工作，使得盾构法在地铁隧道工程中得到广泛的应用与发展。此外，采用盾构法扩挖建造地铁车站的研究成果也较多，盾构法是预制装配式结构在地下工程中应用的另一种表现形式。目前已在北京地铁 14 号线将台站和高家园站应用，施工中形成了盾构管片拆除、不断筋二衬施工、洞桩机械施工、大断面隧道独立洞体开挖等专利技术，为地下空间建设快速发展提供了新的技术储备和支持。但是，采用盾构施工的管片装配式结构并不是预制装配式结构在地下工程中应用的唯一形式，依然存在一些问题：一是应用领域有限，主要集中于城市地下铁道与跨江跨海隧道中，对地铁车站、地下停车场或地下商场等大规模地下空间建设并不适用；二是盾构施工成本高，尤其在短距离区间隧道内施工效率较低且浪费严重；三是盾构施工对顶板覆土要求较高，适用的地层及线位情况有限。

2. 公路、铁路隧道等其他装配式结构

预制装配式结构在公路和铁路隧道建设中也有应用实例。厦成高速公路东孚隧道采用明挖法建造，隧道采用全构件预制方法顶进施工工艺，13台320t千斤顶推动10000t的管节前进，进行管节的拼装。秦岭特长铁路隧道仰拱采用预制构件，侧墙和顶拱由现场浇筑而成。广东上小洞水库输水涵改建工程应用了装配式马蹄形无压隧道结构，取得了良好的经济效益、技术效益。辽宁省白石水库观测廊道大胆尝试预制拱圈对接组合的方法，降低了成本，缩短了工期。这些实例均表明预制装配式结构在我国公路铁路工程建设中有了一定程度的应用和发展。

3.2.5 隧道装配式技术优势

隧道及地下工程发展的主要特点是：第一，地下隧道的机械化施工水平有了显著的提高；第二，困难地质条件下的隧道施工技术有了进一步提升，积累了更为丰富的克服高瓦斯、高地应力、大涌水等不良地质条件的经验；第三，工程测试技术在隧道及地下工程中越来越受到重视；第四，在隧道的修建过程中，环境保护已经被提上议事日程。

随着装配式结构在地下工程中应用领域的不断拓展，构件预制拼装在城市隧道工程施工中所带来的社会效益、经济效益和质量效益十分明显。在社会效益方面，预制构件的工厂化生产大幅减少了现场作业量，从而减少了粉尘和噪声污染，在降低对周围居民生活影响的同时，也最大限度地避免了对环境的破坏。装配式施工不仅改善了劳动环境，也提高了施工现场的安全性。此外，预制构件的定点化、流水线式的生产方式可有效节约资源、减少建筑垃圾和废弃物的排放。从经济效益角度来看，装配式建造技术使施工机械化水平提高，降低了劳动成本，提升了建造速度，减少了工期成本。就质量效益而言，装配式施工不受季节、天气条件限制，且可涉水作业，工程质量受外界环境影响较小。工厂统一标准化的生产方式使得构件在养护条件、制作精度、材料选用及配比等方面都能得到严格控制，产品质量更有保证。

(1) 安全性：暗挖施工具有良好的隐蔽性，不受地面交通、河道、航运、潮汐、季节、气候等条件的影响，能较经济合理地保证隧道安全施工，可在盾构支护下安全地进行开挖、衬砌等。

(2) 高效率：盾构的推进、出土、拼装衬砌等可全部机械化、自动化作业，施工劳动强度较低，而掘进速度比较快。

(3) 危害小：施工中噪声、振动引起的公害小。对周围环境没有干扰；隧道穿越河底、海底及地面建筑群时，可完全不影响航道通行和地面建筑正常使用。

(4) 经济性：适宜在不同颗粒条件下的土层中施工，多车道的隧道可做到分期施工、分期运营，可减少一次性投资；在松软含水地层中。修筑埋置深度较大的长大隧道，具有经济、技术、安全等方面的优越性。

3.3 装配式隧道绿色建造技术及指标

3.3.1 装配式隧道绿色建造技术

目前在国内外隧道与地下工程中预制构件使用的材料主要有钢筋混凝土、铸铁、钢、钢-混凝土复合等。国外在饱水不稳定地层中修建隧道时多采用铸铁管片，该管片重量轻、耐蚀性好、管片精度高，能有效地防渗抗漏，但其金属消耗量和机械加工量较大，且价格昂贵。钢管片重量轻、强度高，但其刚度小、耐锈蚀性差，需进行机械加工以满足防水要求。国外在使用钢管片时，一般会在其内浇注混凝土或钢筋混凝土内衬。钢-混凝土复合材料可通过合理的结构形式将两者有机结合，发挥各自的优越特性。常见的钢-混凝土材料有波纹钢-混凝土、钢管-混凝土等。浙江永康市三渡溪隧道采用波纹钢-混凝土衬砌结构，取得了良好的工程效果。钢筋混凝土管片采用工厂预制，主要有箱形管片和平板管片等类型。该管片在装配式构件中使用最为广泛，其造价低廉、制作方便，具有较好的经济效益。随着特种混凝土的不断出现，钢筋混凝土管片的种类越来越多，如钢纤维混凝土管片等也屡见应用。

1. 预制

1) 常见的预制结构型式

从工程应用的实例看，地铁车站的预制装配式结构主要有四种型式，即矩形框架结构型式、圆形结构型式、拱形结构型式和矩形框架结构与拱形结构组合型式(图 3-4)。

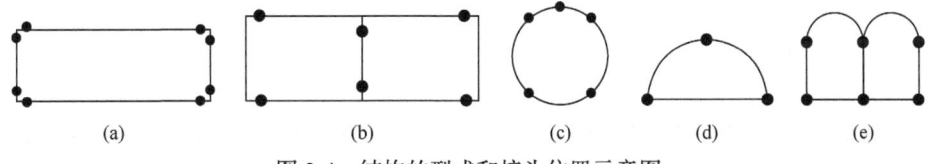

图 3-4 结构的型式和接头位置示意图

(a)、(b)两种矩形结构型式，在工程跨度较小的情况下结构底板可以采用平底板，而当工程跨度较大时，应需提高结构底板的刚度或将结构底板做成仰拱的型式以防止结构底板产生过大的变形影响结构的使用性。(c)、(d)圆形结构、拱形结构型式考虑到工程的经济性和工程施工的方便性，这两种结构型式常用在跨度较小的工程中。对于(e)矩形框架和拱形组合这种结构形式，一般常用于盾构法施工隧道的预制衬砌结构中。选定结构型式后，应对结构接头的位置进行合理的设置。接头位置不仅要考虑结构的受力和变形，更要考虑预制构件的制造及安装的可行性。

(1) 矩形断面板式结构。

矩形断面板式结构的断面型式如图 3-5 所示。接头位置接近于边墙弯矩的零点。按图中所示的分块位置，每延米分块的重量示于表 3-2。

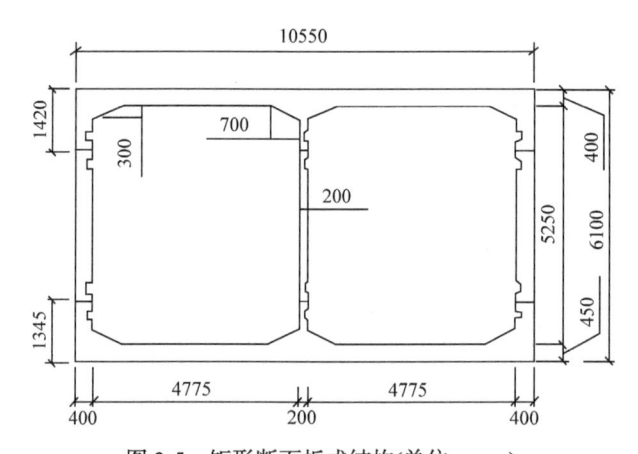

图 3-5 矩形断面板式结构(单位：mm)

表 3-2 矩形断面板式结构纵向每延米分块重量表 (单位：t)

结构型式	顶板	边墙	中墙
矩形断面板式结构	13.1	3.3	1.7
矩形断面肋式结构	9.8	2.9	2.1

(2) 矩形断面肋式结构。

矩形断面肋式结构的断面型式如图 3-6 所示。边墙上端接头的位置接近于边墙弯矩的零点。

(3) 直墙拱形结构。

直墙拱形结构接头位置接近于弯矩最小处。可以将边墙和拱部分为两块或三块，如图 3-7 和图 3-8 所示。按图中所示的分块位置，每延米分块的重量示于表 3-3。

第 3 章　装配式隧道绿色建造技术

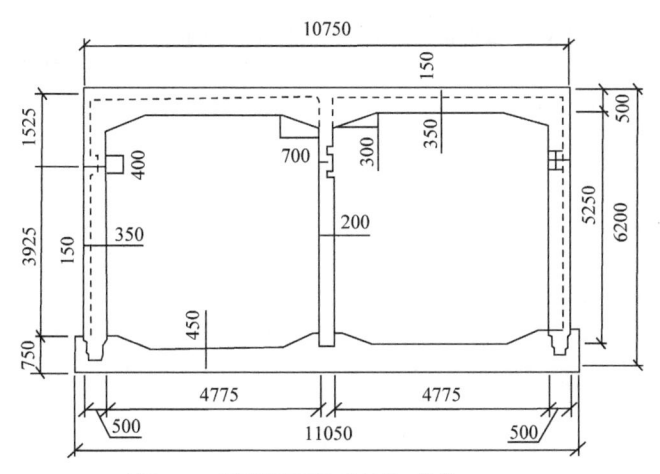

图 3-6　矩形断面肋式结构(单位：mm)

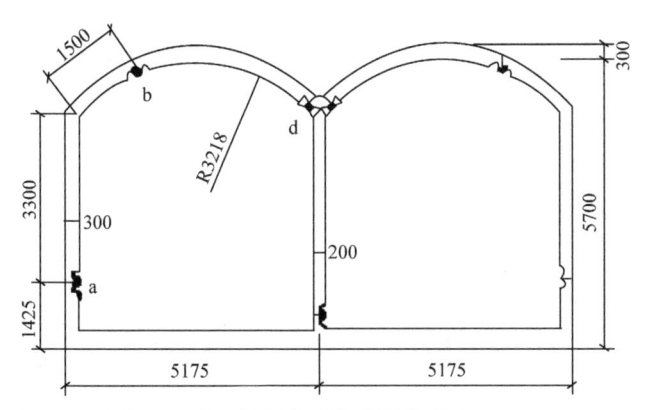

图 3-7　分两块的直墙拱形结构(单位：mm)

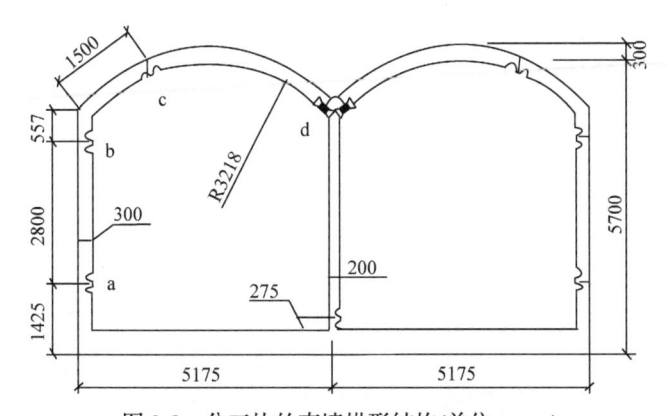

图 3-8　分三块的直墙拱形结构(单位：mm)

表 3-3　直墙拱形结构纵向每延米分块重量　　　　　　　　　　（单位：t）

分两块的重量	中墙	a-b	b-d
	2.3	3.6	3.1

分三块的重量	中墙	a-b	b-c	c-d
	2.3	2.1	1.5	3.1

(4) 曲墙拱形结构。

曲墙拱形结构的断面型式及结构尺寸如图 3-9 所示。接头位置接近于弯矩最小处。按图中所示的分块位置，每延米分块的重量示于表 3-4。

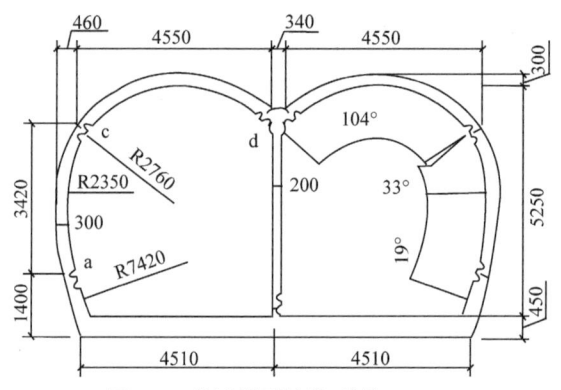

图 3-9　曲墙拱形结构(单位：mm)

表 3-4　曲墙拱形结构纵向每延米分块重量　　　　　　　　　　（单位：t）

两块重量	中墙	a-c	c-d
	2.3	3.2	4.0

2) 预制构件的比较

(1) 构件预制。

构件预制是预先加工制作建构筑物的混凝土部件，具有节约劳动力、克服季节影响、便于常年施工的优点，主要考虑构件型式、制作的标准化条件。构件预制条件比较示于表 3-5。

表 3-5　构件预制比较

比较内容	矩形断面板式结构	矩形断面肋式结构	直墙拱形结构	曲墙拱形结构
构件型式	直线形构件，类型少，预制简单	槽形断面直线形构件，类型少，预制简单	拱形、直线形构件，中墙上部构造复杂，构件类型多，预制复杂	各种曲率半径的曲线形构件，中墙上部构造复杂
构件标准化条件	直线形构件，容易实现标准化	直线形构件，容易实现标准化	曲线形构件，实现标准化较难	曲线形构件，实现标准化较难

(2) 现场装配。

构件现场装配主要考虑在提升重量 10～15t 的限定条件下，构件纵向长度的划分及其重量、施工难易程度及施工速度等。构件现场装配条件的比较示于表 3-6。

表 3-6 现场装配条件比较

比较内容	矩形断面板式结构	矩形断面肋式结构	直墙拱形结构	曲墙拱形结构
构件纵向分块长度	顶板 1m，边墙 3～4m，中墙可 6m	顶板 1m，边墙 3～4m，中墙可 6m	分两块 3～4m	分三块 3～4m	每块均可 3～4m
构件重量/t	10～13	8～14.3	9～12	4～13	6～12
施工难易程度	基本上无难点	基本上无难点，且方便布置螺栓	联拱点比较复杂，施工有一定难度	联拱点比较复杂，施工有一定难度
施工速度	快	快	较慢	慢

(3) 其他方面的比较。

结构的经济性、防水效果等方面的比较示于表 3-7。

表 3-7 结构的经济性、防水效果等方面比较

比较内容	矩形断面板式结构	矩形断面肋式结构	直墙拱形结构	曲墙拱形结构
防水性	除接头外，与一般明挖隧道相同	除接头外，与一般明挖隧道相同	联拱点出的防水需要特殊处理	联拱点出的防水需要特殊处理
经济性	除接头外，与一般明挖隧道相同	因构件断面所为槽形，所以比矩形断面板式结构经济	拱形构件制造费用较高；联拱点复杂，防水费用也较高	曲线构件制造费用较高；联拱点复杂，防水费用也较高

3) 构件预制工艺

预制装配式构件施工工艺包括结构构件的预制工艺和构件的拼装两个重要环节。预制构件的制作工艺依次为制作模板、制作钢筋骨架、制作芯模、钢筋骨架入模、浇筑混凝土及振捣、蒸汽养护、拆除模板等七道工序，预制构件要符合构件制造精度的要求，预制构件的尺寸不应超出误差允许的范围，预制构件的表面要符合平整度的要求，构件的具体制作流程如图 3-10 所示。

2. 连接

装配式地下结构由于荷载的特点，节点除了要承受弯矩外，还要承受很大剪

力。这就要求在构造节点时要保证结构体系的整体性、连续性，提高连接部位的抗剪能力，从而提高结构的安全性。

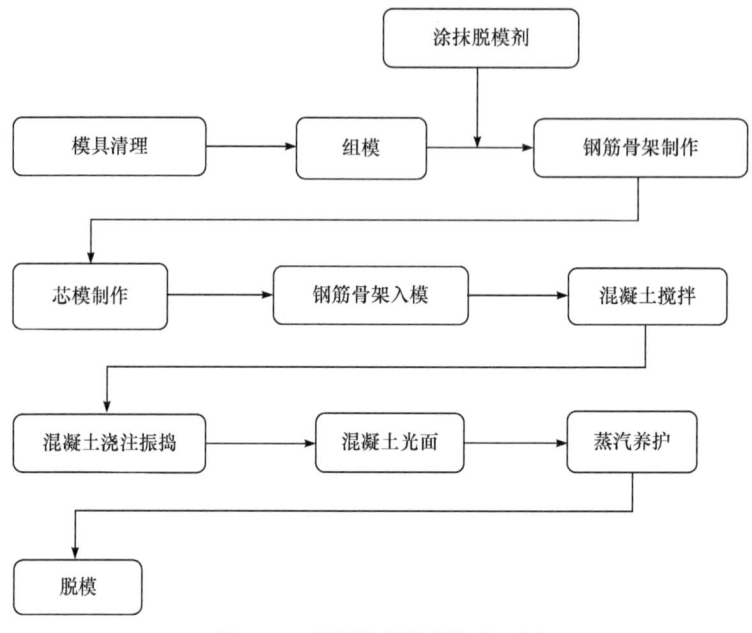

图 3-10 预制构件的制作流程图

1) 螺栓连接的接头

螺栓连接的接缝称为柔性接头。接头刚度与构造特征有关，计算模型中的刚度特征根据经验确定，必要时需进行相关的实验研究。

螺栓在外观型式上可分为直螺栓和弯螺栓。在装配式地铁车站结构中，根据螺栓连接施工的方便性，直螺栓适用于重合式结构的侧墙及顶板的连接，也适用于拱形结构的肋形顶板间的连接。弯螺栓适用于拱形结构的板式构件的连接。

(1) 预应力紧固的螺栓接头。

这种接头型式与钢筋混凝土管片的接头型式雷同，仅仅是用预应力代替了盾构千斤顶的推力。此接头是柔性的，防水通过设置在构件间的止水条止水。为了使构件紧密接触和防水，安装时需施加一定的预应力。这种接头在构造上比较复杂，其采用特殊的螺栓连接构件，且连接完毕后须用无收缩水泥填充连接螺栓周围的空腔。

(2) 普通螺栓连接的接头。

该接头构造简单，较多地用于装配式管片的接头连接，施工也比较简单。由于预留的螺栓孔直径比螺栓直径大，所以能适应一定的装配误差，安装时也有一定的紧固力。在构件上也可以预留螺栓手孔，方便拼装。

(3) 其他接头型式。

主要有预埋钢板焊接接头、槽板双螺栓连接、瞌杆螺栓连接接头等。预埋钢板焊接接头在构件端面预埋钢板或角钢，拼装后加拼接钢板，用连续焊缝焊接。这种接头防水性能好，比较钢硬，能抵抗较大的弯矩，但衬砌外缘焊接施工比较麻烦。这些接头连接构造复杂，质量不易保证，采用时应先做必要的试验。

2) 整体现浇接头的连接

整体现浇接头是利用后浇混凝土，在节点处将预制梁、柱等连接成为整体框架节点的一种连接构造，这种节点具有外观平整、制作和安装方便、构件整体性能好的特点。

现浇筑接头在节点浇筑时，钢筋密集浇筑振捣密实困难，需要架设模板，且节点不能立即受力，需要一定的养护时间和养护措施，同时有一定的焊接工作量。

典型的现浇接头连接构件间的预留主筋可以通过钢筋接驳器相连或焊接；在与主筋垂直方向通过绑扎或点焊设置分布筋可以提高整体性。

对于地铁车站现浇装配式接头，需要有一定的水密性、耐久性、抵御火灾和机械伤害的能力，而且还要实施简单。

3) 榫式连接的接头构造

榫式连接为装配式结构中常用的接头形式，特别在工业厂房中大面积采用。其构造特点是钢筋采用剖口焊接，然后在榫头外边进行混凝土二次浇灌，以形成整体。除此之外，榫式连接还应结合常规设计和抗震设计情况，连接构造的设计应满足相关的规定。

该类接头的优点是接头受力性能较好，特别对于竖向荷载更是如此。其缺点是剖口焊接工作量大，焊接温度应力大，二次浇筑工作量大且质量不易保证，冬季施工不方便。

4) 榫槽式接缝

榫槽式接缝连接是预制块按部位一块靠一块地拼装，各接缝用膨胀水泥砂浆灌注。衬砌内面在接头的地方形成榫槽可以用膨胀水泥嵌缝，此种连接需要采用外贴式防水层，全包防水，防水层外墙两侧用 8mm 厚的石棉板贴面或是砌成 24 砖墙做防护层，顶部用 6cm 豆石混凝土做保护层，最后实施回填。

5) 构件拼装工艺

装配式结构的拼装工艺依次为吊装机具安装、基坑开挖与支护、基底垫层施工、构件的定位放线、结构预制底板拼装就位、预制侧墙构件就位拼装、预制顶板构件就位安装，以及基底、榫槽、结构两侧注浆及结构防水施工、土方回填等工序。在安装过程中构件与构件、环与环之间的接缝应满足要求，一般接缝宽度不超过 2mm，拼装接缝的质量直接影响结构的防水效果，要避免出现装配完毕后发现接缝宽度过大导致漏水的状况，构件拼装具体流程如图 3-11 所示。

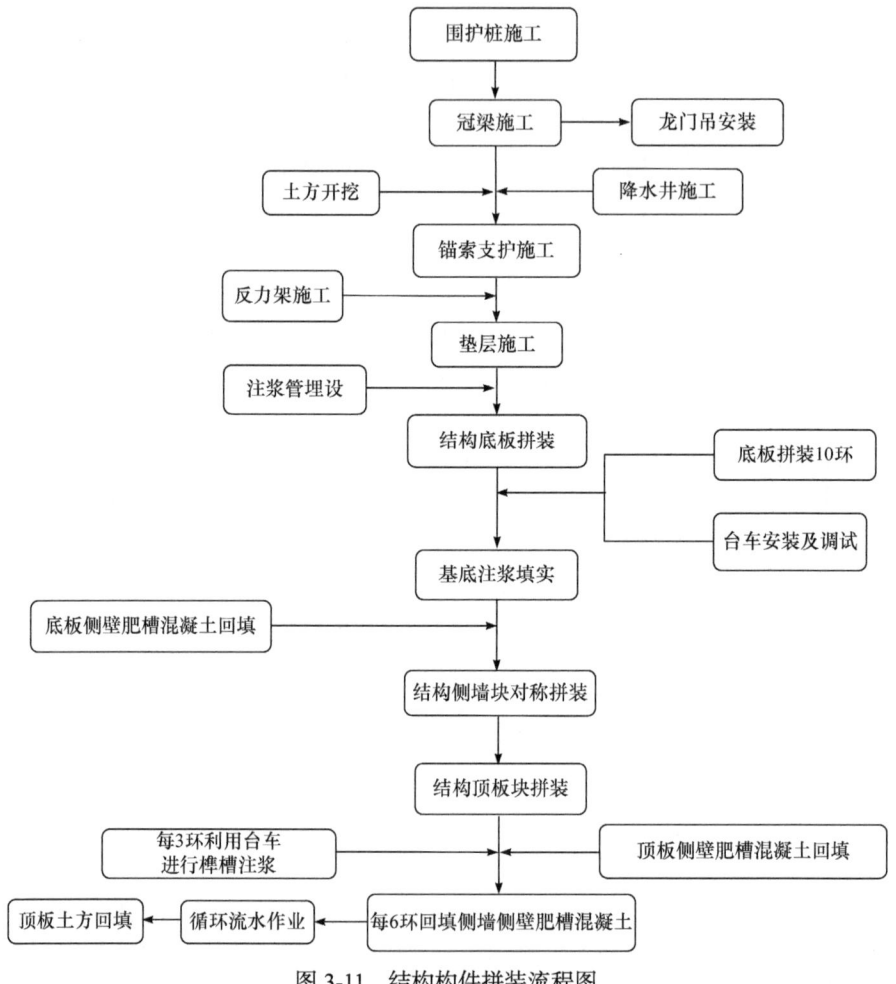

图 3-11　结构构件拼装流程图

(1) 科学确定拼装方法。

预制装配式地铁车站施工过程中，预制构件主要有错缝拼装和通缝拼装两种拼装方法。从实际施工操作的情况看，错缝拼装的方式在预制构件的拼装过程中同步性不容易掌控，需要精准测量，对接错位的现象时有发生；通缝拼装的方式在预制构件的拼装过程中同步性比较容易掌控，测量的工作量也有所减轻，对接错位的问题也得到了很好的解决。从测试数据看，两种拼装方式均能够满足预制构件的承载力要求，在具体的施工中，采用通缝拼装的方法。

(2) 合理确定拼装顺序。

预制装配式结构施工过程中,预制构件的拼装顺序主要有成环拼装和梯次拼装两种。在实际的施工操作中发现,成环拼装的顺序在侧墙和顶板的拼装过程中会出现相互干扰的情况,而梯次拼装的顺序就很好地解决了相互干扰的问题,底板、侧墙及顶板独立拼装互不干扰,形成了台阶式流水状态,大大提高拼装的速度。经过科学分析,确定采用梯次拼装完成预制构件的拼装。

(3) 预制构件吊装技术。

预制装配式结构的预制构件都比较重,吊装作业的空间受到限制,要确保吊装设备的运行速度平稳,能够被精准控制。吊装点设置应结合构件尺寸科学计算,圆锥头吊装锚栓应处于预制构件表面的凹槽内,不凸出于预制构件。吊装点采用万向的旋转吊环、支架的方便在任何角度进行吊装。

(4) 拼装定位技术。

底板拼装:依靠吊装设备及辅助定位装置完成。侧墙拼装:通过吊装设备及拼装装备上设置的吊挂架、千斤顶完成三维调整动作进行定位。顶板拼装:通过吊装设备对预制构件进行运输和安放,利用拼装装备上的顶部平台与千斤顶完成合龙、推进及同步下落等动作,实现拼装的三维调整和精确定位。

(5) 基础平面处理技术。

预制构件的拼装施工,底板预制构件应保持水平。由于底板与基础相接,保证底板预制构件的水平,就需要对基础平面进行平整处理。通常采用整体平整和局部平整两种方式,但经对比实验后发现,采用精平条带的方法更加能够确保基础的平整度。工艺流程:基础找平(机械和人工处理)→预埋角钢→精平条带施工→剩余垫层施工→机械打磨。纵向预埋角钢,高精度水平仪调平,带宽1.2m横向设置5道。条带之间浇筑等强度的混凝土,混凝土面比条带标高低15mm,并埋设30mm的铁质注浆管,采用砂浆泵注射无收缩灌浆料填充。精平条带的精度控制在±1mm,局部不达标的地方可采用磨石机进行处理。

(6) 基底及榫槽注浆技术。

预制构件与基底、预制构件连接处需紧密连接成一个整体。根据预制结构特点及拼装形式,可以采用后填充的方法来实现整个预制构件的一体化。可以根据实际情况采用多功能树脂和无收缩水泥砂浆作为填充材料,采用高压灌注等方式完成注浆施工,使装配式结构形成整体。

3.3.2 装配式隧道绿色建造指标

装配式隧道是一个系统性工程,是将预制部品部件通过系统集成的方法在工地装配,实现衬砌主体结构构件预制,内部构件进行全部安装的隧道型式。装配式隧道可以参照绿色建筑评价标准从节地、节能、节水、节材、环境质量、施工质量和运营管理七大类指标进行评价,也可以从预制构件装配率、结构性能、运营维护、材料成本、环境质量、能源消耗六方面指标进行确定,对各类指标进行细化和分析。

装配式隧道绿色建造指标的构建应能够反映出装配式隧道的标准化程度,因此构建原则要从整体上对装配式隧道的绿色建造进行把握,以便更好地进行评价。指标体系要按照"资源的应用效率原则、能源的使用效率原则、污染的防治原则、环境的和谐原则"来构建,以交通为根本,做到层次分明,满足全面性、适当性和实用性原则。

预制构件装配率是衡量隧道装配式应用的基本标准,参照装配式建筑评价标准相关规定,衬砌结构及其内部结构预制装配率不应低于35%,一般不低于50%。结构性能主要包括耐久性、可靠性、功能性、美观性。其中,耐久性和可靠性主要是指材料的质量、结构安全、抗震程度等。传统的现浇混凝土结构隧道材料质量经常出现问题,如衬砌开裂、变形缝漏水等,而装配式衬砌结构的材料应用与此不同,它的质量更高,模块化的建造技术有利于材料的质量保证,同时也有利于后期维护及技术覆盖。运营维护对于装配式隧道的健康安全具有重要作用,其属于隧道的后期环节,虽然难度很大,但通过大数据系统和健康监测系统的实施,管理得当就会极大地改善结构性能和提高隧道的寿命和降低后期成本。预制材料的装配模式对于成本控制极为有效,现浇施工过程对于材料成本计算很难准确地进行材料成本控制,通常会造成材料浪费,增加了预算投入。因此,节材不仅仅是一个经济问题,更重要的是一个环境生态问题。

3.4 装配式隧道绿色建造案例

3.4.1 南京扬子江隧道(双层预制装配式技术)

1. 工程概况

南京市扬子江隧道位于长江大桥与在建的纬七路长江隧道之间,直接连接南京主城区与江北新区浦口中心区。在长江以北端连接定向河路,与浦珠路相交,其中南线(S线)经潜洲中部、梅子洲尾部过江,与主城的定淮门大街、新模范马路、玄武湖隧道相连;北线(N线)经潜洲北部过江与主城的扬子江大道相接,如图3-12所示;扬子江隧道工程纵断面情况如图3-13所示。

扬子江隧道将采用八车道X形隧道方案,从浦口到定淮门有两条隧道X形交叉过江,隧道设计为双层双向八车道。隧道在江中段采用双层盾构,左右线分离布置两管，左线(N 线)隧道长 4965m，其中盾构段 3433m，右线隧道长 5330m，其中盾构段 4040.5m。盾构直径为 14.5m，内设上下层双向四车道，上层均为江北至江南方向，下层均为江南至江北方向。左右两条单管均具有独立的交通能力，左线隧道直接与扬子江大道顺接，主要承担扬子江大道与浦口间的交通联系；右线隧道直接与定淮门大街顺接，主要承担纬三路的直行交通。

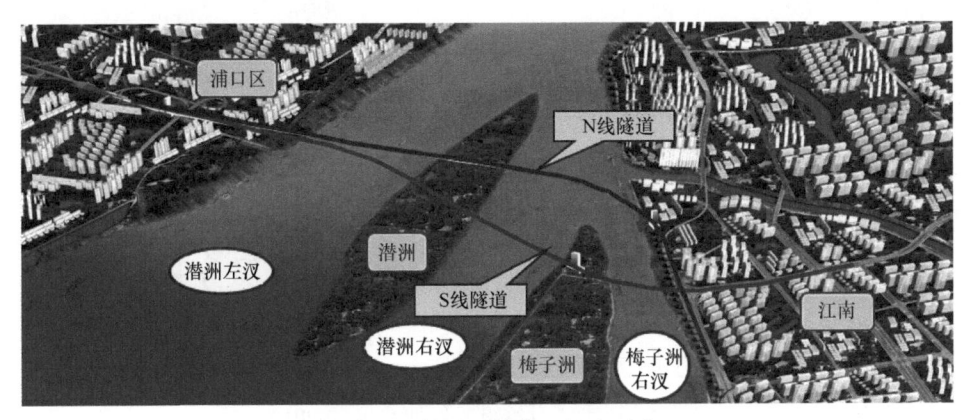

图 3-12 扬子江隧道工程平面图

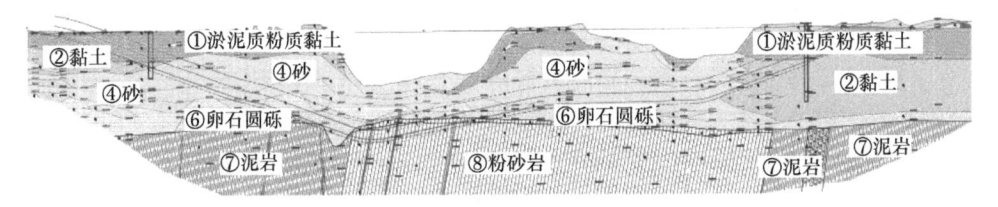

图 3-13 扬子江隧道工程纵断面图

2. 结构设计

南京市纬三路过江通道隧道直径 14.5m，隧道内部布置有双层行车道结构体系(图 3-14)。内部结构构件主要包括：上层行车道板、纵梁、防撞侧石、上层预制隔墙、逃生通道楼板、排烟通道底板、立柱、立柱基础、逃生通道楼梯、陶粒混凝土砌块隔墙、下层行车道正常段"口"形构件、江中泵房段"口"形构件、隔板。上层车道两侧分别设计有排烟通道与逃生通道。排烟通道与逃生通道采用混凝土隔墙与行车区域分隔，隔墙厚 150mm，上覆 100mm 厚沥青混凝土路面。

上层行车道板支撑于两侧的上层车道纵梁，纵梁截面 500mm × 1200mm。上层车道通过车道立柱支承于下层车道基础，立柱截面 500mm × 500mm。下层车道采用预制"口"形构件与现浇车道基础两部分组成。内部结构间隔适当距离设置变形缝。上层车道结构标准段长度 32m，柱间距为 6.5m + 3 × 6.0m + 6.5m，边柱外悬挑梁 0.5m。局部受盾构管片沉降缝设置影响的位置，上层车道结构中柱数随之调整，中柱数可在 1～4 范围内变化。

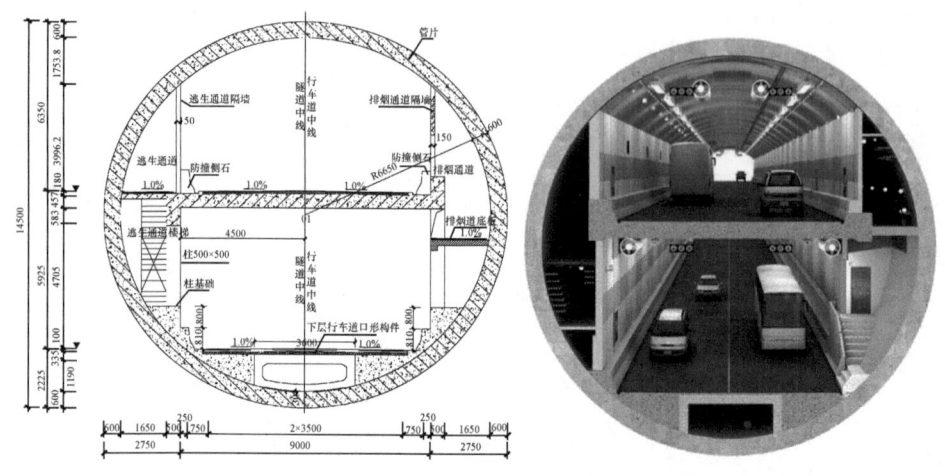

图 3-14 扬子江隧道横断面(单位：mm)

3. 施工工艺

盾构隧道内部结构的施工总体流程如图 3-15 和图 3-16 所示。其中，内部结构施工的关键环节为上层车道的预制与安装。

内部结构柱距标准段按照 (0.5 + 2 + 3 + 2 + 2 + 0.5)m 布置，风机段按照 (0.5 + 2 + 2 × 2.5 + 2 + 0.5)m 布置。针对柱距不同，上层预制车道板分为五种不同类型。

1 号板：9000mm × 2990mm × 520mm，适用标准段 3m 中跨；
2 号板：9000mm × 2485mm × 520mm，适用标准段 2.5m 边跨；
3 号板：9000mm × 1990mm × 520mm，适用标准段 2m 中跨；
4 号板：9600mm × 2490mm × 520mm，适用风机段 2.5m 中跨；
5 号板：9600mm × 2485mm × 520mm，适用风机段 2.0m 边跨。

预制车道板在隧道外加工，工厂化施工可以较快地完成预制构件的生产工作，如图 3-17 所示。预制构件的生产在工厂内采用流水线作业，清洗模具，喷涂脱模剂，安放钢筋骨架及各种预埋件；浇筑混凝土，振捣成形；进行养护，养护可采用自然养护或蒸汽养护，养护后脱模起吊；室内养护 3d 后运往室外存放场地存放，同期养生 28d 后运往现场使用。

第 3 章　装配式隧道绿色建造技术

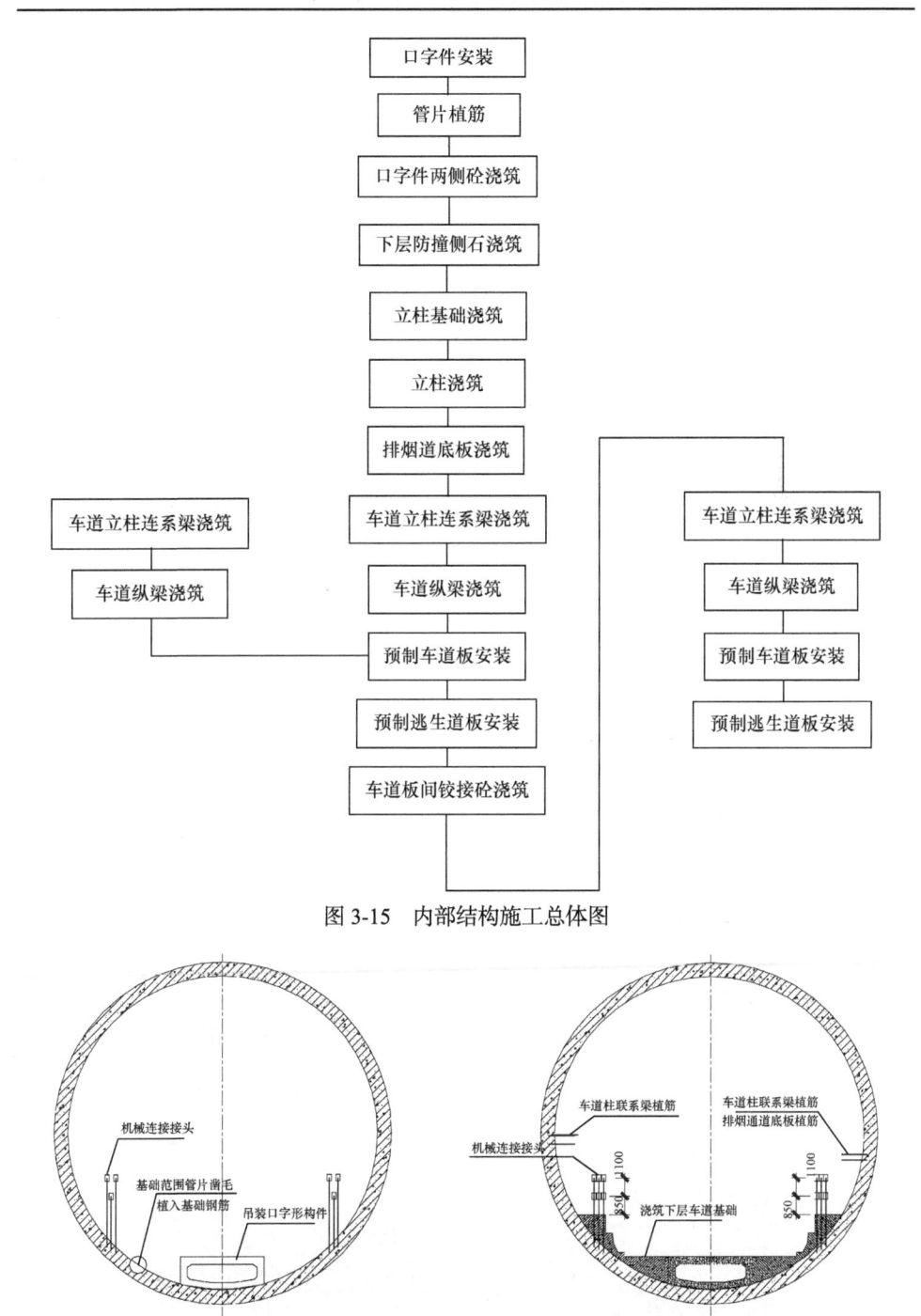

图 3-15　内部结构施工总体图

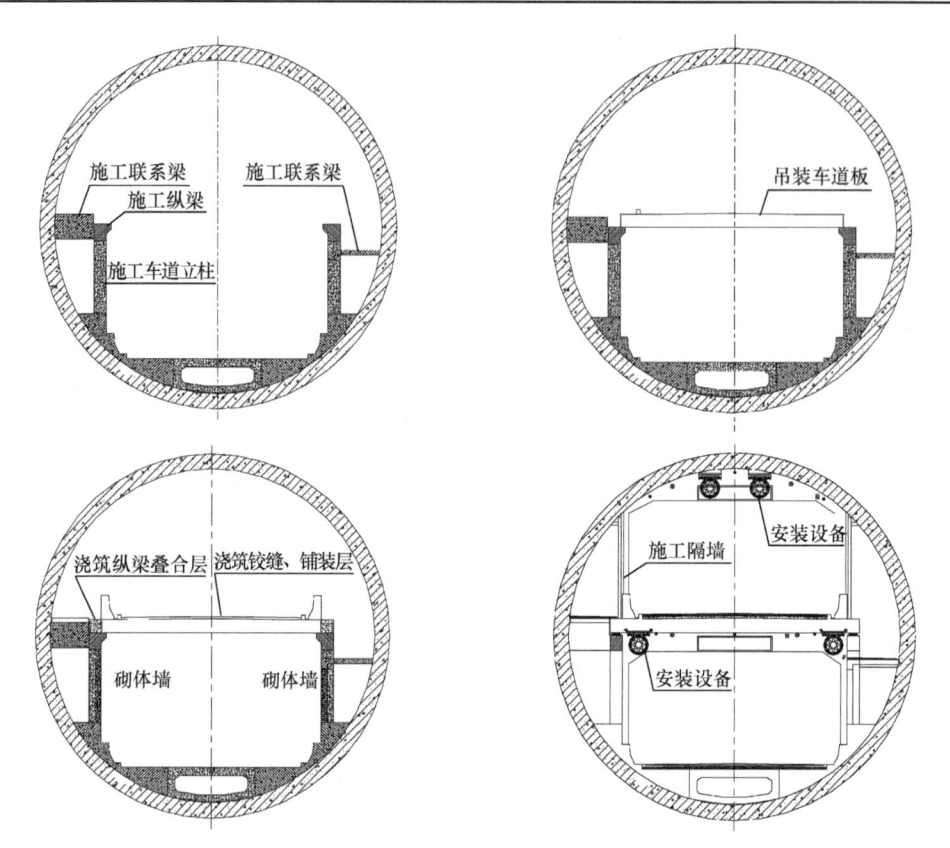

图 3-16 盾构内部同步施工工序纵面、横断面图(单位：mm)

图 3-17 预制车道板加工现场

预制车道板生产作业循环时间主要有：模板清洗及安装、钢筋笼就位、混凝土浇筑、蒸汽养护、脱模等工序，完成一个车道板为一个循环，预制车道板作业循环时间如表 3-8 所示。

表 3-8 预制车道板作业循环时间表

作业名称	模板清洗安装	钢筋笼就位	混凝土浇筑	蒸汽养护	脱模	合计
作业时间/min	30	40	30	260	20	380

预制构件模具应采用钢模，模具制作应考虑以下因素：

(1) 预制构件需预留钢筋，预制构件模具制作时应预留钢筋孔。

(2) 预制车道板数量较多，为减少人工振捣对模具的破坏，确保构件混凝土密实均匀，模具应考虑振捣措施。

(3) 模具应有合理的刚度，既能保证振捣效果，又能保证结构稳定性，预制车道板模具如图 3-18 所示。

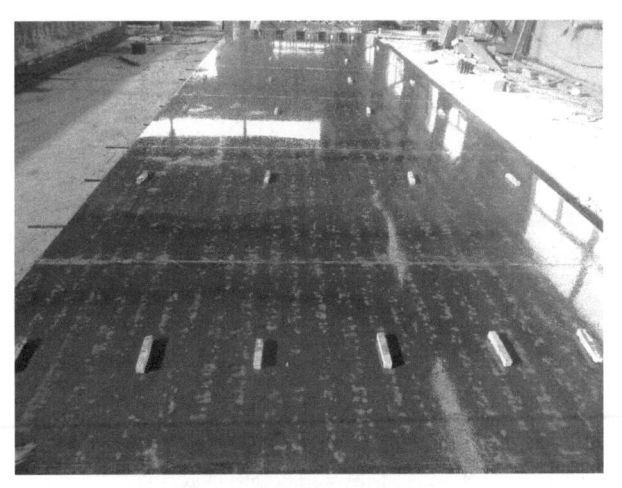

图 3-18 预制车道板模具

为匹配现场预留钢筋，预制构件质量控制应重点关注以下问题：

(1) 预留钢筋定位。预留钢筋必须按设计要求进行定位，钢筋定位偏差应控制在 2mm 以内，预制车道板钢筋绑扎现场如图 3-19 所示。

(2) 定位埋件。定位埋件用于预制板整体定位，其偏差应在 2mm 以内。

(3) 底面平整度翘曲。底面平整度，特别是板两侧简支与牛腿顶面部分平整度需要特别注意，防止预制车道板安装时出现板部分支点腾空现象。

预制车道板模板数量与生产速度可根据盾构内部施工速度调整。为确保安装高峰期预制车道板的供应，预制厂外集中存放，预制车道板临时堆放和架设后内部实景如图 3-20 和图 3-21 所示。

图 3-19　预制车道板钢筋绑扎现场

图 3-20　预制车道板临时堆放现场

图 3-21　纬三路盾构隧道内部实景照片

3.4.2 厦门疏港路下穿通道(明挖隧道预制技术)

1. 工程概况

本项目位于厦门岛西部，是厦门环岛快速通道的重要组成部分。疏港路是连接厦门西南部老城区与岛外的一条重要进出岛通道。本段疏港路是东渡港区的疏港通道，改造前道路标准断面为双向八车道。路段内共设置3个灯控交叉口，分别为东渡港南通道、东渡港北通道和仙岳路，交叉口间距分别为531m和268m。路段西侧为东渡港区，大量集装箱车辆通过南通道和北通道的交叉口左转。根据交通调查本路段饱和度达到1.0,仙岳路交叉口交通量超过通行能力，高峰小时拥堵情况十分突出。疏港路改造前标准横断面如图3-22所示。

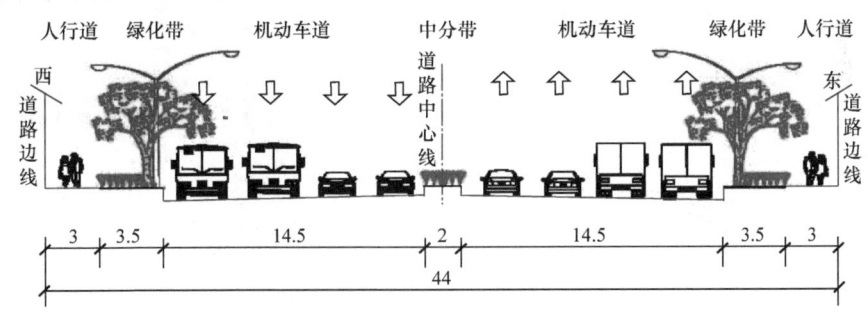

图 3-22 疏港路改造前标准横断面(单位：m)

疏港路下穿仙岳路通道改造工程的实施，可以为厦门环岛快速通道的构建创造条件，有利于解决当前交通拥堵状况，实现疏港路进出岛通道的快速通行。通车后疏港路南北向将实现无信号灯控制，形成快速进出岛通道，改造后标准横断面如图3-23所示。该通道位于疏港路与仙岳路交叉口总长1660m，净高5.2m。通道南往北全长750m，其中暗埋段370m；北往南通道全长1280m，其中暗埋段

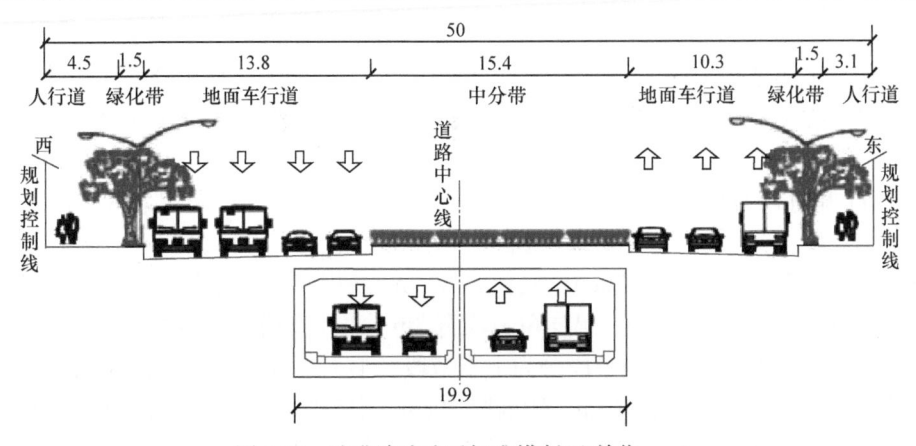

图 3-23 疏港路改造后标准横断面(单位：m)

895m，其车道设置南往北地面为四车道，北往南下穿通道为地下两车道＋地面三车道，同时考虑交叉口展宽，南往北地面为六车道，北往南下穿通道为地下两车道＋地面四车道，通道设计速度 60km/h，地面设计速度 50km/h，疏港路下穿仙岳路通道总体实施方案如图 3-24 所示。

图 3-24 疏港路下穿仙岳路通道总体实施方案

2. 结构设计

框架主体结构构件尺寸须满足主体结构的受力、变形要求，并满足主体结构的抗浮和稳定要求，还要满足下穿通道功能和建筑净空的要求。框架结构尺寸设计如下。

(1) 单孔闭合框架预制节段分为上下节段，上下预制节段高均为 3.6m，上节段呈倒"U"形，顶板厚 70cm，侧墙厚 70cm，顶板与侧墙间设 80×25cm 加腋。下节段呈"U"形，侧墙厚 70cm，底板厚 80cm，底板与侧墙间设 30×30cm 加腋。上下节段顶底板长 1035cm，纵向单节段宽 3m，采用普通钢筋混凝土结构。

(2) 双孔闭合框架预制节段分为上下节段，上下预制节段高均为 3.6m，上节段呈倒"山"形，顶板厚 70cm，侧墙厚 70cm，中墙厚 60cm，顶板与侧、中墙间设 80cm×25cm 加腋。下节段呈"山"形，侧墙厚 70cm，中墙厚 60cm，底板厚

80cm，底板与侧墙间设 30cm×30cm 加腋。上下节段顶底板长 1990cm，纵向单节段宽 2m，采用普通钢筋混凝土结构，双孔通道横截面尺寸如图 3-25 所示。

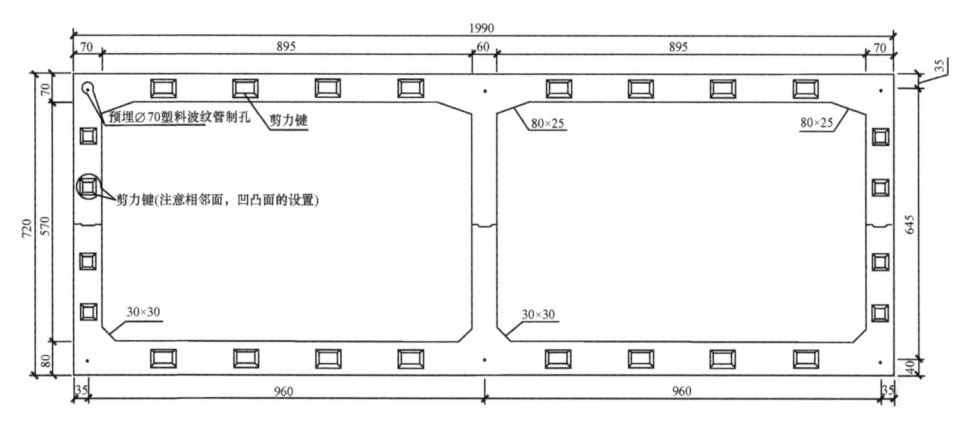

图 3-25 双孔通道横截面尺寸图(单位：cm)

通过计算结果云图(图 3-26～图 3-29)可以看出：在自重＋土压力＋车辆满载荷载作用下，横向最大位移出现在外侧上下半框接触面处，位移值为 0.712mm，横向向外；竖向最大位移出现在两室顶板中间部位，位移值为 1.482mm，竖向向下；横向最大拉应力出现在两室顶板下截面中间部位，应力值为 2.67MPa，横向最大压应力出现在两室顶板上截面中间部位，应力值为-3.86MPa；竖向最大拉应力出现在两侧下梗腋部位，应力值为 2.13MPa，竖向最大压应力出现在两侧上梗腋部位，应力值为-3.99MPa；第一主应力方向最大拉应力出现在两室顶板下截面中间部位，应力值为 2.67MPa，最大压应力出现在两侧上梗腋部位，应力值为-0.87MPa；第三主应力方向最大拉应力出现在两侧下梗腋部位，应力值为 0.36MPa，最大压应力出现在两侧上梗腋部位，应力值为-4.20MPa。

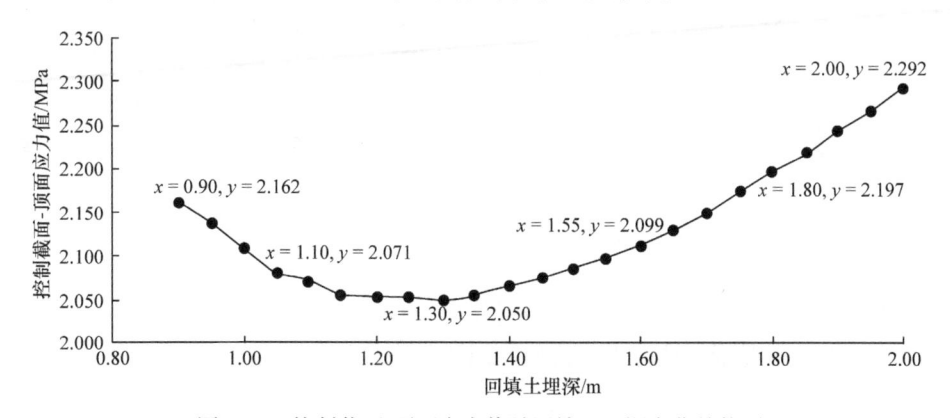

图 3-26 控制截面-顶面应力值随回填土埋深变化趋势图

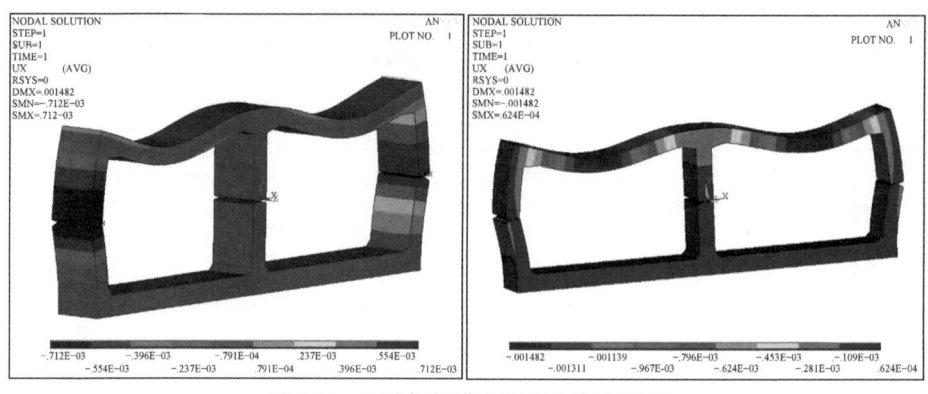

图 3-27　双孔框架横向和竖向位移云图

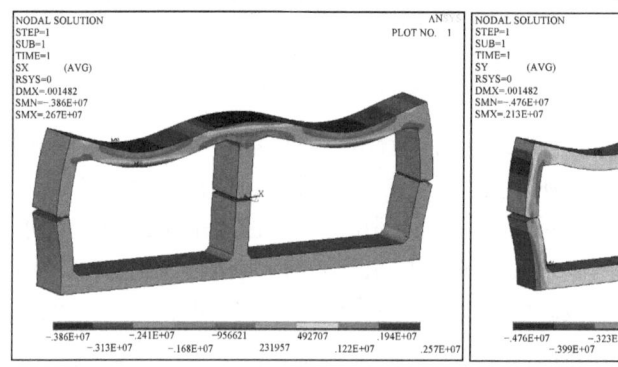

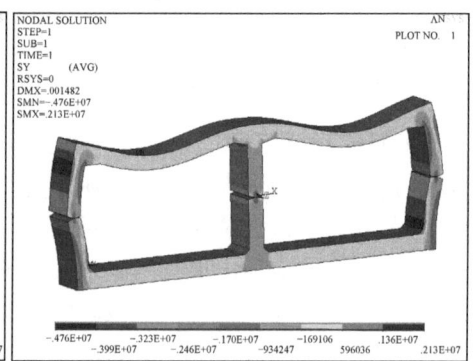

图 3-28　双孔框架横向和竖向应力云图

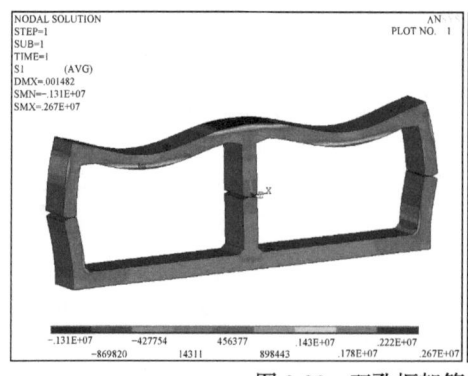

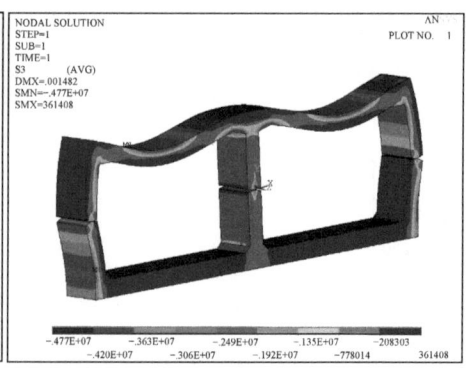

图 3-29　双孔框架第一和第三主应力云图

在车辆荷载作用工况下，部分位置拉应力较大，如各室顶板下截面中部、下梗腋，但未超过混凝土拉应力容许值，属于应力集中。

3. 施工工艺

疏港路下穿仙岳路通道采用大尺寸预制构件多向拼装技术在国内为首创，可以使基坑开挖与工厂预制同步，大大缩短工期，同时减少施工车辆和机具对交通的干扰，减少粉尘和噪声污染，且工厂化预制可以更好地保证通道施工质量。因运输道路限高和吊重控制，单孔框架设置纵向节段为 3m、横向对切，形成上下两个"U"形或"山"形块；双孔框架设置纵向节段 2m、横向对切，形成上下 2 个"山"形块(图 3-30)。本工程共计 93 个单孔纵向节段，每 7～8 个节段拼接形成大节段，两端设湿浇段和沉降缝；130 个双孔纵向节段，每 10 个节段拼接形成大节段。

图 3-30 单孔框架"U"形块和双孔框架"山"形块

大尺寸预制构件多向拼装技术施工流程为：长线法双向匹配预制→堆放养护→运输→卸梁→就位→上下胶接→纵向悬拼、临时预应力、胶接→大节段纵向预应力张拉、底部灌浆→湿浇段施工→防水和基坑回填。

1) 节段预制

在预制场地采用长线法多向匹配预制；养护完成后在预制场地堆放；出场前再进行一次试拼，确保现场安装顺利。图 3-31 展示的是，在长线台座上进行纵向、上下的匹配预制，以及预制场地内堆放存梁的具体情况。

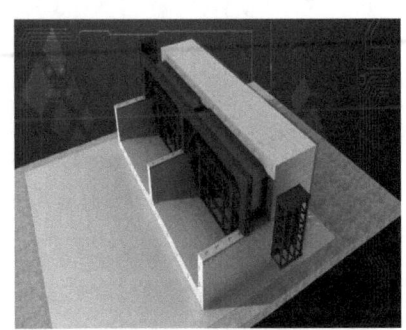

图 3-31 节段预制场地具体情况

2) 运输、卸梁、就位

用平板车将预制节段从预制场运输到现场；双仓框架利用龙门吊、单仓框架利用履带吊卸梁；用龙门吊将节段运送至安装位置(图 3-32)。

图 3-32　用龙门吊在钢便桥上卸梁及将预制节段运送至安装位置

3) 上下拼接

采用结构胶、利用自重压力进行上下拼接，达到强度后进行接缝钢板焊接(图 3-33)。

图 3-33　节段上下拼接和接缝钢板焊接施工

4) 纵向拼接

采用结构胶、利用临时预应力提供压力进行纵向拼接，完成一个大节段后张拉永久预应力，如图 3-34 和图 3-35 所示。

图 3-34　临时预应力和张拉永久预应力

图 3-35　纵向拼接完成大节段和湿接带施工

3.4.3 永康三渡溪隧道(波纹钢混衬砌隧道修复)

1. 工程概况

三渡溪隧道位于永康市象珠镇上峡线上，隧道老洞全长约 428m。该隧道始建于 1973 年，由于年限较长，受当时各方面条件限制，原隧道洞内均为不规则毛洞，在之后的使用过程中，对两处渗漏水区段施做浆砌块石衬砌。隧道内大部分毛洞宽约 4~5m，洞身高度约 4~5m，在距洞口 155~202m 区段为扩大断面(断面宽度约 8m，高度约 5.2m)。隧道内总体净空不足，已不能满足日常的交通运输需求。洞内无支护体系，开挖横断面很不规则，超挖欠挖严重，伴有渗漏水和掉渣、掉块现象，无防排水措施，村民日常通行存有很大安全隐患，如表 3-9 所示。为保障人民生命财产安全，提高道路通行能力，促进地区经济发展，对三渡溪隧道进行维修加固设计。

表 3-9 隧道病害表

渗漏水	局部渗漏水严重
掉块	局部掉块
路面	路面不平顺，局部破损

原隧道出洞口接线为小半径圆曲线，原路线纵坡欠平顺，洞内路面仅为 3.5m(偏窄)，洞内断面极不规则，行车视线差。

隧道基本情况如表 3-10 所示。

表 3-10 隧道基本情况

洞口段	进洞口	洞门墙	无
		侧翼墙	有
		边仰坡	直立、基本稳定、基岩裸露
		明洞	无
	出洞口	洞门墙	无
		侧翼墙	有
		边仰坡	直立、稳定、基岩裸露
		明洞	无
洞身段		开挖情况	毛洞，开挖不均匀
		超前支护	无

续表

洞身段	初期支护	无
	二次衬砌	无
防排水	防水层	无
	路缘排水	无
	路基排水	无
	路面	水泥路面宽 3.5m，局部破损
	照明	有
	通风	无

隧道进出口段边仰坡未做任何防护，洞口边、仰坡为坚硬岩石，洞顶上方人工削坡，仰坡几乎为垂直，存在落石等隐患，如图 3-36 所示。

进洞口　　　　　　　　　　出洞口

图 3-36　隧道进出口

洞内大部分为毛洞，无任何支护体系，隧道开挖形状不规则，隧道内有两处浆砌块石衬砌，局部有掉渣、掉块现象，部分区域有渗漏水现象，如图 3-37 所示。

洞内衬砌断面　　　　　　　　洞内构造带

图 3-37　隧道洞内现状

2. 结构设计

现场初期支护已完成，上下游洞口已采用钢筋混凝土延长处理。目前需要施工的长度为 41.4m。

本次对隧道断面进行扩挖，在常规区段设计净宽为 4.5m，净高为 4.5m，采用锚喷支护形式；扩大断面区段设计净宽为 7m，净高为 4.5m，采用复合式衬砌形式。对进出洞口均施做 3m 的明洞，改造后隧道全长 434m。隧道进出洞口设计为端墙式洞门，隧道采用自然通风，照明方式为简易 LED 照明。同时对部分扩大断面区段(长 10m)采用波纹钢板替代二衬，波纹钢板拱内跨径 806cm，矢高 642cm，波纹参数：波距 200mm，波高 55mm，波纹管管材用 Q235-B 热轧钢板加工成型，表面为热浸镀锌，镀锌量不小于 600g/m²，平均厚度不小于 84μm。山岭隧道现场图如图 3-38 所示，波纹钢板示意图如图 3-39 所示。

图 3-38 山岭隧道现场图　　图 3-39 波纹钢板示意图

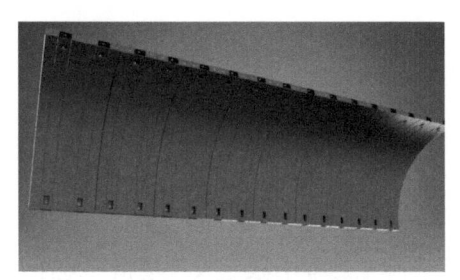

波纹钢板沿隧道径向按 A、B 环间隔，接缝交错布置，每环共布置 3 块板片，每块板片展开长度为 4.1~4.7m，板片与板片间环向、径向搭接均为 5cm，板片采用高强螺栓紧固，内部板缝及螺栓采用灰色密封胶密封，管片拼装示意图如图 3-40 所示。

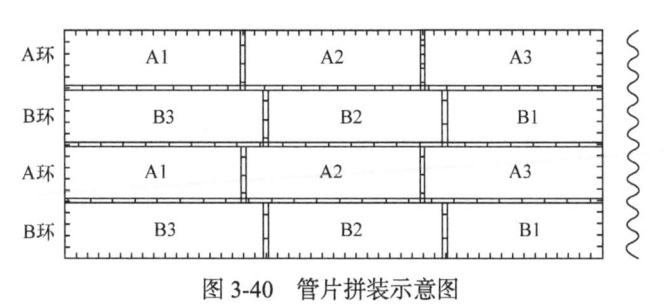

A环	A1	A2	A3
B环	B3	B2	B1
A环	A1	A2	A3
B环	B3	B2	B1

图 3-40 管片拼装示意图

3. 施工工艺

1) 基础垫层作业

对隧道拱圈进行清理(包括隧道拱圈的内圆周面)，清除碎石、杂草、垃圾等杂物。

2) 直墙钢筋混凝土衬砌浇筑

隧道两侧直墙采用钢筋混凝土结构，墙体混凝土厚度 40cm，主筋规格ϕ22@250，双层布筋。分布筋规格为ϕ12，混凝土等级为 C30。

3) 预埋 L 型钢及地脚螺栓

在隧道直墙混凝土上表面定位 L 型钢位置，L 型钢单孔的一侧为地脚螺栓孔，双孔的一侧为板片连接孔，其中地脚螺栓与直墙钢筋焊接。型钢定位及开孔如图 3-41 所示。

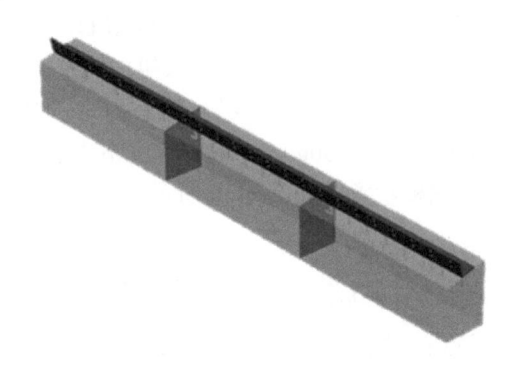

图 3-41　型钢定位及开孔

4) 钢板安装

施工过程中派专人现场指导施工。钢板安装前，对整个工作场地进行整理，使施工有序进行。

(1) 材料现场验收和现场准备。

检查波纹钢平整度和水平标高，核对土建基准，确定波纹钢位置、中心轴线和中点。

(2) 钢板尺寸分割。

将若干个错缝连接的波纹钢板(其焊接形式如图 3-42 所示)分别制成曲率半径与隧道拱圈一致的弧形或直墙型。

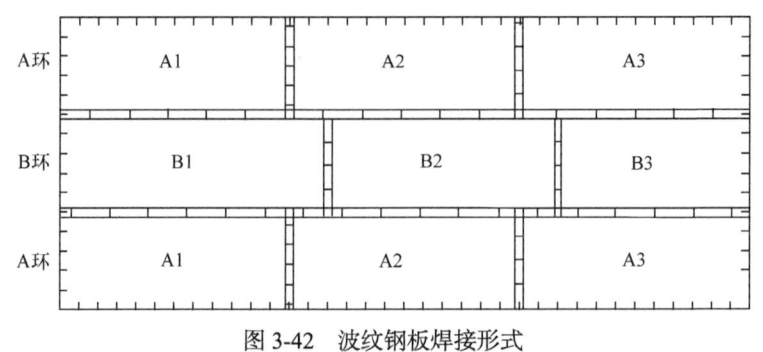

图 3-42　波纹钢板焊接形式

(3) 预焊剪力钉安装螺母。

钢板背部提前焊接螺母，以便施工时直接拧紧剪力钉，避免在钢板上开孔过多，影响结构防渗防漏。

(4) 安装波纹钢板拱。

① 根据现场断面及板片接缝位置，搭好安装平台，安装平台由脚手架搭接而成，除了拼装板片外，还可控制板片变形(图 3-43)。

图 3-43 安装平台

② 按照整体的设计，在一侧洞门处设置长度为 40cm 的搭接段。如图 3-44 所示，边安装边与洞口的混凝土固定，整环安装完成后，调整合适的位置与洞口混凝土顺接，使用膨胀螺栓进行紧固固定。

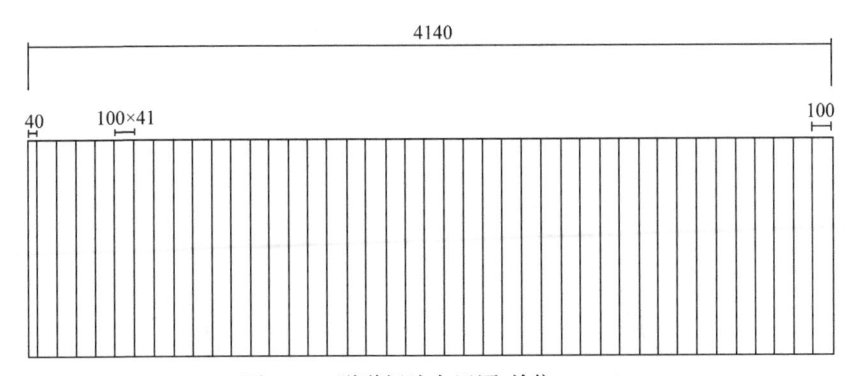

图 3-44 隧道板片布置图(单位：mm)

③ 单圈波纹钢拼装遵循由下往上的顺序，首先将两侧波纹钢与 L 型钢通过水平向锚栓连接，如图 3-45 所示。

其余板片按照由下而上、左右对称拼装，拼装施工示意图如图 3-46 所示。

5) 封堵模板设置

波纹钢拼装 3m 为一幅，一幅拼装完成后，采用木模板或可伸缩型钢制模板进行封堵，将模板根据实际断面尺寸进行切割，每断面分 5 个浇筑口，浇筑口 20～

30cm。浇筑满一层后再进行封口处理，如图 3-47 所示。

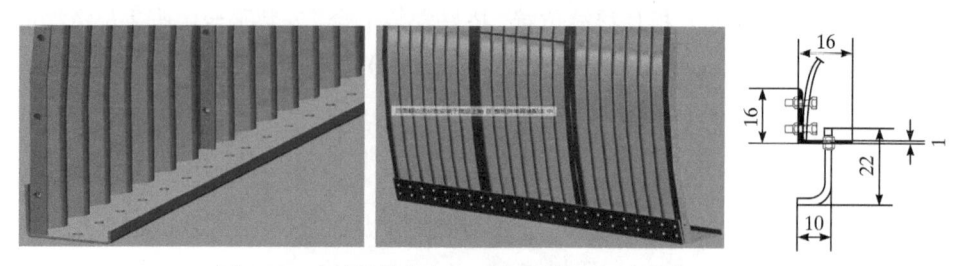

图 3-45　直墙波纹钢与 L 型钢连接示意图(单位：cm)

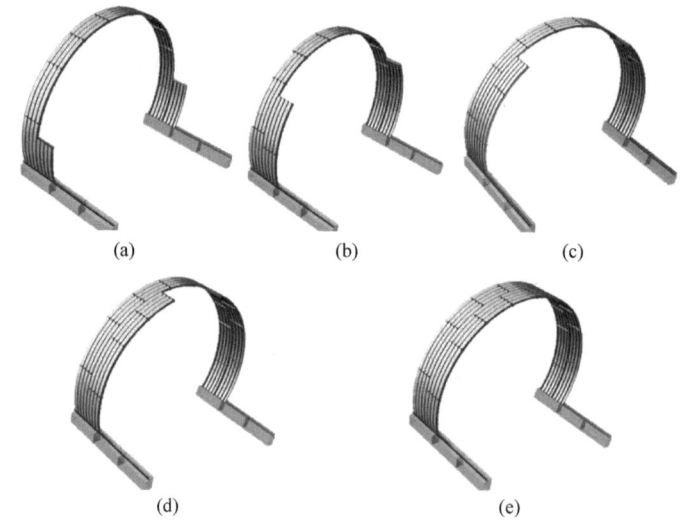

(a)　　(b)　　(c)

(d)　　(e)

图 3-46　波纹钢板片拼装示意图

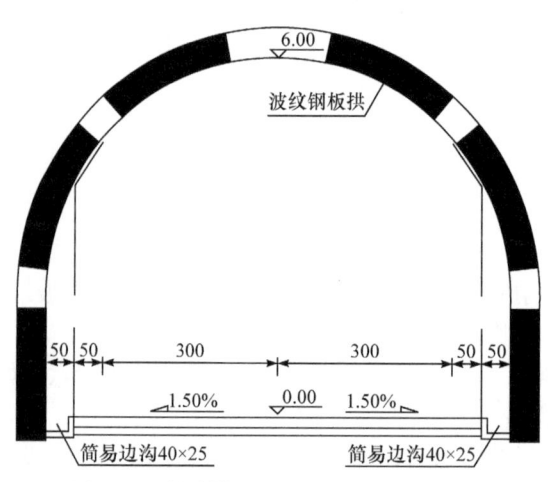

图 3-47　封堵模板开孔示意图(单位：cm)

6) 混凝土浇筑

采用 C30 微膨胀混凝土浇筑，建议配合比按照(水泥 + 膨胀剂)：砂：碎石：水：减水剂为 1：1.92：2.77：0.46：0.009。一侧浇筑 30~50cm 高度一层，再浇筑另一侧一层，或者两侧同时浇筑，对称浇筑，防止偏压变形。采用内部振捣及外部震动波纹钢板进行混凝土密实。同时除端口处浇筑振捣外，在每幅波纹钢拱圈(三环)中第二环以一定间距在三块波纹钢板上开洞以便浇注混凝土及振捣，开洞处封堵钢板采用预焊反向螺栓连接。

7) 洞顶补浆

在波纹钢拱顶部预留注浆孔，间距为 1m，整个隧道安装浇筑结束后，从开始端在拱顶进行压浆处理，以保证拱顶填充密实。

3.4.4 南京建宁西路过江通道(盾构管片与内部结构预制化、大断面顶管)

1. 工程概况

建宁西路过江通道是位于长江大桥和扬子江隧道之间，距离上游的扬子江隧道约 1.8km，距离下游的长江大桥约 2.4km，其建设将加密并完善区域过江通道，便于江北新区与主城区的联系，促进主城对江北新区的辐射与吸引作用。

工程北起兴浦路与江北快速大道交叉处，向南顺兴浦路穿越长江至江南岸，沿现状建宁西路布设，穿越江边路、惠民大道后，止于建宁西路与热河路交叉处附近，全长约 6.801km。主线隧道根据功能、线路埋深的不同以及施工的需要，分为江北接线段、江北敞开段、江北暗埋段、江北工作井(始发井)、盾构段、江南工作井(接收井)、江南暗埋段等。其中越江段隧道为双向六车道建设规模，采用双管单层盾构，盾构管片外径为 14.5m，左右线分离平行布置两管，左线隧道长 3537m，其中盾构段长 2349m，右线隧道长 3550，其中盾构段长 2361m，如图 3-48 和图 3-49 所示。

建宁西路过江通道江南连接线的主线隧道东延工程，于桩号 RK8 + 396.2~RK8 + 638.8 穿越明城墙狮子山至新民门段城墙遗址及护城河，为避免工程建设对于场区内明城墙遗址木桩及护城河的影响，结合文物主管部门要求，该段采用大直径矩形顶管法穿越。设计采用两条宽 11.75m × 高 7.8m 的大直径矩形顶管，单条顶进长度达 245m，是国内同尺寸大直径矩形顶管单次顶进距离最长的工程。同时，顶进区域内存在大量富水砂土，对于顶管顶进的施工技术要求极高。顶管段总体布置平面图和穿越城墙遗址及护城河断面图如图 3-50 和图 3-51 所示。

2. 结构设计

建宁西路过江通道隧道直径 14.5m，隧道盾构段采用圆形横断面，圆形隧道

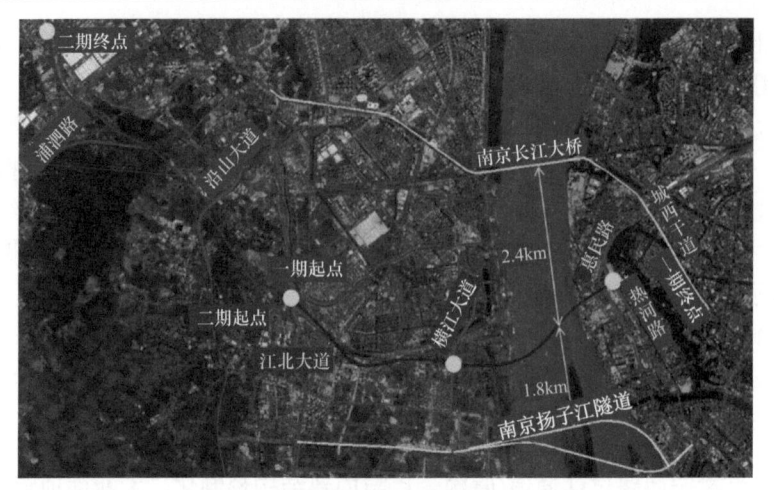

图 3-48 建宁西路过江通道位置示意图

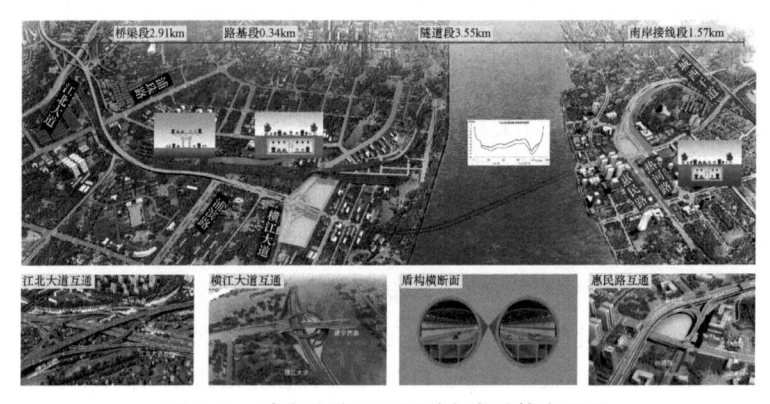

图 3-49 建宁西路过江通道方案总体布置图

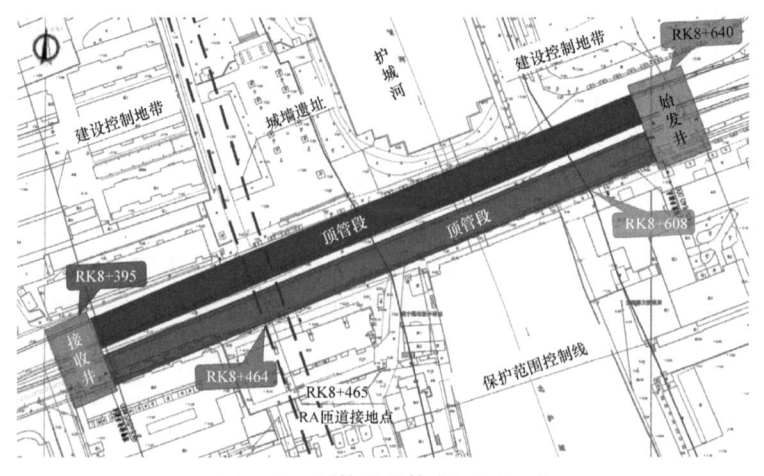

图 3-50 顶管段总体布置平面图

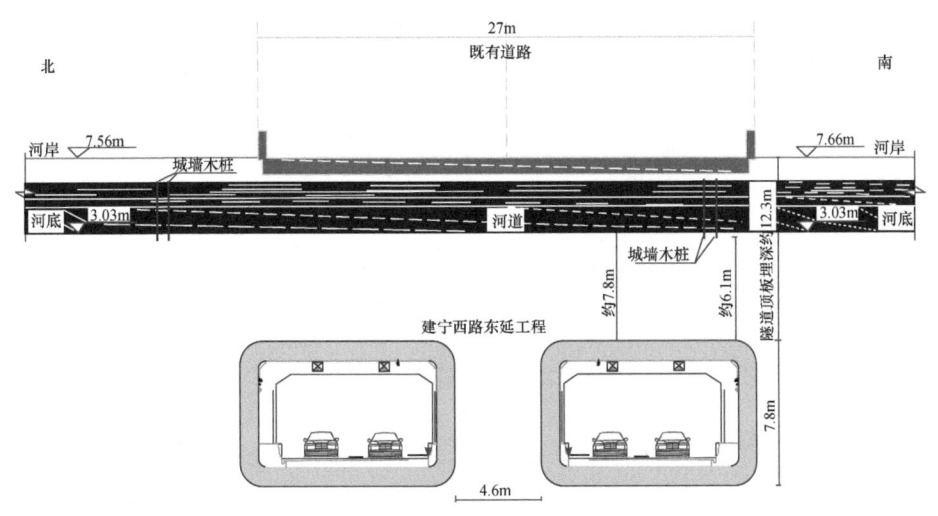

图 3-51 顶管穿越城墙遗址及护城河断面图

横断面由车道板分为上、中、下三部分，上部主要布置排烟道，中部主要用于行车，单向三车道，高 4.5m，车道宽 3.5×2+3.75=10.75m，路缘带宽度 0.5m，侧向净宽 0.75m，总宽 12.25m。下部为服务层，行车方向左侧为设备空间，中间为疏散通道，右侧为管线通道，隧道外径 14.5m，内径 13.3m，管片厚 0.6m，隧道建筑横断面布置图如图 3-52 所示。表 3-11 为设备对照表。

盾构段隧道内部结构主要包括预制中间箱涵、现浇段、综合变电所、废水泵房、疏散楼梯、逃生滑道、预制烟道板及牛腿结构设计，其中废水泵房段采用预制中间箱涵＋一侧现浇车道板＋一侧现浇废水泵房的形式，其余段采用预制中间箱涵＋两侧现浇车道板的形式。

表 3-11 设备对照表

序号	设备名称	序号	设备名称	序号	设备名称	序号	设备名称
1	内衬（防火、吸声）	8	双波长火灾探测器	15	DN80 泡沫干管	22	疏散口
2	建筑限界	9	车道指示器	16	DN300 废水管	23	射流风机
3	风速风向检测器	10	设备箱	17	DN200 消火栓干管	24	380V 电缆管沟
4	隧道照明灯具	11	手动报警按钮	18	电缆托架	25	通信管线
5	CO-VI 检测仪	12	排水管	19	防撞侧石	26	弱电电缆桥架
6	扬声器、声光报警器	13	10kV 电缆管沟	20	路测边沟	27	分支弱电电缆桥架
7	监控摄像机	14	DN300 水喷雾干管	21	中心集水沟	28	光纤光栅火灾探测器

续表

序号	设备名称	序号	设备名称	序号	设备名称	序号	设备名称
29	小型情报板	30	光强检测器	31	疏散通道消火栓干管		

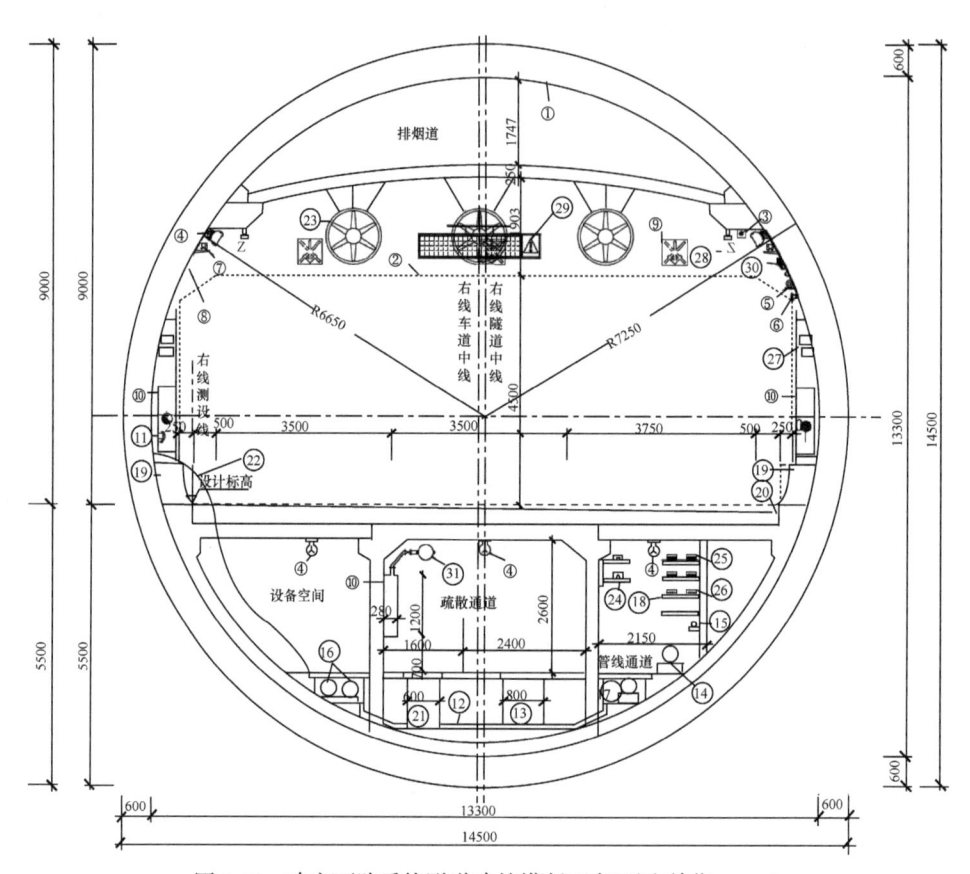

图 3-52 建宁西路盾构隧道建筑横断面布置图(单位：mm)

1) 弧形内衬

在隧道下部设置弧形内衬,内衬与管片手孔处连接钢筋。内衬结构厚度 25cm,混凝土强度等级 C40,抗渗等级 P8。

2) 中间箱涵

预制中间箱涵共分为 A 型、B 型、C 型三种箱涵型式,每节长度为 2m。

A 型中间箱涵顶板与侧墙上无预门洞(图 3-53);B 型中间箱涵侧墙预留 900mm × 2100mm 门洞作为逃生滑道门洞、救援楼梯门洞、综合变电所检修门洞、废水泵房控制室门洞,左右两侧门洞均居中设置;C 型中间箱涵为废水泵房段落箱涵，废水泵房侧无牛腿。

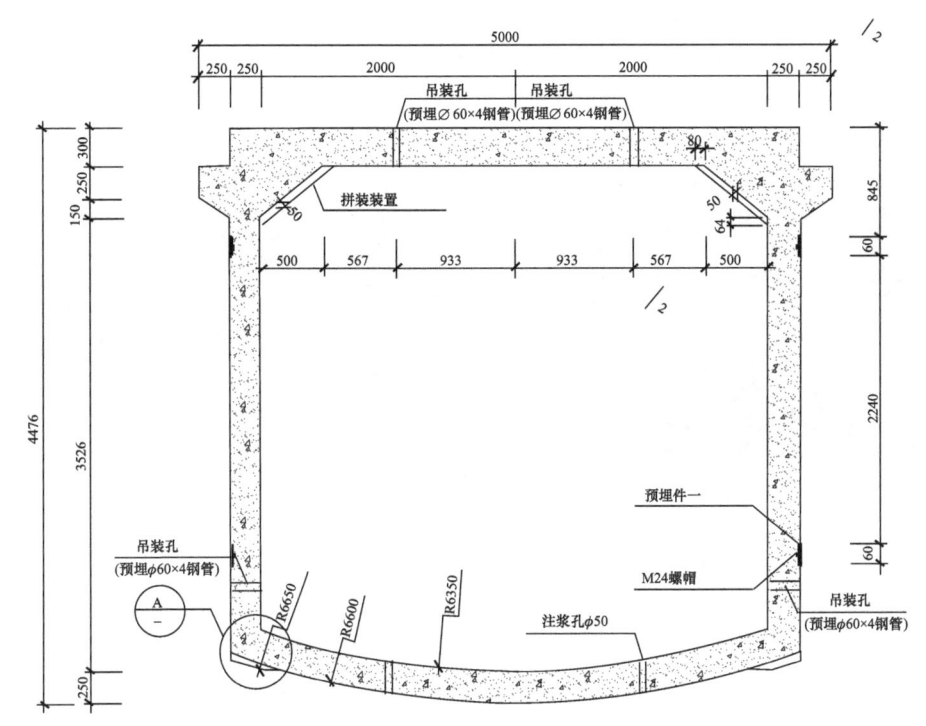

图 3-53　A 型中间箱涵结构图(单位：mm)

中间箱涵内部为疏散通道，疏散通道净宽 4.0m，净高 2.6m。在疏散通道左下侧利用富余空间通过 C25 素混凝土填充层设置通长的排水沟，汇集隧道渗漏水，排至废水泵站的集水池中。

3) 现浇车道

中间箱涵两侧车道板采用现浇形式，板厚 300mm，现浇车道板与中间箱涵利用钢筋接驳器连接。

4) 综合变电所

隧道在左、右线最低点设备空间附近分别设置一座为废水泵房用的综合变电所，在左、右线盾构段中间，设置风机用综合变电所，盾构段综合变电所共计 4 处。综合变电所区域两端设置封堵墙，变电所由变压器室和低压室组成，中间设置隔墙，每处变电所区域内设置 4 处 B 型箱涵。4 处综合变电所尺寸均为 16m(长) × 2.309m(宽) × 2.068m(高)。在变压器室、低压室与疏散通道相邻侧利用 B 型箱涵预留孔洞各设置 2 座检修门。

5) 废水泵房

隧道在左、右线最低点设备空间内分别设置一座废水泵房，泵房尺寸左线为

20m(长)×1.465m(宽)×2.6m(高)，右线为20m(长)×1.465m(宽)×2.6m(高)，通过路面最低点设置横截沟将车道层废水引流至废水泵房。泵房顶部共设四处设备吊装及检修口，尺寸1500mm×1100mm与100mm×800mm。

6) 疏散滑道与救援爬梯段内部结构

在盾构段行车方向左侧每80m设置一处疏散通道(逃生楼梯与逃生滑道交错布置)，逃生楼梯与逃生滑道段路面上防撞侧石断开(图3-54)。

(a) 逃生楼梯　　　　(b) 逃生滑梯

图3-54　逃生安全出口

7) 烟道板

为了增强防救灾的功能和灵活性，利用车道层顶部空间设置了火灾专用排烟道，烟道板采用预制混凝土与现浇牛腿结合的方式，板厚250mm，盾构段全长设置，烟道板掺入聚丙烯纤维，烟道板下方设置防火板，要求采用RABT标准升温曲线，耐火极限不低于30min。

建宁西路下穿文物段顶管采用矩形断面，管节衬砌厚1m，断面尺寸11.75m×7.8m，顶板、底板、侧墙均为直线，内轮廓角部采用$R=0.5$m圆弧连接(图3-55)。

对该断面进行结构强度验算，混凝土标号采用C50，按裂缝宽度控制(迎水面不大于0.2mm，背水面不大于0.3mm)。根据荷载结构法计算结构内力，选定结构的最不利工况运营阶段进行计算。隧道结构承受土荷载以及交通荷载。计算采用地勘提供的岩土力学参数。结构内力如图3-56所示。

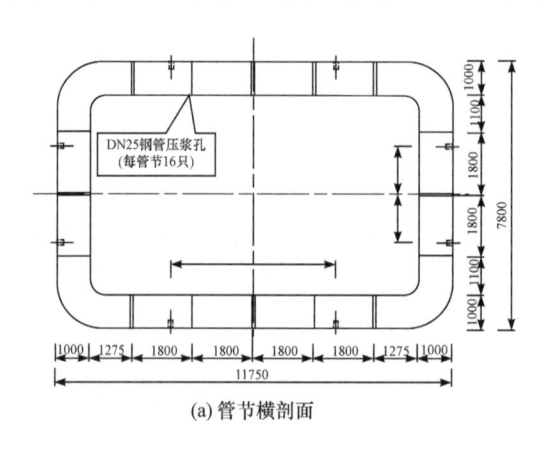

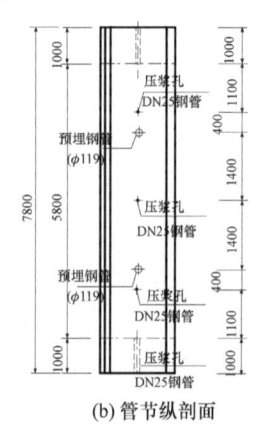

(a) 管节横剖面　　　　(b) 管节纵剖面

(c) 管节接缝　　　　　　　　　(d) 管节防水

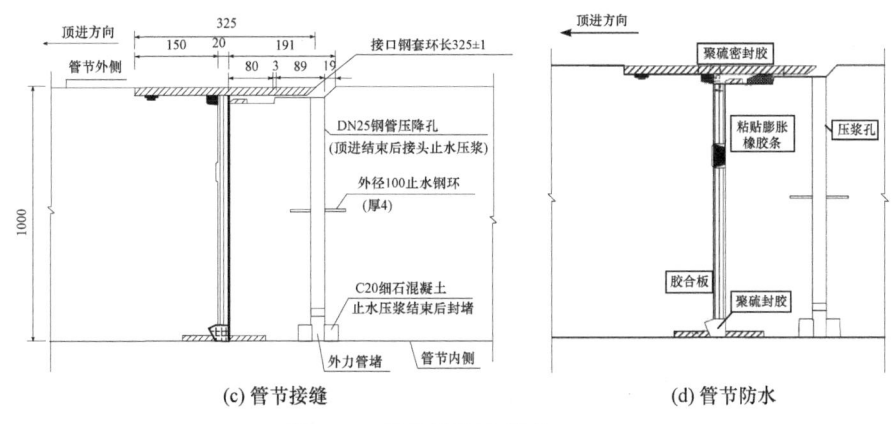

图 3-55　管节设计图(单位：mm)

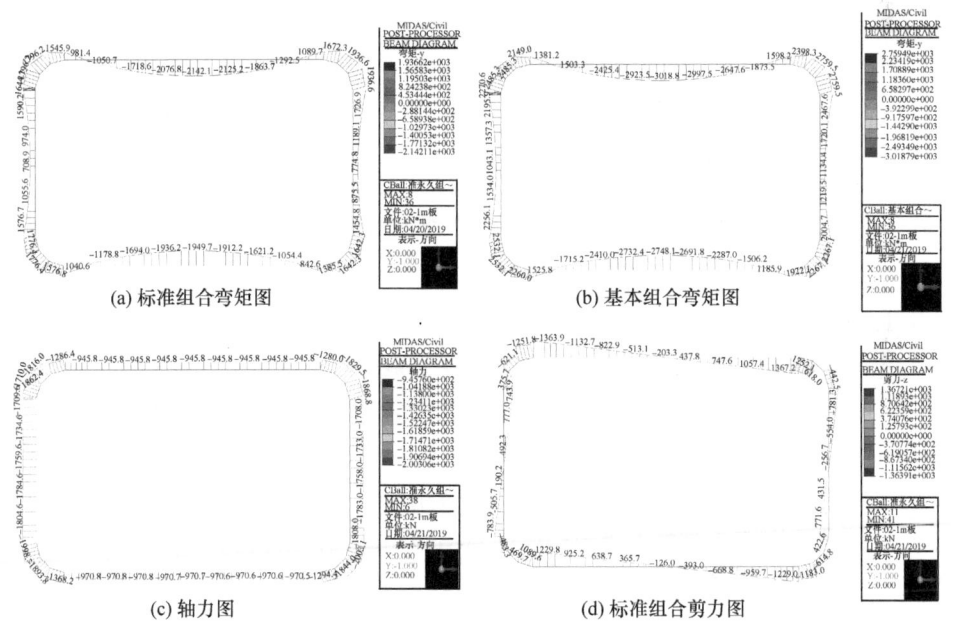

(a) 标准组合弯矩图　　　　　　(b) 基本组合弯矩图

(c) 轴力图　　　　　　　　　　(d) 标准组合剪力图

图 3-56　结构内力

3. 施工工艺

盾构隧道内道路结构需要考虑隧道内有限的空间，道路施工中需尽量减少对管片运输的影响，保证盾构掘进的正常施工，同时要考虑结构的整体强度与稳定性。本工程道路结构采用预制与现浇相结合的结构型式。中间箱涵采用预制结构，其框架结构具有较好的整体强度和稳定性随着盾构掘进的推进，预制构件可以及时为管片提供运输道路。之后现浇两侧的弧形板和车道板，其钢筋通过手孔与隧道衬砌环相连，提高结构的整体性；整个隧道施工完后，再铺设路面层，如图 3-57 所示。

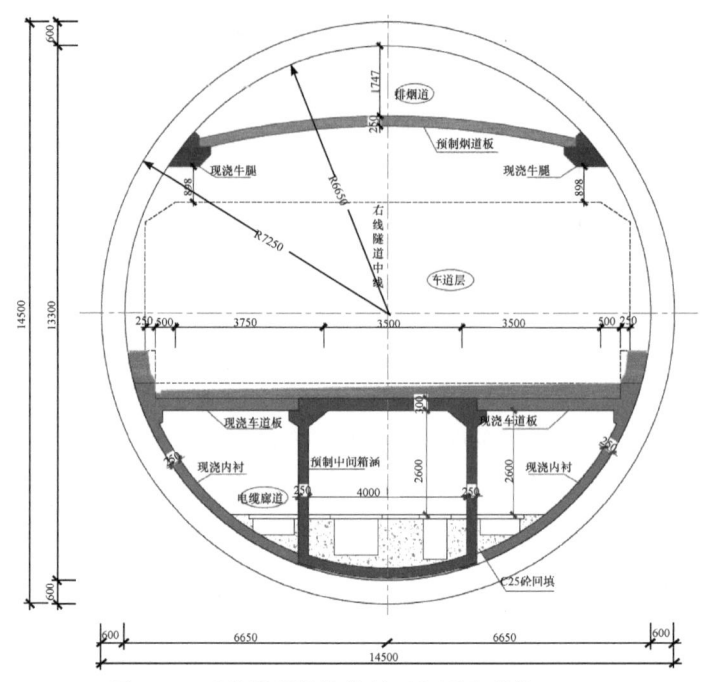

图 3-57　盾构隧道结构横断面布置图(单位：mm)

盾构隧道内部结构施工的关键工序如下。

1) 中间箱涵的预制及安装

中间箱涵构件在工厂进行预制，存放在工地附近，采用管片车运输至盾构隧道内，紧跟盾构掘进的 1 号台车后面，一般距离掌子面约 40m。箱涵拼接缝宜与管片环缝对齐，两节箱涵之间通过 3 根 M24 螺栓连接。箱涵底与管片之间的间隙，在管片结构变形稳定后、弧形板浇筑前，采用灌注 M10 水泥砂浆进行密实填充。箱涵中间及两侧填充混凝土浇筑前应做好中间箱涵构件及两侧管片位置的凿毛及清洗，以保证后浇混凝土施工质量，如图 3-58 所示。

2) 现浇车道板

两侧现浇车道板采用定型台模浇筑，中间与预制箱涵通过钢筋接驳器连接，两端采用植筋方式与盾构管片连接。现浇车道板每 40m 左右设置一道变形缝，变形缝布置与箱涵拼接缝对齐，变形缝宽 8mm，变形缝采用中埋式钢边橡胶止水带止水，上部采用焊接钢板搭接。

3) 烟道板施工

烟道板采用预制混凝土与现浇牛腿结合的方式，两端搁置在现浇牛腿上，现浇牛腿及烟道板≤16m 设置一道变形缝。牛腿通过植筋以纵梁形式设置在衬砌环上，在牛腿上表面设置氯丁橡胶板支座，烟道板搁置在氯丁橡胶板上，预制板两

第 3 章 装配式隧道绿色建造技术

端与管片间空隙用微膨胀混凝土嵌填，如图 3-59 和图 3-60 所示。

图 3-58 中间箱涵安装图

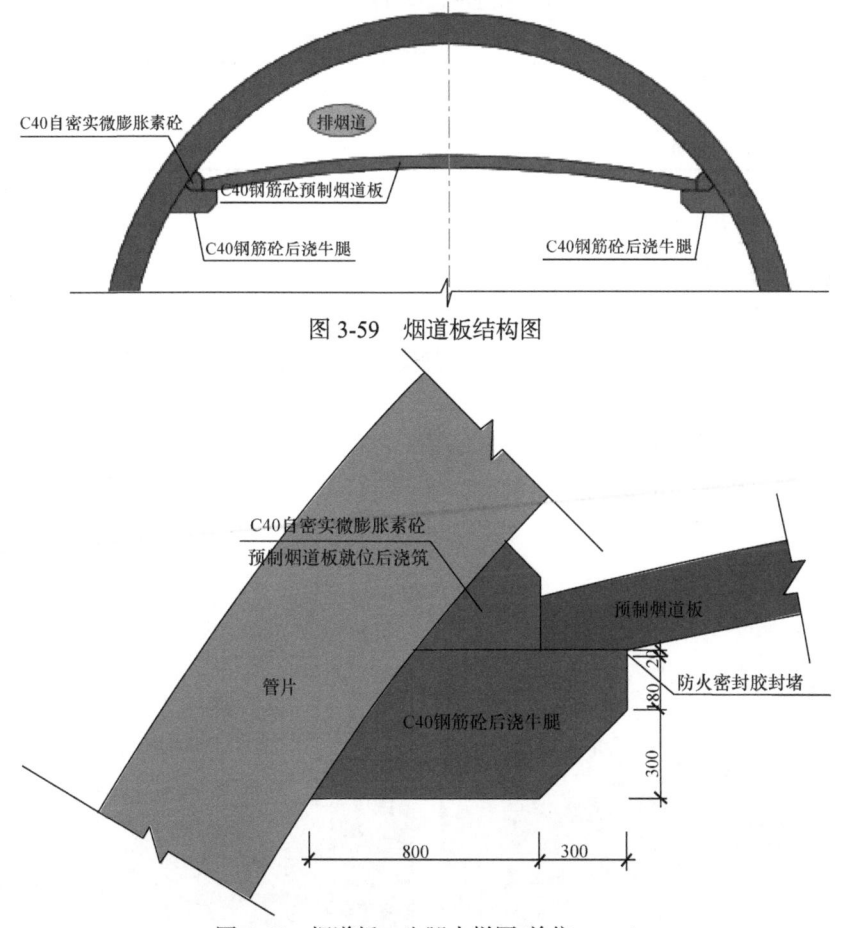

图 3-59 烟道板结构图

图 3-60 烟道板、牛腿大样图(单位：mm)

顶管采用土压平衡式掘进机，配备1台土压顶管机切削土体，1台螺旋机出土，顶推系统设置在始发井内，采用32个缸径420mm的推进油缸，油缸间距800mm，最大设计推力132000kN(图3-61、表3-12)。

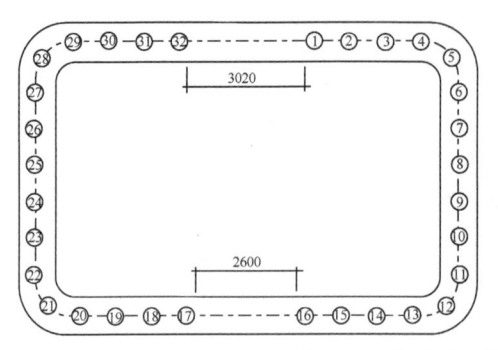

图3-61 推进油缸设计图(单位：mm)

表3-12 推进系统参数表

推进油缸数量	缸径/mm	系统油压/MPa	推进油缸行程/mm	最大推进速度/(mm/min)	最大推力/kN
32	420	30	2000	40	132000

顶管法施工主要工序如下(图3-62)：

(1) 施做始发和接收工作井，工作井端头进行加固，始发井洞门凿除；
(2) 龙门吊吊装顶管机；
(3) 顶管机工作井内安装拼接，设置反力墙、顶推油缸、顶铁；
(4) 顶管机掘进出洞；
(5) 吊离顶铁，安装管节，安装顶铁，重复顶推管节；
(6) 管节拼装，隧道内弃土水平运输至工作井，龙门吊竖向吊出；
(7) 顶管机接收井进洞；
(8) 通道贯通。

(a) 洞门凿除 　　　　　　　　　(b) 顶管机吊装

(c) 顶管机安装 (d) 掘进顶推

(e) 顶铁吊装 (f) 吊装管节

(g) 管节拼装 (h) 弃土水平运输

(i) 顶管机进洞 (j) 通道贯通

图 3-62 顶管法施工工序

3.4.5 港珠澳大桥海底隧道(沉管隧道)

1. 工程概况

港珠澳大桥东连香港、西接珠海/澳门，是集桥、岛、隧为一体的跨海通道，全长 35.6km，港珠澳大桥总平面图如图 3-63 所示。大桥共分为珠海和澳门连接线、珠澳口岸人工岛、大桥主体工程、香港连接线及香港口岸人工岛六部分。其中，沉管隧道全长约 6km、行车单孔净宽 14.25m、隧道单节管长 180m，隧道顶板至原始海床的可回淤厚度约 23m、纵向长度约 3km，且隧道两端洞口段均位于海中人工岛上，是世界范围内最长、埋置最深、单孔跨度最宽、单节柔性管节最长、规模最大的海底公路沉管隧道，也是我国交通建设史上技术最复杂、标准最高的海中隧道工程，海中隧道纵断面及分仓分段如图 3-64 所示。

东人工岛东堤头距本项目设计起点粤港分界线(K5 + 973)366m，东人工岛西堤头距铜鼓航道中心为 1563m；西人工岛东堤头距−10m 等深线 326m，距伶仃西航道中心为 2018m。隧道起讫里程 K6 + 761～K12 + 751，全长 5990m(两岛之间的沉管段长 5664m)，东、西人工岛现浇暗埋段的长度均为 163m。隧道纵断面呈 W 形，最大纵坡为 2.98%，最小纵坡为 0.3%。

图 3-63 港珠澳大桥总平面图

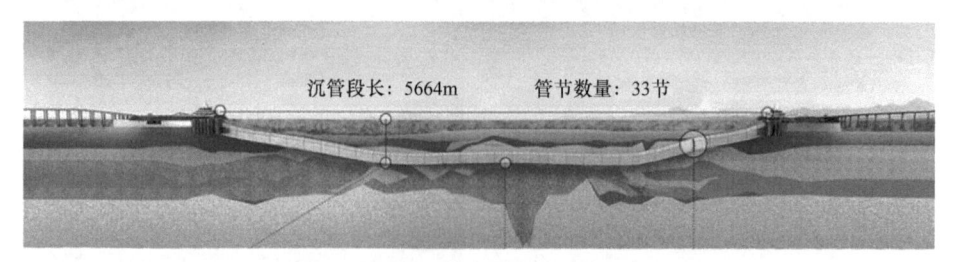

图 3-64 海中隧道纵断面及分仓分段

2. 结构设计

沉管段总长 5664m，分 33 节，标准节长 180m、宽 37.95m、高 11.4m，单节

重约 7.4 万 t。横截面设计采用 Y 型中隔墙，管节采用混凝土自防水 C60，设计使用寿命 120 年。隧道横断面两侧为行车道孔，中间管廊内上层为专用排烟通道，中层为横向安全通道，下层为电缆通道和海底泵房(图 3-65、图 3-66)。

沉管隧道管节结构计算结果显示，中间管廊外缘及行车底板孔跨中的弯矩较大，行车孔与中间管廊的交界面处剪力较大，如图 3-67 所示。

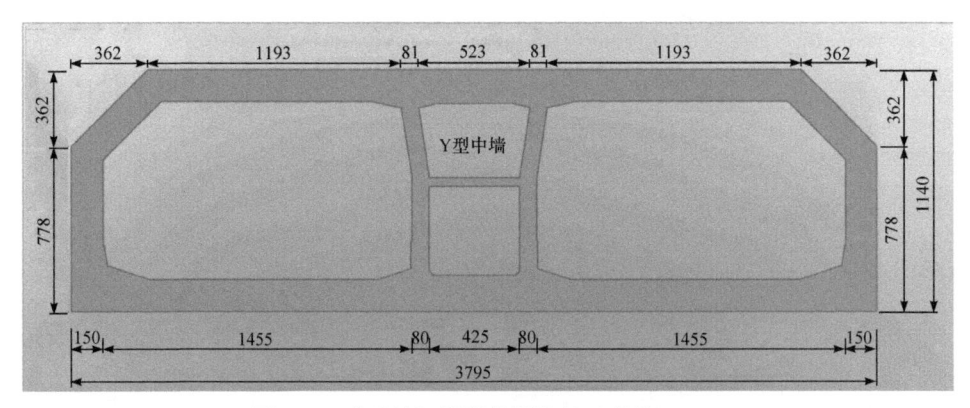

图 3-65　港珠澳沉管隧道设计断面(单位：mm)

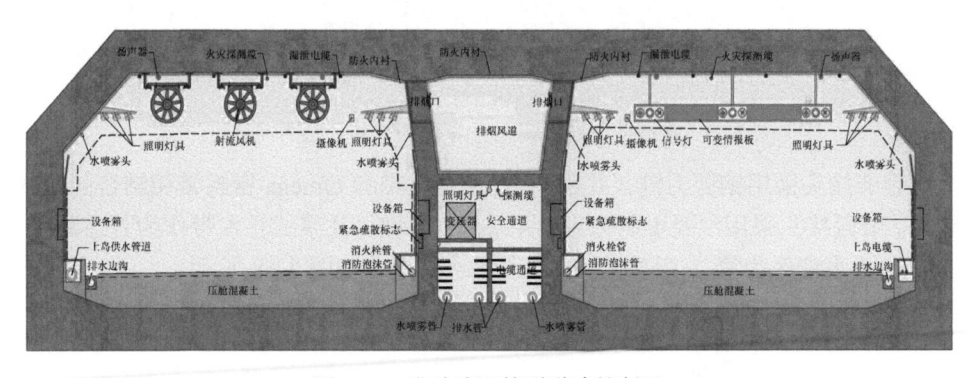

图 3-66　港珠澳沉管隧道建筑断面

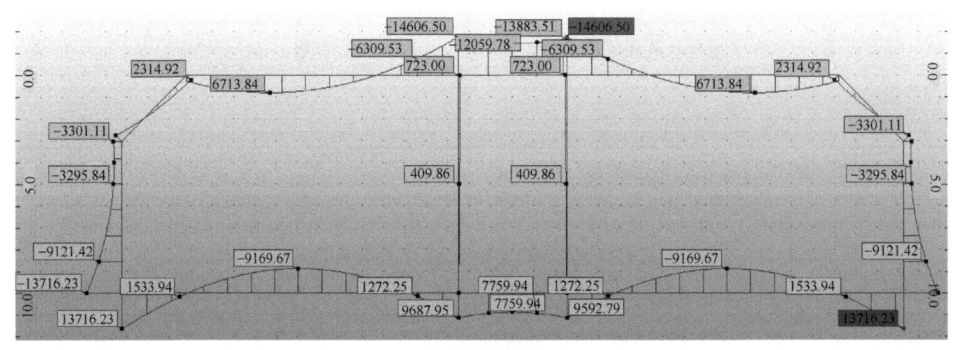

(a) ULS 弯矩

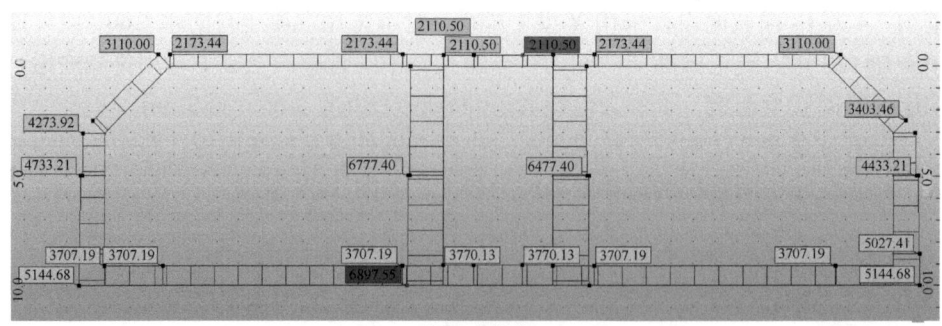

(b) ULS 轴力

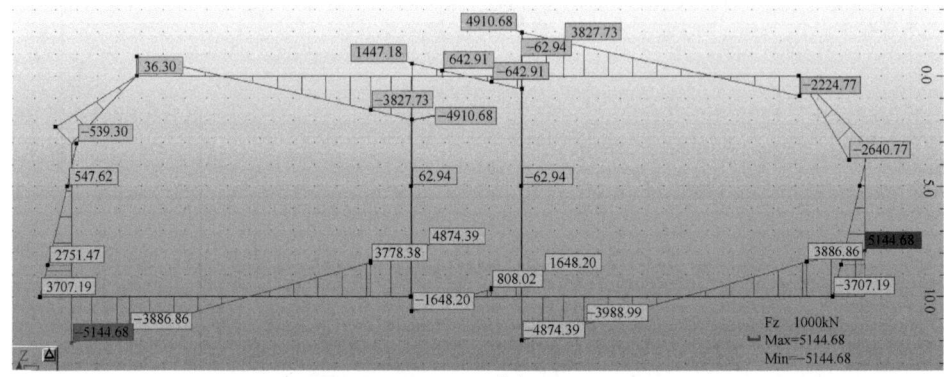

(c) ULS 剪力

图 3-67 承载能力极限状态的内力图(弯矩、轴力和剪力)

管节接头采用钢剪力键，并采用 Gina 止水带和 Omega 密封带相结合的防水体系。节段接头采用混凝土剪力键，并采用"中埋可注浆式止水带作为首道防水，Omega 止水带作为第二道防水"的双道止水措施，如图 3-68 所示。

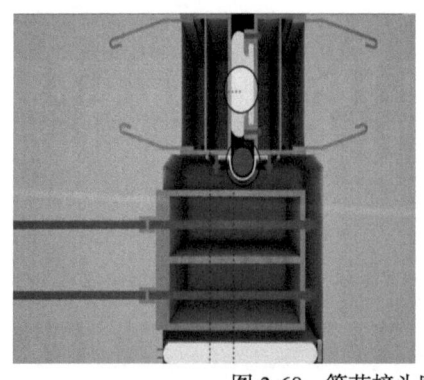

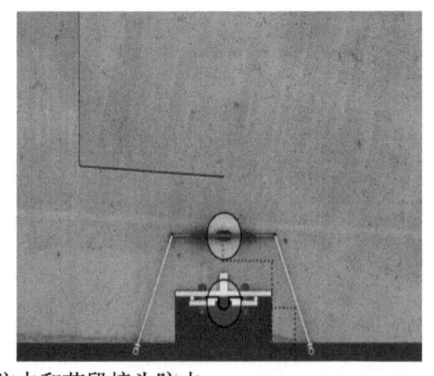

图 3-68 管节接头防水和节段接头防水

3. 施工工艺

沉管隧道共 33 节管节，标准管节长 180m，由 8 个节段组成。单个节段长

22.5m，单节混凝土方量约 3400m³，采用全断面一次性连续浇筑。综合考虑预制质量控制及工期要求，采用工厂法预制，该工法在国内应用尚属首次。沉管隧道的管节预制厂位于桂山岛，距离隧道轴线约 13km。工厂预制区(图 3-69)内两条流水线同时生产，约每两个月可生产两个管节。

图 3-69 沉管隧道管节工厂预制区

沉管管节预制厂集成了当今世界多项先进技术和装备：流水化钢筋生产加工线、一次性全断面浇筑液压模板、混凝土搅拌及供应系统、混凝土温控及养护系统、管节顶推系统(图 3-70～图 3-72)。

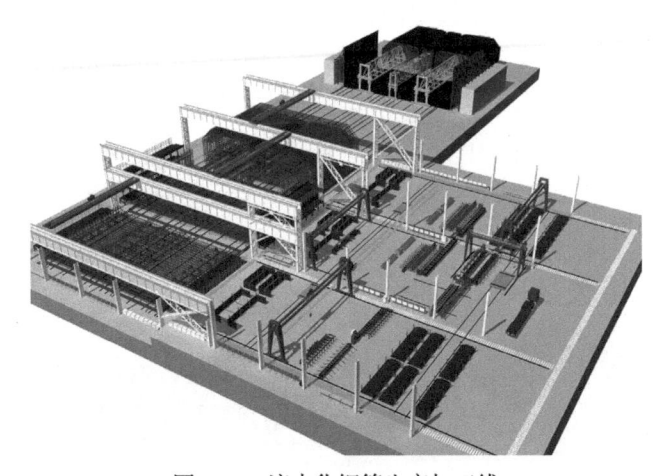

图 3-70 流水化钢筋生产加工线

图 3-71 一次性全断面浇筑液压模板

图 3-72 多点主动支撑分散顶推

沉管管节运输时关闭深、浅坞门，坞内灌水、管节起浮；通过坞内绞缆系统，横移管节至深坞区。在浅坞内对压载水系统、钢封门、Gina 止水带、管顶舾装件标定。在深坞内进行测量塔及深水测控系统的安装、标定、调试，压载水系统的调试、管节安装的联调联试（图 3-73、图 3-74）。

图 3-73 浅坞内流水化一次舾装和深坞内二次舾装

图 3-74 沉管浮运及安装

3.4.6 钻爆法衬砌装配式隧道(钻爆法预制装配式)

钻爆法衬砌装配式结构的探索，在公路隧道中开展了相应研究。通过分析计算，在合理划分衬砌分块尺寸，对比不同接头的受力情况以及现场试验测试和验证等方面，在保证隧道施工安全与质量、提高机械化水平和工厂预制化等方面取得良好效果。

钻爆法隧道的全断面装配式衬砌结构及其施工方法，用预制的全断面装配式衬砌结构代替现浇二次衬砌结构，克服了现有技术中存在的二次衬砌混凝土开裂、掉块、仰拱开裂隆起、拱顶衬砌厚度不够、渗水量大等缺点和不足，提高了钻爆法隧道中二次衬砌结构的施工效率，降低了施工成本，增强了施工机械化程度，如图 3-75 所示。

由于公路隧道断面较大，直接采用同步开挖衬砌的施工方式难度较大，通常在开挖和初期支护完成后再进行二次衬砌拼装。装配式结构拼装设备始发时须在洞口设置圈梁，作为初环管片安装定位的基准，设备出洞后的最后一段采用现浇混凝土。

管片的接缝是衬砌结构的强度短板，其承载能力直接影响着隧道整体的承载能力。通过数值模拟方法研究不同分块及接头型式下衬砌的力学性能，即衬砌内力、结构纵向刚度、围岩差异变形适应能力。在精细化模型研究基础上，优选出三种接头设计型式，开展室内接缝抗弯试验，对模型进行验证，最终确定接缝接头型式，如图 3-76 所示。

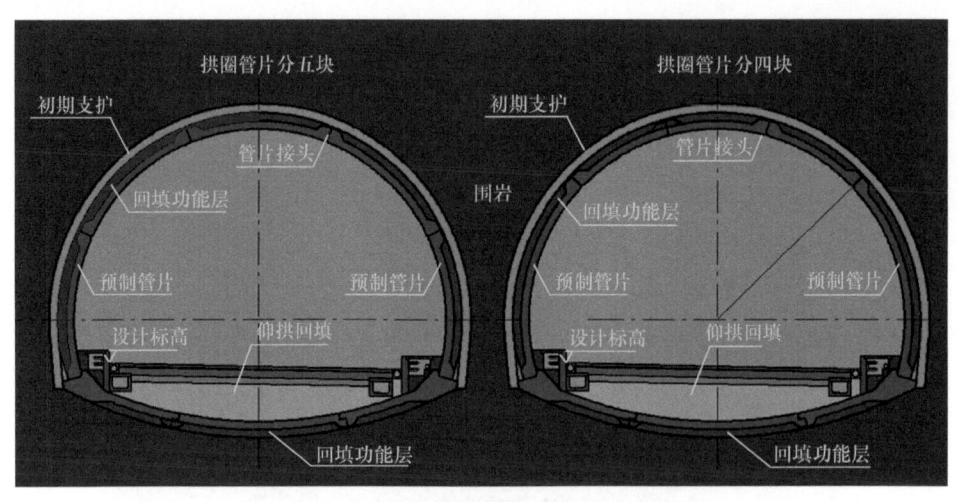

图 3-75 钻爆法隧道装配式结构分块示意图

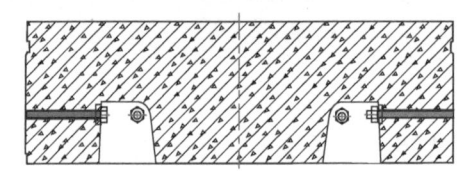

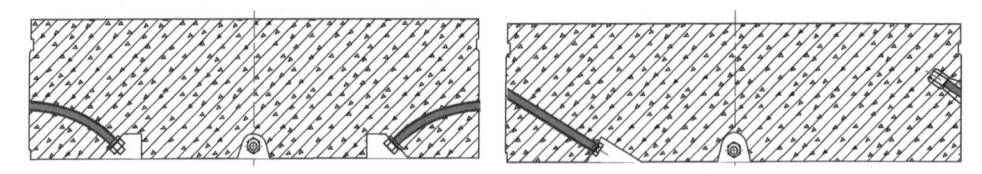

图 3-76 管片接头设计型式

第 4 章 城市隧道噪声控制环保技术

4.1 隧道噪声控制环保技术的定义

城市隧道是城市交通的重要组成部分,通常隧道洞口周边人口和建筑物比较密集。车辆接近隧道洞口附近时,隧道内噪声强度虽然不大,但衰减程度相较于外部空间要小(图 4-1(a));车辆驶入和即将驶出隧道洞口时,隧道进出口位置出现了明显的"喇叭效应",噪声从隧道洞口以一定角度向外发散(图 4-1(b)、(d));车辆位于隧道中部时,隧道内表现出明显的"音箱效应",隧道中部处于强噪声环境,同时在隧道口出现明显的噪声扩散(图 4-1(c))。隧道对于车辆噪声的放大作用极易使人产生烦躁和紧张等情绪,严重影响交通环境和安全,尤其对于人车混行隧道,行人会较长时间暴露于高噪声环境,有可能对听觉神经造成不可恢复的损伤。

(a) 车辆接近隧道洞口

(b) 车辆进入隧道

(c) 车辆驶入隧道中部

(d) 车辆即将驶出隧道

图 4-1 隧道纵向噪声分布规律

随着社会的发展以及人们对美好生活需求的提高,城市隧道噪声污染治理已成为隧道科技工作者面临的重大难题,在一定程度上影响环评工作的开展,甚至延缓项目的实施进度。同时，随着城市隧道建成数量的增加，运维经验也逐步积累，在诸多隧道内外也采用了降噪技术改善隧道环境，如图 4-2 所示。

(a) 隧道洞口隔声屏障　　　　　　(b) 隧道内部吸声材料

图 4-2　隧道洞口、洞内噪声控制措施实景图

隧道噪声控制技术是从隧道噪声产生机理、传播扩散规律、隔音降噪措施、监测技术方案等方面系统解决隧道洞口、洞内的噪声污染问题，从而达到改善洞口居住环境与洞内通行环境舒适性目的。

4.2　隧道噪声控制环保技术的发展

4.2.1　交通噪声预测模型

国外对于道路交通噪声的研究起步较早，自 1969 年，美国、瑞典、新西兰、加拿大以及印度等国先后建立了声环境的影响评价制度，以法律的形式明确了相关规定。各国建立了交通道路噪声预测模型，典型的有美国联邦高速公路管理局高速公路交通噪声预测模型 FHWA[24]、英国交通部 CRTN 模型及其改进版 CRTN88[25]和德国交通部公路建设司 RLS-81 模型及其改进版 RLS-90 模型[24]。其中，FHWA 模型、CRTN88 模型以及 RLS-90 模型是使用最为广泛的三种预测模型，其特点及适用范围如表 4-1 所示。

表 4-1　国外交通道路噪声预测模型

预测模型	美国 FHWA	英国 CRTN88	德国 RLS-90
机理	将车辆视为移动点声源，车速不变且连续，产生的道路交通噪声视为线声源	将声源视为线声源，通过实际测量所得的 L_{10} 数据，对其进行拟合分析后进行计算	包括声源模型和声传播模型，引入车速、环境气象条件、道路等级等影响因子
参照点位置	距离车道中心线 15m	距离车道中心线 15m	距离车道中心线 25m
适用道路等级	高等级路面	无要求	无要求

续表

预测模型	美国 FHWA	英国 CRTN88	德国 RLS-90
评价指标	$L_{eq}(A)$	L_{10}	$L_{eq}(A)$
车型分类	大型、中型、小型	重型、轻型	大型、小型
适用车流	恒定车流量车速，未考虑交通中断情形	恒定车流量车速，未考虑交通中断情形	考虑了车流量较低时的交通中断
建筑墙面反射	O	考虑与预测点隔街的另一侧建筑外墙面的一次反射，采用固定值进行修正	噪声在道路两侧屏障间的多重反射
声波距离、空气吸收衰减	O	√	√
其他衰减因素 L — 道路 — 反射	√	√	√
其他衰减因素 L — 道路 — 长度	√	√	O
其他衰减因素 L — 道路 — 弯曲	O	O	O
其他衰减因素 L — 道路 — 材质	O	O	O
其他衰减因素 L — 道路 — 坡度	O	√	√
其他衰减因素 L — 障碍物 — 植被	√	√	√
其他衰减因素 L — 障碍物 — 楼房	√	√	√
其他衰减因素 L — 障碍物 — 声屏障	√	√	√
其他衰减因素 L — 大气环境	O	O	√

注：标注"√"表示"有"；"O"表示"无"。

Probst[26]利用等效线声源与虚声源法对涵洞式隧道口的噪声辐射特性进行了研究，包括涵洞式隧道内吸声、隧道口外距离等对隧道噪声级的影响。

Guanp[27]利用虚声源法研究了隧道出口的噪声辐射特性，并分别研究了隧道口吸声系数对隧道外环境噪声的影响。挪威科技工业研究院研究了隧道口声辐射特性，并给出了隧道口噪声扩散与短隧道噪声值修正系数[27]。

麻省理工学院声与振动实验室的 Davies 采用声线追踪法模拟走廊中水平波的传播，对长走廊中的高频噪声衰减进行了预测。他认为，高频时衍射对长空间(隧道)中平面波的传播影响很小，声波在吸声材料上的每次反射都会有能量的损失，因此隧道中的能量流动成为隧道预测的重点[28,29]。

英国南部州立大学工程系统与设计学院的 Yang 等[30]在 2001 年提出了一种基于声线追踪法的用于研究长空间声场的计算机模型。这种方法主要是用于预测矩形横截面的地铁站的各项参数，包括声压和声场衰减。在大部分的频率范围内，特别是在远场，预测结果和实际值吻合得相当好。沿着长空间的各项参数变化趋势也得到准确预测，但在一些特定接收处和特定频率点会出现一定误差。

陈方荣等[31]以南京玄武湖东西向隧道作为类比对象，采用类比测量法对隧道交通噪声进行预测，预测了隧道内及洞口过渡段噪声级范围，得出交通噪声对于道路两侧的影响与洞口距离的关系，得到了噪声级与距洞口的距离成反比的结论。

师利明对半圆形断面的公路隧道内噪声预测方法及降噪措施进行了研究，确定了影响隧道内噪声的参数，对降噪措施进行了比选。其研究结果表明沿隧道中线方向上距离声源位置不同测点的噪声值差距不大，隧道内噪声场可近似为均匀分布的混响场[32,33]。

4.2.2 隧道内噪声算法

1. 虚声源法

虚声源法是将隧道四周视为反射面，隧道内的点声源对隧道壁面做镜像，可以得到无数对虚声源，利用点声源的叠加，于是可以得到隧道内的声能分布，见图4-3。

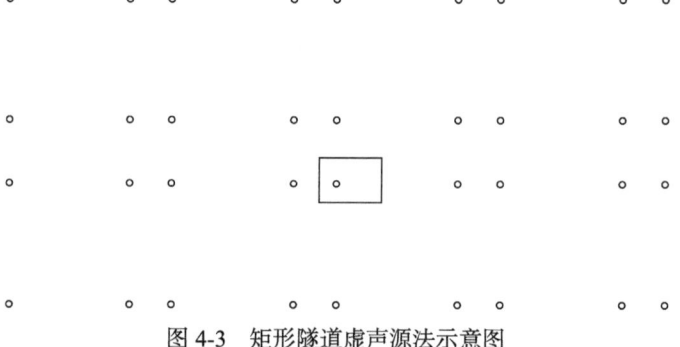

图4-3 矩形隧道虚声源法示意图

以典型的矩形横断面隧道为例，利用虚声源法，将隧道四周视为反射面，将隧道内设置的点声源进行镜像，如此可以得到一个声源与无穷多个虚声源。利用数学计算，可以得到每一个虚声源对隧道内某一点的产生的声压级(期间，可以在隧道内壁面设置一定的吸声系数α)，然后将所有的声源进行叠加，得到该条件下矩形隧道内的声压级分布。

如图4-4所示，假设侧墙吸声系数$\alpha_{侧}$，顶部吸声系数$\alpha_{顶}$，底部吸声系数$\alpha_{地}$，设声源点为(a,b)，则在空间内形成若干虚声源，虚声源位置为(x_n,y_n)，那么

$$x_n = \begin{cases} (n+1) \cdot W - a, & n\text{为奇数} \\ n \cdot W - a, & n\text{为偶数} \end{cases} \quad (4\text{-}1)$$

$$y_m = \begin{cases} (m+1) \cdot H - b, & m\text{为奇数} \\ m \cdot H + b, & m\text{为偶数} \end{cases} \tag{4-2}$$

设点声源声功率为 W_p，由于点声源的空间衰减系数为 $1/(4\pi r^2)$，r 为点声源(包括虚声源)到空间某一点(p,q)的距离，则该点的总声能为实际声源与全部虚声源对其影响的叠加，该点总声能为

$$W_{p\text{总}} = \sum_{n=-\infty}^{\infty} \sum_{m=-\infty}^{\infty} \frac{W_p \cdot \alpha_{\text{侧}}^{|n|} \cdot \alpha_{\text{顶}}^{\lfloor \frac{m}{2} \rfloor} \cdot \alpha_{\text{地}}^{\lceil \frac{m}{2} \rceil}}{4\pi \left[(x_n - p)^2 + (y_m - q)^2 \right]} \tag{4-3}$$

式中，"⌈⌉"为上取整符号，"⌊⌋"为下取整符号。

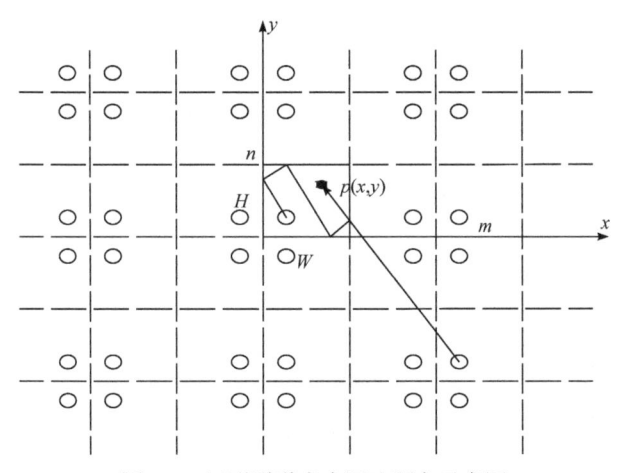

图 4-4 矩形隧道虚声源法研究示意图

当将上述平面模型扩展到隧道情况时，点声源模型应被线声源模型所取代。设线声源声功率为 W_l，线声源的空间衰减系数为 $1/(2\pi r)$，r 为线声源(含虚声源)到隧道内某一点(p,q)的距离，则该点的总声能为

$$W_{l\text{总}} = \sum_{n=-\infty}^{\infty} \sum_{m=-\infty}^{\infty} \frac{W_l \cdot \alpha_{\text{侧}}^{|n|} \cdot \alpha_{\text{顶}}^{\lfloor \frac{m}{2} \rfloor} \cdot \alpha_{\text{地}}^{\lceil \frac{m}{2} \rceil}}{2\pi \sqrt{(x_n - p)^2 + (y_m - q)^2}} \tag{4-4}$$

线声源功率 W_l 可通过《环境影响评价技术导则声环境》(HJ 2.4-2009)等公路噪声预测算法获得公路噪声声压级，利用式(4-5)得到。同时也可以利用环境噪声监测的实际测量值进行计算。

$$W = \frac{p^2}{\rho_0 c_0} \cdot S \tag{4-5}$$

式中，W 为声功率，p 为声压，$\rho_0 c_0$ 为空气特性阻抗，S 为波阵面面积(计算隧道

时取 $S = 2\pi r$)。

对于圆弧形横断面的隧道，虚声源法无法使用简单的表达式进行统一，因此并不适用。在计算过程中，可以将圆弧形横断面等效成矩形横断面来近似地求得圆弧形横断面内的隧道噪声值。

2. 柱面混响声能法

混响声能法，即利用空间的统计特性、利用统计的方法，求得隧道内声源在空间来回反射后的声能情况。由于隧道可以类比为柱面环境，其声能扩散情况可以视作二维情况。

1) 基本假定条件

(1) 将隧道视作无限长隧道；
(2) 车辆噪声源视为无限长线声源；
(3) 隧道内横断面平面上声波向各个方向传播的概率相等；
(4) 隧道内部区域混响声能处处相等；
(5) 线声源波阵面为柱面波。

2) 混响声声压级

根据上述假定，设矩形隧道长宽分别为 l_x、l_y，设声线与 x 轴成 θ 角，声速为 c_0，则声速在 x、y 方向上的分速度分别为

$$c_x = c_0 \cos\theta \tag{4-6}$$

$$c_y = c_0 \sin\theta \tag{4-7}$$

隧道周长及面积为

$$C = 2 \cdot (l_x + l_y) \tag{4-8}$$

$$S = l_x \cdot l_y \tag{4-9}$$

假定声源在 1s 内射出 $2\pi n$ 条声线，则透射在方向角 $\mathrm{d}\theta$ 中的声线数量为 $n\mathrm{d}\theta$。每秒的碰撞数为

$$N = 4\int_{\frac{3\pi}{2}}^{2\pi} n\left(\frac{c_0\cos\theta}{l_x} + \frac{c_0\sin\theta}{l_y}\right)\mathrm{d}\theta \tag{4-10}$$

在 1s 内所有声线通过的总距离为

$$L = 2n\pi c_0 \tag{4-11}$$

计算式(4-10)积分并代入式(4-8)、式(4-9)得

$$N = 2nc_0 \frac{c}{s} \tag{4-12}$$

每秒 1 条声线的反射次数为

$$N_1 = \frac{c_0 c}{\pi s} \tag{4-13}$$

当室内混响声平均能量密度达到动态平衡时，声源每秒提供给混响声场的能量等于被壁面与媒质所吸收的能量。设声源的平均辐射功率为 W，稳定混响评价声能密度为 $\bar{\varepsilon}_R$，壁面及媒质的平均吸声系数为 $\bar{\alpha}$，则有

$$\bar{\varepsilon}_R \cdot S \cdot \bar{\alpha} \cdot \frac{c_0 C}{\pi s} = W(1-\bar{\alpha}) \tag{4-14}$$

可得

$$\bar{\varepsilon}_R = \frac{W\pi}{c_0 C} \cdot \frac{(1-\bar{\alpha})}{\bar{\alpha}} \tag{4-15}$$

根据声能密度公式，混响平均声能密度 $\bar{\varepsilon}_R$ 与混响声压 p_R 关系如下：

$$\bar{\varepsilon}_R = \frac{p_R^2}{\rho_0 c_0^2} \tag{4-16}$$

联立式(4-15)、式(4-16)，则有

$$p_R^2 = \rho_0 c_0 W \cdot \frac{\pi(1-\bar{\alpha})}{C\bar{\alpha}} \tag{4-17}$$

式中，ρ_0 为空气密度。

3) 直达声声压级与总声压级

假定道路交通噪声模型为无限长线声源，声源在空间的辐射为均匀的柱面波，接收点处平均声能密度为

$$\bar{\varepsilon}_D = \frac{W}{2\pi r c_0} \tag{4-18}$$

式中，r 为接收点到线声源的距离。

类似地，直达声声能密度 $\bar{\varepsilon}_D$ 与直达声声压 p_D 的关系如下：

$$\bar{\varepsilon}_D = \frac{p_D^2}{\rho_0 c_0^2} \tag{4-19}$$

联立式(4-18)、式(4-19)可得，测点所受直达声声压级与声源声功率的关系为

$$p_D^2 = \rho_0 c_0 \frac{W}{2\pi r} \tag{4-20}$$

综合式(4-17)、式(4-20)，隧道内总声压 p 可表示为

$$p = \rho_0 c_0 W \cdot \left(\frac{1}{2\pi r} + \frac{\pi(1-\bar{\alpha})}{c\bar{\alpha}} \right) \quad (4\text{-}21)$$

4) 声源声功率

根据《环境影响评价技术导则声环境》(HJ2.4-2009)等道路交通噪声预测方法或交通噪声实测值，设距离道路中心线 r_0 处交通噪声声压为 p_0，并假定隧道无限长，可得到距离道路中心线 r_0 处的交通噪声级 $L_{道路}$。同时，根据声压级与声压转换公式，得

$$L_{道路} = 10 \cdot \lg \frac{p_0^2}{p_{\text{ref}}^2} \quad (4\text{-}22)$$

式中，p_{ref} 为参考声压，取 $p_{\text{ref}} = 2 \times 10^{-5} \text{Pa}$。

由于假定车辆噪声源为无限长线声源，满足无限长线声源噪声辐射模型，即

$$p_0^2 = \rho_0 c_0 \frac{W}{2\pi r_0} \quad (4\text{-}23)$$

式中，r_0 为道路交通预测模型中声源与测点的距离，将 $r_0 = 7.5\text{m}$ 代入，得

$$p_0^2 = \rho_0 c_0 \frac{W}{15\pi} \quad (4\text{-}24)$$

联立式(4-22)与式(4-24)，可得声源功率 W 与交通噪声预测噪声级 $L_{道路}$ 的关系

$$W = 10^{\frac{L_{道路}}{10}} \cdot \frac{2r_0 \pi \cdot p_{\text{ref}}^2}{\rho_0 c_0} \quad (4\text{-}25)$$

5) 总声压级

隧道内的测点的总声压 p 与隧道内测点的总声压级 $L_{总}$ 存在以下关系：

$$L_{总} = 10 \cdot \lg \frac{p^2}{p_{\text{ref}}^2} \quad (4\text{-}26)$$

将式(4-21)、式(4-25)代入式(4-26)，并取 $\pi = 3.14$，可得

$$L_{总} = L_{道路} + 10 \cdot \lg \left(\frac{r_0}{r} + \frac{148(1-\bar{\alpha})}{c\bar{\alpha}} \right) \quad (4\text{-}27)$$

令

$$\Delta L_1 = 10 \cdot \lg \left(\frac{r_0}{r} + \frac{148(1-\bar{\alpha})}{c\bar{\alpha}} \right) \quad (4\text{-}28)$$

则式(4-27)可表示为

$$L_{总} = L_{道路} + \Delta L_1 \tag{4-29}$$

式中，ΔL_1 为隧道引起的道路交通噪声增量。

由此，利用柱面混响声能法得到了隧道内的噪声值与隧道内的噪声增加值。这种方法适用于所有类型横断面的隧道，但需要注意，隧道的长度不能太短。

4.2.3 隧道洞口外噪声算法

1. 平直式隧道洞口外噪声算法

平直式公路隧道是指无敞开段，均为暗埋段(含明洞)的隧道。该种类型的隧道洞口外具有无敞开段遮挡的特点，洞内噪声能够直接辐射至洞外敏感点。

隧道暗埋段外的噪声主要包括两部分：一部分为隧道洞口的辐射噪声；另一部分为暗埋段以外的道路交通噪声。

(1) 隧道洞口辐射噪声计算公式推导过程如下。

受隧道壁面的阻挡，隧道内噪声传播至隧道外测点的直达声能很小，可忽略不计，因此隧道洞口向外辐射的声能主要为混响声能。根据无限长隧道假定，隧道洞口向外辐射混响声能仅为隧道内全部混响声能的一半，根据式(4-17)，隧道口混响声声压系数 $p_{洞口}$ 可表示为

$$p_{洞口}^2 = \rho_0 c_0 W \cdot \frac{\pi(1-\bar{\alpha})}{2C\bar{\alpha}} \tag{4-30}$$

利用混响平均声能密度与声压的关系，可得

$$\bar{\varepsilon}_{洞口} = \frac{p_{洞口}^2}{\rho_0 c_0^2} \tag{4-31}$$

已知隧道洞口面积 S，故隧道洞口混响声能 $W_{洞口}$ 可表示为

$$W_{洞口} = \bar{\varepsilon}_{洞口} \cdot c_0 \cdot S \tag{4-32}$$

将式(4-30)、式(4-31)代入式(4-32)，可得隧道洞口混响声能为

$$W_{洞口} = W \cdot \frac{\pi(1-\bar{\alpha})S}{2C\bar{\alpha}} \tag{4-33}$$

隧道洞口的线度一般远小于隧道外噪声敏感目标到隧道洞口的距离，因此隧道洞口的噪声辐射可视作点声源辐射。

受地面与隧道的限制，隧道洞口向外辐射的声波为 1/4 球面波，辐射面积可表示为 πd^2，其中 d 表示隧道洞口外敏感目标到隧道洞口中心的距离。洞口辐射的

平均声能密度为

$$\bar{\varepsilon}_{洞口} = \frac{W_{洞口}}{\pi d^2 c_0} \tag{4-34}$$

利用混响平均声能密度与声压的关系，可得

$$\bar{\varepsilon}_{洞口辐射} = \frac{p^2_{洞口辐射}}{\rho_0 c_0^2} \tag{4-35}$$

将式(4-25)、式(4-33)、式(4-35)代入式(4-34)，可得

$$p^2_{洞口辐射} = 10^{\frac{L_{道路}}{10}} \cdot \frac{15\pi^2 \cdot (1-\bar{\alpha}) \cdot S \cdot p^2_{\text{ref}}}{2C\bar{\alpha}\pi d^2} \tag{4-36}$$

令隧道外敏感目标处隧道洞口辐射噪声声压级为 $L_{洞口辐射}$，则

$$L_{洞口辐射} = 10 \cdot \lg \frac{p^2_{洞口辐射}}{p^2_{\text{ref}}} \tag{4-37}$$

将式(4-6)代入式(4-37)，可得

$$L_{洞口辐射} = L_{道路} + 10 \cdot \lg\left(\frac{148(1-\bar{\alpha})}{2C\bar{\alpha}}\right) + 10 \cdot \lg \frac{s}{\pi d^2} \tag{4-38}$$

根据文献[22]，隧道内噪声在洞口辐射过程中存在指向性，指向性因数修正量 D(单位：dB(A))可表述如下：

当隧道内平均吸声系数 $\bar{\alpha} < 0.2$ 时，

$$D = -0.115\theta + 3.08 \tag{4-39}$$

当隧道内平均吸声系数 $\bar{\alpha} \geq 0.2$ 时，

$$D = -0.165\theta + 6.95 \tag{4-40}$$

如图 4-5 所示，θ 表示测点 P 到隧道分界面中心点与隧道分界面中心垂

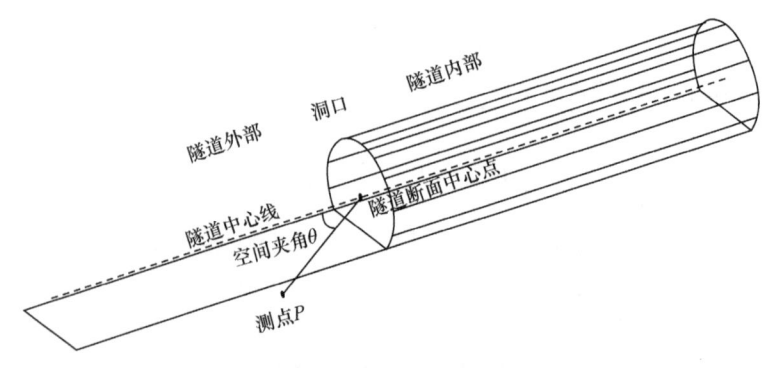

图 4-5 指向性因数中变量 θ 示意(θ 为空间角)

线之间的夹角，并有 $0° \leqslant \theta \leqslant 90°$。

因此，令修正后的隧道洞口辐射噪声为 $L_{洞口辐射修正}$，隧道口声辐射指向性如图 4-6 所示，根据式(4-38)有

$$L_{洞口辐射修正} = L_{道路} + 10 \cdot \lg\left(\frac{148(1-\bar{\alpha})}{2C\bar{\alpha}}\right) + 10 \cdot \lg\frac{s}{\pi d^2} + D \quad (4\text{-}41)$$

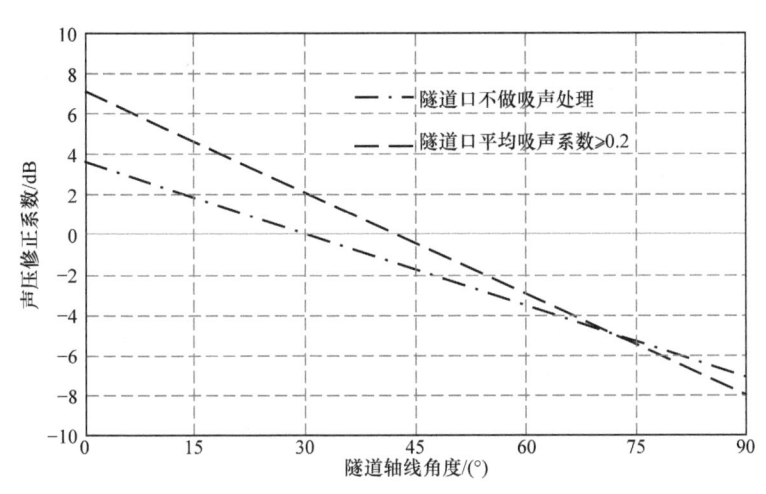

图 4-6 隧道口声辐射指向性

(2) 隧道外交通噪声可根据平直公路噪声预测公式进行计算。此时，隧道外道路的预测声压级为 $L_{隧道外道路}$，一般地，该声压级为距离道路中心线 7.5m 的声压级。另距离道路中心线 7.5m 处所受交通噪声的声压为 $p_{隧道外道路}$，令距离道路中心线 m 处所受交通噪声的声压为 $p_{隧道外道路(m)}$（此时声压级为 $L_{隧道外道路(m)}$），利用式(4-20)，可得

$$p_{隧道外道路}^2 = \rho_0 c_0 \frac{W}{2\pi \times 7.5} \quad (4\text{-}42)$$

$$p_{隧道外道路(m)}^2 = \rho_0 c_0 \frac{W}{2\pi m} \quad (4\text{-}43)$$

联立式(4-42)与式(4-43)，可得

$$p_{隧道外道路(m)}^2 = p_{隧道外道路}^2 \cdot \frac{7.5}{m} \quad (4\text{-}44)$$

式中，m 为测点到隧道外道路中心线的距离。

将式(4-44)转化为声压级，两边同时除以 p_{ref}^2，并取对数，可得

$$L_{隧道外道路(m)} = L_{隧道外道路} + 10 \cdot \lg\left(\frac{7.5}{m}\right) \quad (4\text{-}45)$$

综合洞口辐射噪声级 $L_{洞口辐射修正}$ 与暗埋段以外交通噪声级 $L_{隧道外道路}$ 可得隧道暗埋段以外噪声级

$$L_{洞口外总辐射} = 10 \cdot \lg\left(10^{0.1 L_{洞口辐射修正}} + 10^{0.1\times\left(L_{隧道外道路} + 10 \cdot \lg\left(\frac{7.5}{m}\right)\right)}\right) \tag{4-46}$$

2. 下沉式隧道洞口外噪声算法

下沉式隧道设置有敞开段，敞开段侧墙对隧道洞口辐射噪声具有遮挡作用，类似声屏障。为考虑该影响，下沉式隧道在计算隧道洞口辐射噪声时需考虑噪声衰减。隧道洞口噪声辐射的衰减可根据声屏障的声衰减公式进行计算。

声屏障的声衰减公式为

$$\Delta L_d = \begin{cases} 20 \cdot \lg \dfrac{\sqrt{2\pi N}}{\tanh \sqrt{2\pi N}} + 5, & N > 0 \\ 5, & N = 0 \\ 20 \cdot \lg \dfrac{\sqrt{2\pi |N|}}{\tanh \sqrt{2\pi |N|}} + 5, & 0 > N > -0.2 \\ 0, & N \leqslant -0.2 \end{cases} \tag{4-47}$$

$$N = \pm 2(A + B - d)/\lambda \tag{4-48}$$

式中，L_d 为敞开段引起的洞口噪声衰减量(dB(A))；N 为菲涅耳数，其中，$N > 0$ 表示接收点处于声影区，$N < 0$ 表示接收点处于声亮区；A、B 为菲涅耳数计算参数，图 4-7 为菲涅耳参数示意图；λ 为声波波长(m)。

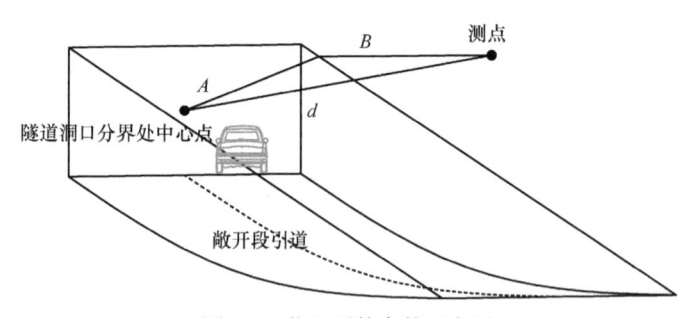

图 4-7 菲涅耳数参数示意图

噪声衰减方法参考了声屏障设计方法。声屏障的噪声衰减量在各频带上都不相同，为便于计算，可以进行声屏障噪声衰减量与噪声 A 声级的对应转换。利用实测的隧道内噪声各 1/3 倍频程的声压级，计算其通过声屏障衰减后的 A 声级变化，得到如下关系：

(1) 当声程差不小于 0.01m 时，其 A 声级降噪量与声屏障 1000Hz 中心频率处的降噪量相近；

(2) 当声程差小于 0.01m 时，其 A 声级降噪量在 5～6dB(A)；

(3) 当声程差为 0 时，A 声级衰减量即为 5dB(A)。

表 4-2 为不同声程差情况下，声屏障衰减量与噪声 A 声级减小量的计算值，可见，在声程差取常见值的情况下，声屏障在 1000Hz 处的衰减量与噪声 A 声级减小量最为接近，此时 λ=0.34m。

表 4-2 声屏障插入损失与隧道噪声 A 声级衰减量

频率/Hz	实测平均结果/dB(A)	不同声程差下的插入损失/dB					
		0.01m	0.05m	0.1m	0.5m	2m	10m
50	82.2	5.1	5.3	5.5	7.2	11.0	18.7
63	83.4	5.1	5.3	5.6	7.7	11.9	19.7
80	82.8	5.1	5.4	5.8	8.2	12.9	20.7
100	74.3	5.1	5.5	6.0	8.8	13.8	21.6
125	72.4	5.1	5.6	6.2	9.5	14.7	22.7
160	70.4	5.2	5.8	6.5	10.3	15.7	23.7
200	72.2	5.2	6.0	6.8	11.0	16.7	24.7
250	72.3	5.3	6.2	7.2	11.9	17.7	25.7
315	74.3	5.3	6.5	7.7	12.8	18.7	26.7
400	73.1	5.4	6.8	8.2	13.8	19.7	27.7
500	74.6	5.5	7.2	8.8	14.7	20.7	28.7
630	77.2	5.6	7.7	9.5	15.7	21.7	29.7
800	81	5.8	8.2	10.3	16.7	22.7	30.7
1000	83.2	6.0	8.8	11.0	17.7	23.7	31.6
1250	82.1	6.2	9.5	11.9	18.6	24.7	32.7
1600	81.4	6.5	10.3	12.9	19.7	25.7	33.7
2000	79.3	6.8	11.0	13.8	20.7	26.7	34.7
2500	75.2	7.2	11.9	14.7	21.6	27.7	35.7
3150	70.8	7.7	12.8	15.7	22.6	28.7	36.7
4000	66.4	8.2	13.8	16.7	23.7	29.7	37.7
5000	62.3	8.8	14.7	17.7	24.7	30.7	18.7
A 声级	89.6	83.4	80.3	78.0	71.5	65.6	58.6
A 声压级差/dB		6.2	9.3	11.6	17.9	24.0	31.0

因此，计算时ΔL_d可以将式(4-48)中的λ取 0.34m，以简化计算。将洞口的噪声进行衰减后，下沉式隧道洞口外辐射噪声可表示为

$$L_{洞口外总辐射} = 10 \cdot \lg \left(10^{0.1 L_{洞口辐射修正} - \Delta L_d} + 10^{0.1 \times \left(L_{隧道外道路} + 10 \cdot \lg \left(\frac{7.5}{m} \right) \right)} \right) \quad (4-49)$$

与平直式道路相比，下沉式隧道洞口噪声有一定的声衰减，但对于一些较高的建筑，下沉式隧道对洞外噪声影响不大。

4.2.4 隧道噪声测量

对隧道开展实地测量，以此来掌握交通噪声在隧道影响下的声级与分布情况是开展隧道噪声控制的重要手段。国内学者多采用现场实测的方法，考虑不同工况的影响研究隧道内的噪声分布特点，得出了较为真实的隧道噪声分布特点。然而，交通噪声与路面交通状况、道路状况等因素有关，已有的噪声预测理论的参考价值有限，其中的噪声测试方法则可作为本规程在实施过程中的重要参照。

陈立平等[17]通过理论分析和现场实测相结合的方法对隧道噪声的大小、分布规律、混响时间及频谱特性进行研究。其研究结果表明：隧道噪声沿纵向呈中间高两端低的分布规律，且在隧道进口前 50m 处迅速增加；隧道内噪声主要是中低频，且呈现明显的双峰状；噪声的混响时间与隧道断面形状、边界平均吸声系数以及噪声频率有关。

黄俊等[3]对 8 座典型隧道进行了测试，分析了隧道内实际噪声、单车噪声、噪声频谱特性和隧道混响时间，其研究结果表明隧道内的噪声主要是中低频噪声，隧道内平均噪声比隧道外高 8.6dB(A)，隧道的长度、断面形式、车流量以及车速等对隧道内的噪声影响较大。

1. 测量方法

隧道噪声的测量应考虑隧道的特殊性，同时，应考虑所测量噪声数据与道路交通噪声测量数据的通用性。因此，隧道内噪声测量应按以下要求进行。

(1) 测量方法参考《环境噪声监测技术规范城市声环境常规监测》(HJ 640-2012)中的相关规定。为了将隧道内部噪声与隧道外部公路噪声测点形成统一，隧道内测点选择隧道中部位置距车行道外边线 20cm、高度 1.2～1.5m 处。在规定的测量时间段内，各测点每次取样测量 20min 的等效 A 声级、累计百分声级 L_{10}、L_{50}、L_{90}，同时记录车流量(辆/h)及大、中、小型车辆比例。以 20min 的等效 A 声级 $L_{eq,tin}$ 作为隧道内噪声大小的评价量。

(2) 测量应在无雨雪、无雷电天气，风速 5m/s 以下时进行。

(3) 测量时间分为昼间和夜间。采用短时间取样方法测量时，昼间应选在早晚高峰时间范围内，夜间应选在睡眠时间范围内。考虑到早晚高峰时段车流量最

大，该时间内测量得到的噪声值为一定时间内的最大噪声，故选择该时段内测量值用于判断隧道是否满足噪声标准要求。夜间噪声测量时间应选择人的睡眠时间，根据《声环境质量标准》(GB 3096)中的规定，夜间环境噪声测量时间为22:00~次日6:00。

(4) 测量宜选在周一至周五进行，当周六、周日或不同季节环境噪声有显著差异时，应进行补充测量或长期连续测量。

2. 测量仪器要求

噪声测试应在无雨、无雪的天气条件下进行(要求在有雨、雪的特殊条件下测试的，应在报告中给出说明)，风速达到5m/s以上时，停止测试。测试时间分为昼间和夜间，一般昼间为6:00~22:00，夜间为22:00~次日6:00。所测结果应包括各时间段噪声数据的等效声级 L_{eq} 以及累计百分声级 L_5、L_{50}、L_{95}。

(1) 测量仪器应满足下列要求。

① 应采用准确度为2型(包括2型)以上的积分式声级计或噪声统计分析仪(具有环境噪声自动监测的功能)，其性能符合《电声学声级计》(GB/T 3785.1-2010/ IEC 61672-1:2002)的要求(图4-8)。

图 4-8 AWA6228型多功能声级计(噪声分析仪)

② 测量仪器和声校准器应按《称重传感器检定规程》(JJG 699-2003)、《声校准器》(JJG 176-2005)、《噪声统计分析仪检定规程》(JJG 778-2005)的规定定期

检定。测量前后使用声校准器校准测量仪器的示值偏差不大于 0.5dB，否则测量无效。

(2) 测试方法。

测点应布设在隧道内或隧道口，距离车行道的路沿 20cm 处。同时为调查隧道交通噪声分布，按照隧道内、隧道口以及隧道口外道路辐射处设置测点测量，对于隧道口位置，可以垂直隧道口道路直到噪声级降到临近的道路功能区的允许标准值为止。

在规定的测试时间段内，各测点每次取样测试 20min 的等效 A 声级，以及累计百分声级 L_5、L_{50}、L_{95}。同时记录车流量以及车辆类型(大、中、小)。

(3) 混响时间测试。

沿隧道分别布置测试声源(如全指向测试声源)、测试点，采用声学分析仪进行混响时间的测试。作为隧道内的吸声评价。需要记录隧道内的吸声面积、位置以及采用的吸声材料结构。

(4) 测试报告。

测试报告应该包括：测试仪器、校准仪器、气象情况、隧道口外的声环境功能区类别、测试环境(隧道断面尺寸、长度、形状、隧道口位置功能区情况等)、车流量(每小时通过车辆数量以及类型)、车速以及等效 A 声级等。

3. 噪声敏感建筑物测量要求

在测量隧道洞口外噪声敏感建筑物的声环境时，应根据敏感建筑物的实际情况进行测点的选择。

(1) 在噪声敏感目标户外，选择距墙壁或窗户 1m 处，距地面高度 1.2m 以上。

(2) 在噪声敏感目标室内，选择距离墙面和其他反射面至少 1m，距窗约 1.5m 处，距地面 1.2~1.5m 高。

(3) 当隧道周边存在多处建筑物时，应适当扩大测量范围，并以噪声影响最不利点作为噪声控制依据。

同时对噪声敏感目标测量时应符合下列规定：

① 监测点应设于噪声敏感建筑物的户外。当不具备户外监测条件时，可采用噪声敏感目标室内监测，门窗应处于全打开状态，并采用比该噪声敏感目标所在声环境功能区对应环境噪声限值低 10dB(A)的值作为评价依据。

② 对敏感目标的环境噪声监测应在周围环境噪声源正常工作条件下实施,视噪声源的运行工况，分昼、夜两个时段连续进行，昼、夜各测量不低于平均运行密度的 20min 等效声级。

③ 夜间存在突发噪声时，应同时检测测量时段内的最大声级。

4.2.5 噪声控制材料

国内对隧道内部的装饰吸声材料进行过一定的研究。吸声材料在许多方面现已比较成熟，几乎任何吸声材料的制造在技术上都可以得到解决。噪声与振动控制技术本身也正在稳步发展，各方面都进行着大量的研究工作，研制出了性价比更优的吸声材料。虽然我国在噪声与振动控制技术已达到相当高的水平，也能生产制造出满足各种需要的声学产品，但我国噪声与振动控制的生产设备及其产业同国际先进水平相比，仍存在一些差距，主要表现为产品的加工设备简陋、工艺落后，专用加工设备缺乏，具备规模化生产能力的企业太少，产品质量的自检自测能力低等问题。

对于噪声控制材料的研究目前主要集中于以下方面。

1) 路面降噪

来自轮胎与路面之间的噪声是隧道中噪声的主要来源之一，因此通过对路面进行降噪处理能够有效地从源头上减小噪声输出能级。目前具有代表性的降噪路面主要有嵌挤型热拌沥青混合料(OGFC)和沥青玛蹄脂碎石混合料(SMA)路面。OGFC 路面是一种多孔的断级配沥青混合料，孔隙率在 15%～20%或以上。由于孔隙率大，不仅排水迅速、具有很好的抗滑性，而且能够大幅度降低交通噪声。SMA 路面具有优良的高温抗车辙、低温抗裂、疲劳抗裂、抗滑和耐久等特性，在一般情况下相比常规密级配沥青混凝土可降低噪声 2dB。

目前，国际上发达国家已广泛展开应用研究低噪声路面。如早在 20 世纪 60 年代美国就开展了 OGFC 路面的研究。广泛研究表明，多孔隙沥青混凝土相比普通沥青混凝土可降低路面噪声 3～5dB。美国 FHWA 通过对欧洲低噪声路面的研究，总结了低噪声路面的几种形式与降噪效果。降噪路面在国内也开展了较长时间的应用。我国交通部公路科学研究所(1988 年)、同济大学(1997 年)等都铺设了低噪声路面试验段。2003 年 6 月，在北京劲松路的改造工程中采用了大孔隙沥青混凝土，经测试与普通沥青路面相比，平均降低 4dB。

对于不同路面的降噪效果，东南大学通过实测得到如表 4-3 所示结果。

表 4-3 不同路面降噪效果

隧道名称	路面类型	噪声均值/dB 隧道外	噪声均值/dB 隧道内	差值/dB
玄武湖隧道	沥青混凝土	67.2	78.4	11.2
燕居岭隧道	沥青混凝土	68.0	85.7	17.7
大溪岭隧道	水泥混凝土	65.0	89.2	24.2
黄鹤山隧道	水泥混凝土	62.3	82.5	20.2

表 4-3 中数据表明，沥青路面隧道内外噪声差值明显小于水泥路面，沥青路面相较于水泥路面的降噪效果更为明显。当然，降噪只是路面材料选择的考虑因素之一，还需综合考虑抗滑性能、高温稳定性、耐久性以及水稳定性。欧洲和日本对多孔隙沥青混凝土与普通沥青混凝土的对比试验结果表明：在日本，对于小汽车可降低噪声 5～8dB，对于载重汽车降低了 3dB，而且即使载重汽车在停车空转时也有 2dB 的降噪效果。总体而言，OGFC 路面在隧道中的运用是值得提倡的。

2) 内饰吸(消)声

大多数材料都有一定的吸声能力，一般把平均吸声系数大于 0.2 的材料称为吸声材料，平均吸声系数大于 0.5 的材料称为高效吸声材料。吸声材料在发达国家的生产应用技术已经比较成熟，并且已经规模化，近几年国内吸声材料的研究也取得了很大的进步，许多吸声材料和方案被运用于隧道降噪领域当中，常见的隧道降噪方案实施效果见表 4-4。

表 4-4 降噪方案效果

降噪方案	平均降噪量/dB	处理后吸声系数	单位长度吸声处理面积/m²
微孔吸声	8.23	0.42	18.6
穿孔板加吸声材料	10.09	0.58	18.6
侧壁瓷砖，顶部穿孔板	7.90	0.38	11.4
侧壁瓷砖，顶部微孔板	6.05	0.28	11.4

由表 4-4 可知，在不考虑工程投资的情况下，穿孔板加吸声材料的组合降噪效果最佳，同时平均长度吸声处理面积越大，降噪效果越明显。可选取的降噪措施除了采用常用的吸声材料外，许多新型的吸声材料，如新型铝纤维、聚丙烯纤维等无机纤维材料，高性能水泥基吸声材料、泡沫陶瓷、卡索板等也逐渐运用于城市隧道的降噪工程中。此外，利用膨胀珍珠岩、低碱普通硅酸盐水泥、硅酸铝纤维和松香皂进行配比，制成一种新拌泡沫膨胀珍珠岩浆体，该材料可以喷射到隧道壁面，测试得其最高平均吸声系数为 0.54。

随着人们对隧道降噪要求的日益提高，各种多功能降噪材料也如雨后春笋般不断涌现。

3) 洞口隔声

隧道结构的半封闭特点使得噪声在洞口出现"喇叭"效应，对于洞口附近居民的影响极大，在隧道洞口处搭建一个半封闭的"隔音棚"是最为直接的噪声处理方式。就目前而言，通常情况下隧道洞口段噪声的处理采用"隔音棚+声屏障"的方式，从而达到噪声治理的目的，如图 4-9 所示。

声屏障是在发声源和受声源之间建立的一种阻碍。屏障上面的声学材料对于车辆发出的噪声波可以吸收、反射以及衍射,有效降低城市道路沿线交通噪声的影响。洞口隔声措施也可分为吸声式和反射式两种。吸声式主要采用多孔吸声材料来降低噪声,据测试这种降噪措施的降噪效果可达 10dB 左右;反射式声障墙主要是对噪声声波的传播进行漫反射,使受保护区域噪声降低。上海延安东路复线隧道进行了噪声治理,其主要采用的降噪材料为硅酸铝防火吸声板。南京鼓楼隧道在隧道洞口及引道侧墙上采用了降噪措施,在隧道洞口以内 50m 范围内(顶部)采用金属穿孔板,敞开段侧墙采用穿孔铝板,取得了较好的效果。

图 4-9 上海外环隧道洞口声屏障

材料方面,混凝土木屑复合、纤维水泥复合以及混凝土橡胶颗粒复合型吸声屏障均具有优异的吸声性能,具有外表美观、耐候性好的优点。此外,泡沫铝和纤维铝声屏障吸声性能优异,耐候、耐高温性能好,特别适宜室外露天使用;不足之处在于金属结构的隔声屏单元连接也较困难,且容易产生噪声泄漏[22]。

隔声屏障腔体布置方面,通过比例模型试验发现,将吸声共振腔改成在水平面上布置,兼具高频段和低频段频率的吸声性能,扩大了吸声频率范围,适用于新型声屏障和既有声屏障的改造,具有较好的景观性和简便性。

声屏障的顶端形状方面分类,多重边顶部结构是在直立型声屏障顶端附近增加与声屏障平行的轻型障板,这样的结构形式使噪声在经过声屏障顶端时来回反射,消耗掉噪声的能量。在不增加声屏障高度、成本增加不大的情况下,提高了声屏障的降噪效果。Y 形顶端结构形式,其结构比较简单、降噪效果较好,在其基础上衍生出了鹿角形声屏障。此外,还有矩形、T 形、圆柱形、Y 形等不同顶端结构。研究表明,在高度相同的情况下,T 形软表面的声屏障降噪效果是最好的,从顶部结构以及覆盖三种材料层面上讲,表明 T 形顶部结构的降噪效果最好。

4.3 隧道噪声控制环保技术及指标

4.3.1 噪声控制指标

隧道周边声环境根据声环境质量标准及隧道运行引起的敏感目标噪声级增量划分为 A 类和 B 类两个等级。

1) A 类隧道

A 类隧道以隧道对周边环境的影响作为分类依据(表 4-5)，包括：①隧道外敏感目标户外噪声级 $L_{eq,tout(nst)}$ 与声功能区噪声限值$[L]$的关系；②由隧道引起的敏感目标噪声级增量 $L_{t(nst)}$。

表 4-5 城市隧道周边声环境等级划分

分类	隧道周边声环境/dB(A)
A1 类	$L_{eq,tout(nst)} \geqslant [L]$ 且 $\Delta L_{t(nst)} \geqslant 2$
A2 类	$L_{eq,tout(nst)} \geqslant [L]$ 且 $L_{t(nst)} < 2$
A3 类	$L_{eq,tout(nst)} < [L]$

隧道周边敏感建筑物噪声值根据《声环境质量标准》(GB 3096-2008)确定。根据该标准，隧道周边敏感目标噪声超标时，应进行噪声治理。为查明噪声来源，分析隧道对噪声敏感目标的影响，引入了隧道引起的敏感目标噪声级增量指标。根据声学软件模拟结果，当隧道暗埋段平均吸声系数从 0.1 提高到 0.4：

(1) $\Delta L_{t(nst)} = 3dB(A)$ 时，敏感建筑物噪声降低 2.3 dB(A)；

(2) $\Delta L_{t(nst)} = 2dB(A)$ 时，敏感建筑物噪声降低 1.3dB(A)。

因此认为，当 $\Delta L_{t(nst)} \leqslant 2dB(A)$ 时，仅在隧道范围(以暗埋段为主)进行噪声治理的效果不佳，此时应考虑以暗埋段外道路交通噪声为主要治理对象，采取针对性的噪声控制措施。

2) B 类隧道

对通行非机动车及行人的城市隧道，隧道内声环境根据隧道内最大噪声级 $L_{eq,tin}$ 按表 4-6 进行分类。

表 4-6 隧道内声环境等级划分

分类	隧道内声环境/dB(A)
B1 类	$L_{eq,tin} \geqslant 85$
B2 类	$80 \leqslant L_{eq,tin} < 85$
B3 类	$L_{eq,tin} < 80$

B 类隧道以噪声对人体的影响作为分类依据，具体如下。

(1) 根据《工业场所有害物质因素物理因素》(GBZ 2.2-2007)，85dB(A)为人耳可接受的噪声限值，因此规定，凡是噪声值大于或等于 85dB(A)的隧道应进行噪声治理。

(2) 根据卫生部的调查，人耳长期处在 80dB(A)的声环境中，会对听力造成损害。根据编制组的调查，国内通行行人与非机动车的隧道最长达 1.5km，行人通行约 10~20min。噪声值处于 80~85dB(A)之间的隧道宜进行噪声治理，该范围内的隧道作为 B2 类。

4.3.2 噪声控制设计

1. 总体设计

通行行人与非机动车的城市隧道，应设置独立且封闭的行人与非机动车通行空间。当不具备设置条件时，应采取噪声控制措施。

1) A 类隧道

(1) A1 类隧道应对隧道暗埋段进行噪声控制；
(2) A2 类隧道宜对隧道暗埋段进行噪声控制；
(3) A3 类隧道可不进行隧道噪声控制。

2) B 类隧道

(1) B1 类隧道应进行隧道噪声控制；
(2) B2 类隧道宜进行隧道噪声控制；
(3) B3 类隧道可不进行隧道噪声控制。

城市隧道降噪量应根据下列公式确定：

$$\Delta L_{eq,tin} = L_{eq,tin} - 85\text{dB}(A) + F \tag{4-50}$$

$$\Delta L_{eq,tout(nst)} = L_{eq,tout(nst)} - [L] + F \tag{4-51}$$

式中，$\Delta L_{eq,tin}$ 为隧道暗埋段噪声降噪量(dB(A))；$\Delta L_{eq,tout(nst)}$ 为噪声敏感目标噪声降噪量(dB(A))；F 为噪声控制安全值，取 2dB(A)。

隧道噪声控制选用的材料(结构)应满足：①通风、照明、装饰及耐久性要求；②防火、防水、防霉、防潮、防蛀、防腐、防烟雾、防尘、防紫外线等隧道环境使用要求；③无二次污染且对人和动物无害；④其他相关的质量标准和技术要求。

2. 吸声设计

吸声材料(结构)的吸声特性应与噪声源的频率特性相对应，其选择应综合权衡材料厚度、密度、流阻、孔隙率、结构因子，材料背后空气层厚度，材料表面的装饰处理、安装和布设方式以及现场温度、湿度等外部条件对降噪效果的影响。

吸声材料宜选用具有适当孔径、孔隙率且孔洞开放、相互连通的多孔和纤维类吸声材料。材料吸声性能宜采用倍频程 125Hz、250Hz、500Hz、1000Hz、2000Hz、4000Hz 六个中心频率的吸声系数描述。吸声结构宜采用穿孔、微穿孔等共振类吸声结构，复合吸声结构及空间吸声体等。

不同类型隧道的吸声材料(结构)的布置应满足以下要求。

(1) A 类隧道吸声材料(结构)。

① A1 类隧道应在隧道顶板及侧墙布置吸声材料(结构)，吸声材料(结构)的布置应自洞口向隧道内延伸且长度不小于 70m，下沉式隧道应在敞开段全范围设置吸声材料(结构)。

② A2 类隧道宜在隧道顶板或侧墙布置吸声材料(结构)，吸声材料(结构)的布置应自洞口向隧道内延伸且长度不小于 50m，下沉式隧道宜在敞开段设置吸声材料(结构)。

③ A3 类隧道可不进行隧道洞口吸声处理。

④ 吸声材料宜选用宽频吸声材料(结构)和中低频范围吸声性能突出的材料(结构)。宽频吸声材料或结构在 125～4000Hz 频率范围内的 6 个倍频程中心频率的平均吸声系数应大于或等于 0.6；以中低频为主的吸声材料在 125～1000Hz 频率范围内的 4 个倍频程中心频率的吸声系数都应均不小于 0.4。

(2) B 类隧道吸声材料(结构)。

① B1 类隧道应在隧道长度范围内布置吸声材料(结构)。

② B2 类隧道宜在隧道长度范围内布置吸声材料(结构)。

③ B3 类隧道可不进行隧道内吸声处理。

④ 吸声材料宜选用宽频吸声材料(结构)和中低频范围吸声性能突出的材料(结构)。宽频吸声材料或结构在 125～4000Hz 频率范围内的 6 个倍频程中心频率的平均吸声系数应大于或等于 0.6；以中低频为主的吸声材料在 125～1000Hz 频率范围内的 4 个倍频程中心频率的吸声系数都应均不小于 0.4。

3. 隔声设计

隧道口隔声设计应根据交通噪声的频谱特征、传播形式及其与噪声敏感点的位置关系确定，可采用声屏障、隔声墙、绿化带、景观堆坡、全封闭式声屏障等。隧道内隔声设计应根据隧道断面型式、交通噪声的频谱特征、传播形式及其与噪声敏感点的位置关系确定，可采用全封闭式声屏障、隔声墙等。绿化带种类应根据当地气候环境和地理环境进行选取，以多叶常青中小乔木为宜，有条件可设置多层绿化带。

声屏障、隔声墙及全封闭式声屏障的设计应符合声屏障设计规范(HJ/T 90—2004)[30]，同时应满足以下要求：

(1) 应考虑声屏障主体结构对隧道行车安全、结构安全的影响；

(2) 双向行车的隧道出入口宜在中央隔离带设双侧吸声式声屏障；

(3) 隧道噪声影响对象为高层噪声敏感建筑物时，可结合光过渡要求设置全封闭式声屏障。

4. 装修设计

圆形横断面隧道侧墙装饰宜采用平板结构，顶部装饰宜采用平板结构或空间吸声体结构。隧道内装饰结构设计不宜使用凹弧形板。吸声板与隧道结构面间距宜为200~400mm。下沉式隧道敞开段隔声(吸声)结构应考虑景观设计，与周边环境相协调，条件允许时，可按折板式设计(图4-10)，折板高度与水平投影长度可根据实际路况调整。

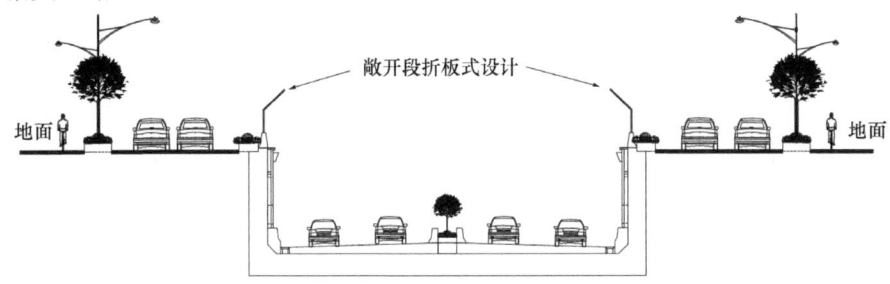

图 4-10 下沉式隧道敞开段折板式设计示意图

5. 路面设计

隧道噪声控制应使用低噪声路面，优先选用沥青玛蹄脂碎石混合料(SMA)，条件允许下采用大孔隙开级配排水式沥青磨耗层(OGFC)。低噪声路面的应满足《公路沥青路面设计规范》(JTG D50-2017)、《公路沥青路面施工技术规范》(JTG F40-2017)中的相关规定。

6. 机电设计

隧道风机应配置隔声罩与消声器，并优先选用低噪声风机。风机消声器的选用应满足以下要求：

(1) 根据风机声源特点，在所需消声的频率范围内有足够大的消声量；
(2) 消声器的附加流阻必须控制在设备运行的允许范围内。

隧道风塔、风井、开孔等对周边环境存在影响时，宜采用消声通风复合技术，如半封闭或全封闭隔声罩及消声器等。

4.3.3 施工与验收

1. 施工

与噪声控制相关的施工所应具备的资料包括：噪声控制设计技术文件、吸声材料(结构)声学试验报告、与噪声控制相关的施工技术文件，以及与噪声控制相关的其他技术文件。相关的施工技术文件应制定相应质量控制措施，包括：

(1) 吸声材料(结构)的布置、施工顺序，与其他结构(构件)关系；

(2) 吸声材料(结构)施工要点；

(3) 吸声材料(结构)成品保护措施。

吸声材料(结构)声学性能应满足设计文件要求，且应进行相关的声学试验。实验过程中，同一类型产品应不小于三组；以各组试验最小降噪系数(NRC)作为声学试验代表值。

2. 验收

隧道均应进行隧道周边声环境质量验收；隧道内通行行人与非机动车，且与机动车布置在同一孔时，应进行隧道内声环境质量验收。隧道周边声环境应满足 $L_{eq,tout(nst)} < [L]$；隧道内声环境应满足 $L_{eq,tin} < 85dB(A)$。此外，隧道周边声环境与隧道内声环境质量验收应符合《建设项目竣工环境保护验收技术规范 公路》(HJ 552-2010)的相关要求。

4.3.4 运营与维护

噪声控制设施应根据其使用环境的卫生条件、介质属性等要素，制定相应的运行和维护规程，定期进行外观检查和防腐维护，维持其性能和使用寿命。采用纤维类吸声材料的隧道，清洗时应采取有效措施，避免吸声材料潮湿，降低使用性能。采用多孔类吸声材料的隧道，清洗时应避免对吸声材料的撞击。

吸声结构应及时清洗，防止油污、粉尘等降低其吸声性能。空间吸声体应做好防护，防止车辆行驶过程中撞击导致损坏。声屏障结构应进行日常巡视与检查，防止结构损坏影响隧道内行车安全。采用透光材料的声屏障，应做好日常清洗，保证良好的景观效果。金属材料屏体应加强对其防腐材料的检查，接近年限时应重新进行防腐处理，保持材料的防腐性能。吸声板、声屏障及隔声墙等设施损坏后，应及时修复、更换，并做好施工时的安保措施。

4.4 隧道噪声控制环保技术案例

4.4.1 泰州鼓楼南路隧道

1. 工程概况

泰州市永定路快速化改造工程东起泰高高速，西接长江大道，以隧道形式下穿东风路、海陵南路、鼓楼南路。线路全长 12.7km，按城市快速路标准建设，设计速度 80km/h，为双向六车道，其中永定路一号隧道全长 1043m，暗埋段长 680m；永定路二号隧道全长 512m，暗埋段长 160m。隧道起终点、洞口桩号及隧道长度见表 4-7 和表 4-8。

表 4-7 永定路一号隧道规模表

名称	敞开段		暗埋段		敞开段		合计/m
桩号/m	K6+830	K7+030	K7+030	K7+710	K7+710	K7+873	1043
长度/m	200		680		163		

表 4-8 永定路二号隧道规模表

名称	敞开段		暗埋段		敞开段		合计/m
桩号/m	K5+782	K5+950	K5+950	K6+110	K6+110	K6+294	512
长度/m	168		160		184		

隧道主体结构断面明挖段为 U 形槽结构，暗埋段为单层双孔矩形结构，隧道埋深范围为 0.6～3.2m，隧道断面形式见图 4-11～图 4-13。

永定路一号、二号隧道位于泰州市海陵区，周边以住宅、金融、文化区为主(图 4-14)。隧道南侧为万象城、华润国际社区、福泰大酒店、正太周山汇水、泰州市人力资源和社会保障局、百饰得装饰城；北侧为泰州市金融服务区、恒景国际花园、永兴花园、上海大花园。

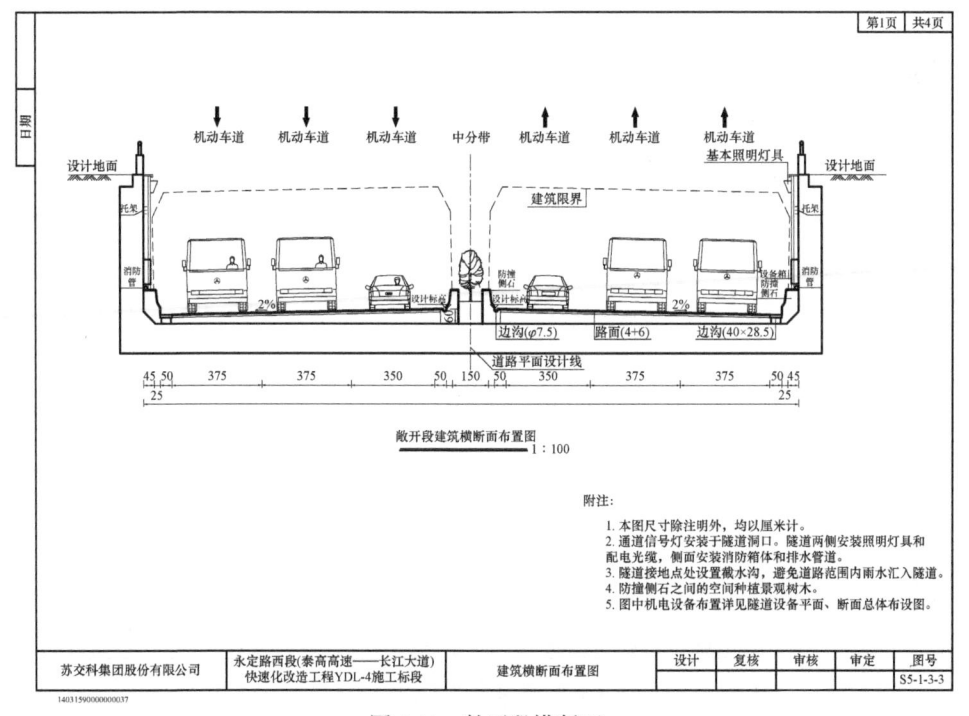

图 4-11 敞开段横断面

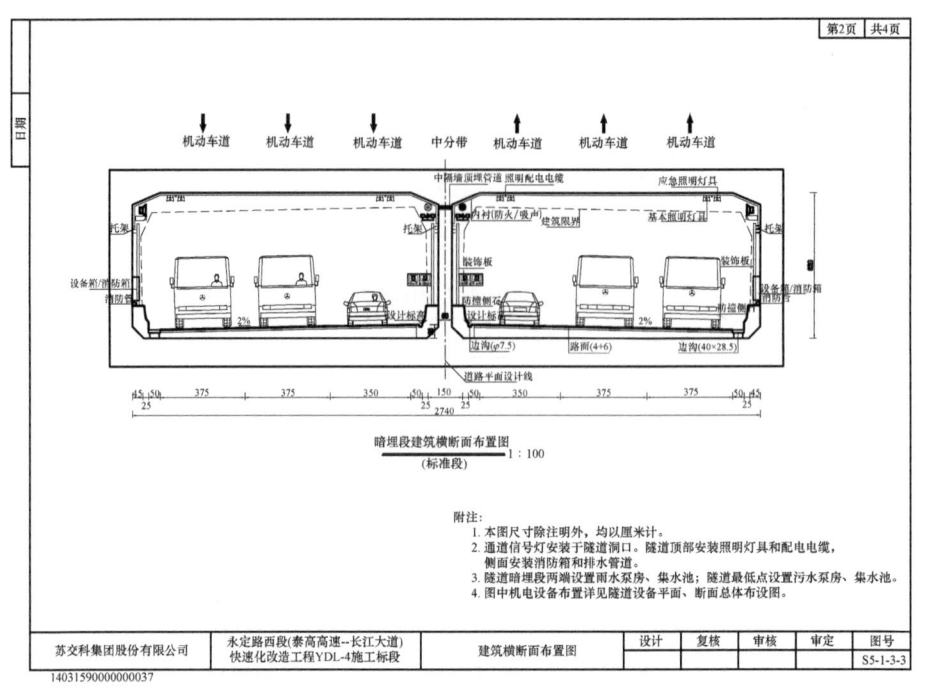

图 4-12 暗埋段建筑横断面一

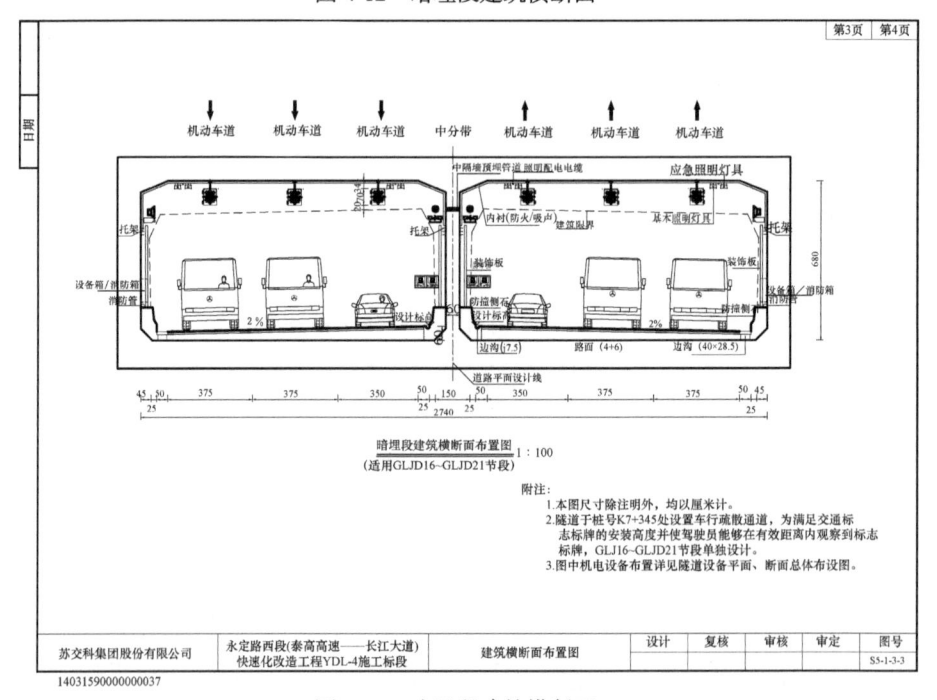

图 4-13 暗埋段建筑横断面二

永定路一号隧道暗埋段大于 500m，设置纵向机械通风，局部采用风机加高断面隧道建成后，洞口周边交通噪声预测增量的计算结果见表 4-9。隧道洞口两侧住宅小区分布密集，总体上对声环境质量要求较高。本工程属于 A1 类隧道，应当对其采取噪声控制措施。同时，鉴于隧道建成后车行噪声对周边的影响，为了降低噪声所带来的损失，在隧道设计阶段就考虑多种隔声降噪方案。

图 4-14 永定路隧道平面总体布置图

表 4-9 隧道建成后洞口附近交通噪声预测增量

1/3 倍频程中心频率/Hz	100	125	160	200	250	315
预测增量/dB	15.17	23.02	23.25	23.64	24.75	26.65
1/3 倍频程中心频率/Hz	400	500	630	800	1000	1250
预测增量/dB	24.17	23.36	22.79	22.29	21.72	21.25
1/3 倍频程中心频率/Hz	1600	2000	2500	3150	4000	5000
预测增量/dB	20.81	20.22	19.63	19.01	18.29	17.37

2. 降噪方案

采用侧墙穿孔板+吊顶吸声喷涂处理的方式进行降噪设计，如图 4-15 和图 4-16 所示。

吊顶使用黑色防火吸声喷涂处理。喷涂要求不小于 25mm 厚，使用 K-13B 型喷涂。如有光学上的需要，吸声喷涂亦可更换其他颜色。

侧墙使用穿孔板材，板材可以是卡索板、搪瓷钢板、隧道装饰板、金属板等材料穿孔制成。侧墙主要以吸收低频噪声为主，尤其是吸收 50~80Hz 的噪声为主。对此，要求空腔 200mm，穿孔率 6%，其中孔径 5mm，孔距 18mm，圆孔按方形

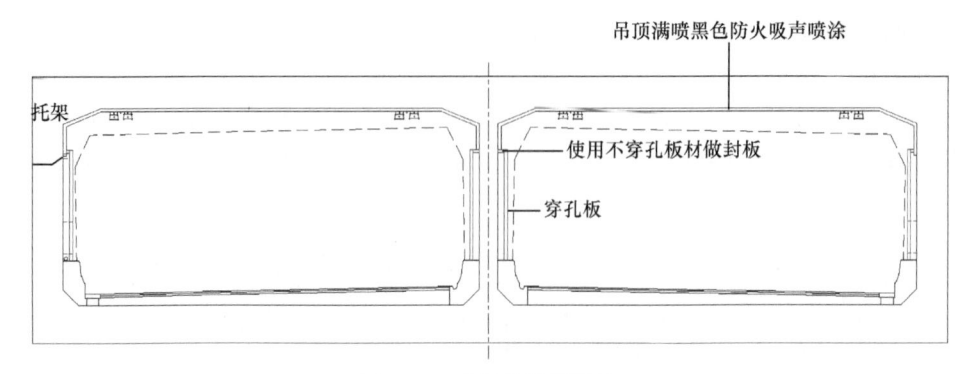

图 4-15 暗埋段降噪设计

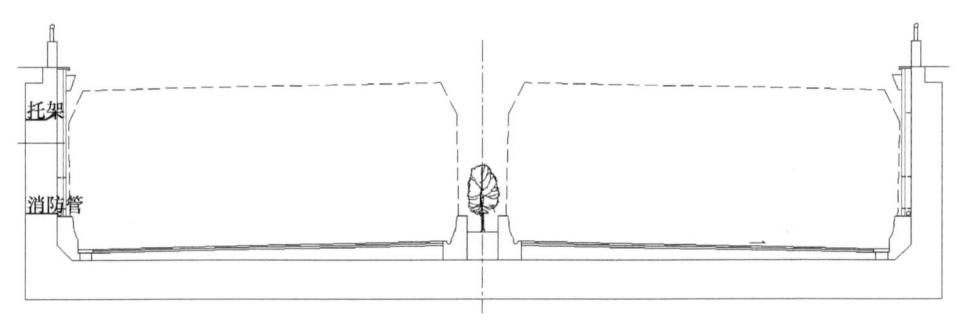

图 4-16 敞开段降噪设计

排列。板厚可根据工程情况进行选择，但不宜过厚，板后需覆一层吸声无纺布。

穿孔板上方需要增加一层不穿孔的封板，以使其形成封闭的共振结构。按前述条件安装降噪措施后，预计吸声系数见表 4-10。

表 4-10 穿孔板吸声系数表

频率/Hz	50	63	80	100	125	160	200	250	315	400	500
吸声喷涂	0.04	0.06	0.08	0.10	0.12	0.15	0.29	0.38	0.51	0.73	0.88
穿孔板	0.56	0.61	0.69	0.67	0.63	0.59	0.53	0.48	0.46	0.42	0.40
频率/Hz	630	800	1000	1250	1600	2000	2500	3150	4000	5000	—
吸声喷涂	0.92	0.95	0.96	0.96	0.96	0.96	0.97	0.97	0.97	0.97	—
穿孔板	0.38	0.36	0.33	0.28	0.26	0.25	0.22	0.20	0.18	0.16	—

侧墙采用穿孔搪瓷钢板+微穿孔铝板的结构，该结构壁面材料与一般隧道相近，反光度、强度等经受了许多项目的测试，使用效果良好。同时，穿孔与微穿孔铝板的组合吸声效果在实验室测量也非常优秀。表 4-11 为搪瓷钢板吸声系数检测结果。

表 4-11 搪瓷钢板吸声系数检测结果

背腔/mm	0	100	200
频率/Hz		吸声系数	
100	0.19	0.47	0.86
125	0.25	0.52	1.13
160	0.54	0.89	1.18
200	0.80	1.03	1.27
250	0.87	1.05	1.27
315	1.03	1.09	1.05
400	1.08	1.21	1.07
500	1.07	1.12	1.02
630	0.96	1.12	1.07
800	0.98	0.97	0.98
1000	0.87	0.93	0.94
1250	0.82	0.93	0.89
1600	0.74	0.82	0.80
2000	0.69	0.73	0.73
2500	0.63	0.69	0.67
3150	0.59	0.63	0.60
4000	0.51	0.59	0.57
5000	0.54	0.54	0.55

穿孔搪瓷钢板与微穿孔搪瓷钢板组合的结构，其表面为穿孔搪瓷钢板，穿孔率22%，孔径9mm；微穿孔铝板孔径0.25mm，穿孔率2.1%，板厚0.5mm。该结构实验室吸声系数见表4-12。

表 4-12 穿孔搪瓷钢板+微穿孔铝板吸声系数检测结果

频率/Hz	吸声系数	频率/Hz	吸声系数	频率/Hz	吸声系数
100	0.19	400	1.08	1600	0.74
125	0.25	500	1.07	2000	0.69
160	0.54	630	0.96	2500	0.63
200	0.80	800	0.98	3150	0.59
250	0.87	1000	0.87	4000	0.51
315	1.03	1250	0.82	5000	0.54

3. 降噪效果

1) 隧道混响时间检测数据

泰州隧道的检测分装修前与装修后两种情况，两种工况下隧道混响时间检测结果曲线见图4-17和图4-18。

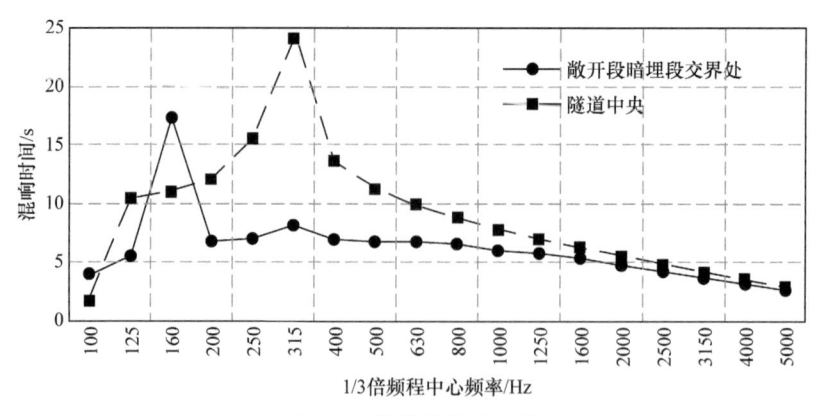

图 4-17 装修前混响时间

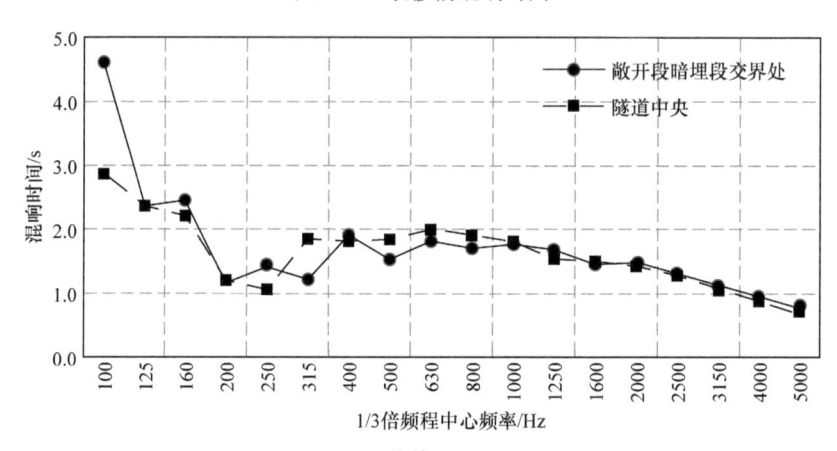

图 4-18 装修后混响时间

隧道装修前，隧道内几乎没有任何吸声处理，因此隧道内的混响时间普遍偏长，其中低频甚至超过 10s，而随着空气吸声作用的影响，高频混响时间在 5s 以下。隧道装修后，隧道侧墙使用了穿孔吸声板+微穿孔吸声板的降噪材料。经过吸声处理后，全频带的混响时间降低到 5s 以下，其中大部分频带都在 2s 以内，隧道的混响时间得到了很好的控制。

2) 隧道平均吸声系数

根据图 4-18 的测量结果，可以反推出隧道的吸声系数，如表 4-13 所示。

表 4-13 隧道装修前后吸声系数

1/3 倍频程中心频率	装修前	装修后	1/3 倍频程中心频率	装修前	装修后
100	0.12	0.08	250	0.01	0.20
125	0.02	0.09	315	0.01	0.12
160	0.02	0.10	400	0.02	0.12
200	0.02	0.18	500	0.02	0.12

续表

1/3 倍频程中心频率	装修前	装修后	1/3 倍频程中心频率	装修前	装修后
630	0.02	0.11	2000	0.04	0.15
800	0.03	0.11	2500	0.05	0.17
1000	0.03	0.12	3150	0.05	0.20
1250	0.03	0.14	4000	0.06	0.23
1600	0.04	0.14	5000	0.08	0.28

上述反推根据隧道平均自由程进行推算

$$\bar{L} = \frac{L}{N} = \frac{2n\pi c_0}{2nc_0 \frac{C}{S}} = \frac{\pi S}{C} \tag{4-52}$$

于是在 60s 后平均能量密度就变为

$$\bar{\varepsilon}_t = \bar{\varepsilon}_0 (1-\bar{\alpha})^{\frac{60c_0 C}{\pi S}} \tag{4-53}$$

由此得吸声系数为

$$\alpha = 1 - 10^{-\frac{6\pi S}{c_0 CT}} \tag{4-54}$$

式中，S 为隧道横断面的面积，C 为隧道横断面的周长，c_0 为声速，T 为混响时间。

3) 隧道降噪预期

根据 4.2.2 节给出的方法，在测量位置相同时，所得到的噪声增量如下：

$$\Delta L_1 = 10 \cdot \lg \left(\frac{7.5}{r} + \frac{148(1-\bar{\alpha})}{C\bar{\alpha}} \right) \tag{4-55}$$

本项目中，r 取 6m，可得装修前后噪声增量和预期降噪量曲线，如图 4-19 所示。

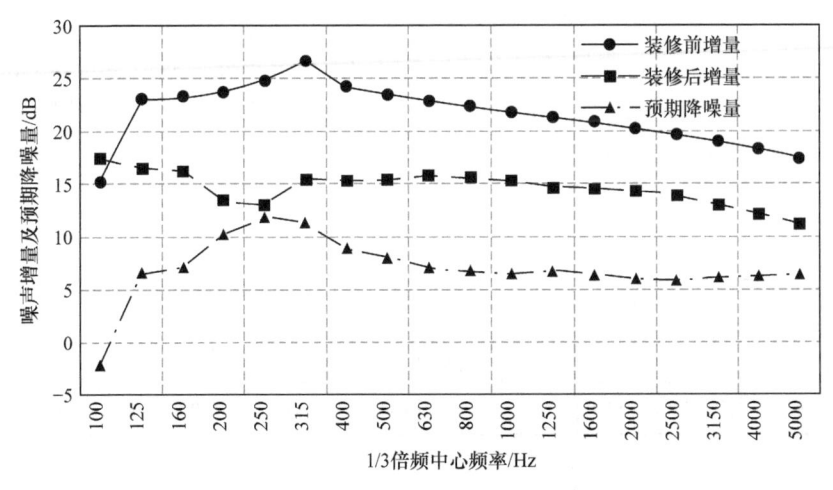

图 4-19 隧道吸声板安装前后预期降噪量

装修前后 100Hz 的降噪量不明显，但 125～35000Hz 的平均降噪量在 6dB 以上，其中 200～315Hz 的降噪量超过了 10dB。

4.4.2 南京扬子江大道清凉门隧道

1. 工程概况

扬子江大道快速化改造工程纵跨鼓楼、建邺两区，本次实施范围：北起扬子江隧道南出口，南至河西大街，沿线经草场门大街、清凉门大街、汉中门大街、规划水西门大街、集庆门大街、应天大街、兴隆大街、梦都大街、奥体大街以及河西大街，全长约 7.065km。按城市快速路标准建设，主线双向六车道，设计速度 80km/h，辅道双向四车道，设计速度 40km/h。工程总体方案如图 4-20 所示。

图 4-20 扬子江大道快速化改造工程总体方案图

工程总体采用主线节点下穿的方案，分别在草场门大街、清凉门大街、汉中门大街和水西门大街各设置一座下穿隧道，在应天大街节点设置一座过街天桥，同时分别在兴隆大街、梦都大街、奥体大街节点增设一座人行过街地道；全路段设置辅道和人非慢行系统；随同道路改造建设综合管廊。

其中清凉门隧道位于扬子江大道与清凉门大街节点处，隧道总长 865m，隧道敞开段主体结构采用 U 形槽结构形式，暗埋段采用矩形单箱双孔框架结构。清凉门隧道区段划分如表 4-14 所示，结构敞开段标准横断面与暗埋段标准横断面示意图分别见图 4-21 和图 4-22。

表 4-14 清凉门隧道规模一览表

隧道名称	敞开段/m			暗埋段/m			敞开段/m			合计/m
	起点	终点	长度	起点	终点	长度	起点	终点	长度	
清凉门隧道	K2+050	K2+230	180	K2+230	K2+670	440	K2+670	K2+915	245	865

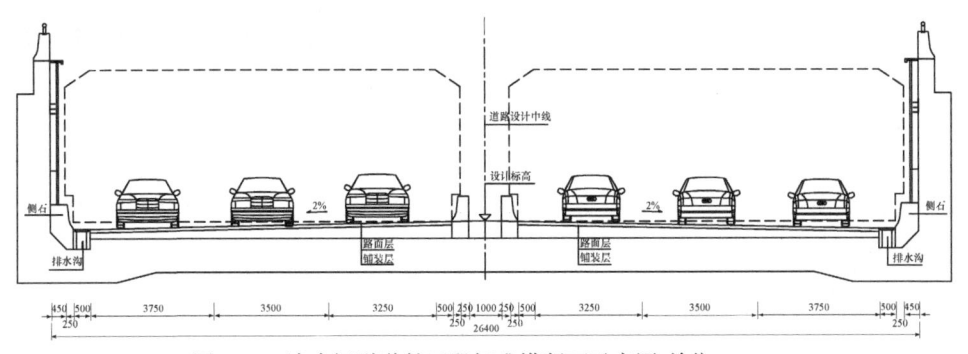

图 4-21　清凉门隧道敞开段标准横断面示意图(单位：mm)

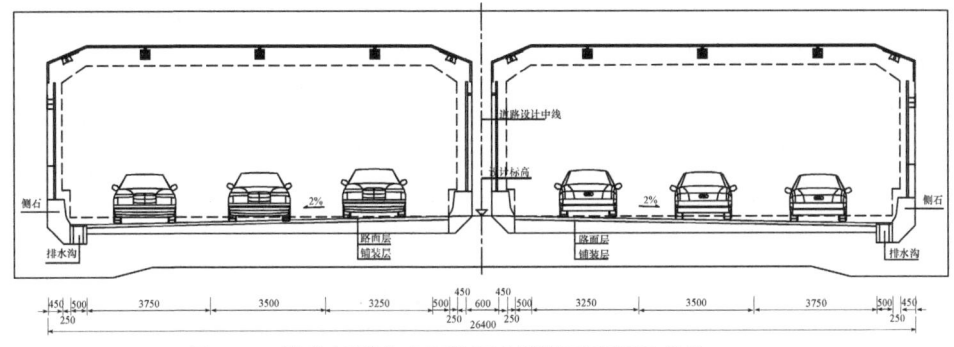

图 4-22　清凉门隧道暗埋段标准横断面示意图(单位：mm)

2. 建设场地周边声环境状况

项目草场门隧道至清凉门隧道之间声环境保护目标共 5 处，包括：长阳花园、长江之家、银城花园、江滨新寓、华保新寓。各待保护建筑物与新建隧道工程间平面位置关系如图 4-23 所示。

图 4-23　草场门大街至清凉门大街沿线平面位置关系图

根据《南京市声环境功能区划分调整方案》(宁政发〔2014〕34号)规定，东侧保护目标为1类和4a类区；《民用建筑隔声设计规范》(GB 50118-2010)规定，室内住宅允许噪声级昼间45dB(A)、夜间37dB(A)。考虑到隧道建成后洞口"喇叭效应"对周边声环境敏感点的影响，在工程建设前对其进行了声环境现状的监测，根据监测结果，项目沿线5处监测点现状均不满足《声环境质量标准》(GB 3096—2008)中的相应要求，最大超标量在10.6~19.8dB。

3. 隧道噪声控制方案

为达到隧道洞口周边噪声控制的目的，将原清凉门大街隧道向北延伸265m，至湘江路北侧，隧道总长1515m；湘江路通道拆除，银城街地下通道维持现状；隧道明挖段设置全封闭式隔音棚，如图4-24所示。

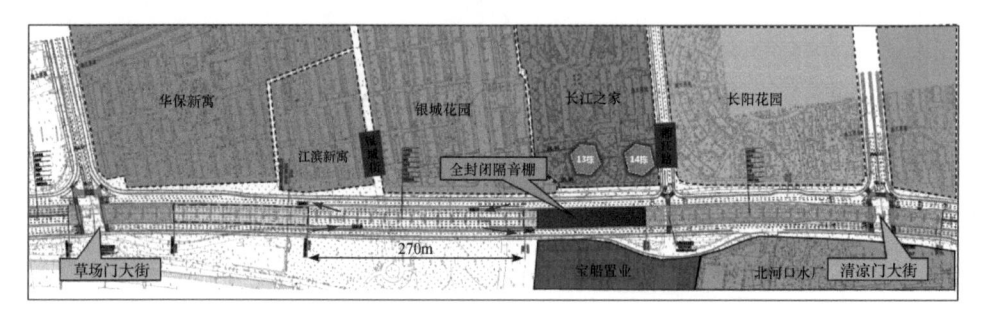

图4-24 清凉门大街隧道噪声控制方案平面图

方案设计阶段，项目组给出了全混凝土结构隧道隔音棚、混凝土拱架隧道隔音棚以及钢架结构隧道隔音棚三种方案。具体内容简述如下。

1) 全混凝土结构隧道隔音棚

本方案隔音棚采用拱形，侧面辅以绿植，主体结构采用混凝土直立式侧墙和中隔墙，侧墙厚800mm，中隔墙厚800mm，拱厚600mm。隔音棚效果图与横断面图见图4-25和图4-26，此种方案的优点在于隔音效果好，可模性、整体性、耐久性、耐火性较好，施工方便，可在棚外种植花草植被，结构受力均匀。缺点是施工工期较长，结构自重大，抗裂性能差，经济性差，棚内缺乏自然光照射，需要电光照明。

2) 混凝土拱架隧道隔音棚

本方案隔音棚采用混凝土框架，结合混凝土结构、透明材料形式，采用混凝土柱子和混凝土梁支撑，柱子尺寸600mm×600mm，框架梁尺寸400mm×800mm。隔音棚效果图与横断面图见图4-27和图4-28。该方案优点在于空间分隔灵敏，透光性较好，自重轻，有利于结构稳定，节省材料，结构简单施工方便，成本较低。缺点是接头作业量较大，局部应力集中，侧向刚度较小，属柔性结构。也可用钢结构代替该种形式，但整体成本会变高。

图 4-25　全混凝土结构隧道隔音棚效果图

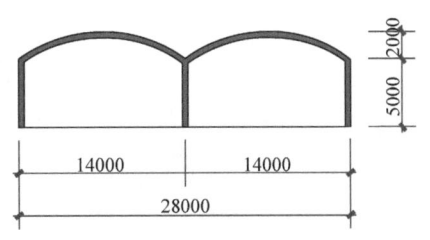

图 4-26　全混凝土结构隧道隔音棚横断面(单位：mm)

图 4-27　混凝土拱架隧道隔音棚效果图

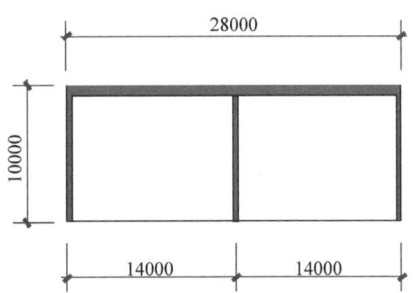

图 4-28　混凝土拱架隧道隔音棚横断面(单位：mm)

3) 钢架结构隧道隔音棚

本方案采用钢架结构，以钢结构、透明材料形式为主。采用热轧 H 型钢 HW400×400，每 1500mm 布置一榀钢架。结构效果图与横断面图见图 4-29 和图 4-30，该方案优点包括：现代简约，造型美观，通光效果好，整体自重轻，抗震性、耐久性、灵活性、保温性、隔热性强，设计自由度较大，适用于大跨度结构，可不使用立柱，节省有效空间，它具有低碳、节能、绿色环保的特点。缺点是费用相对较高，需要涂防火表层和维护，此外，材料、制作、安装技术要求较高。

4) 方案比选

三个方案对比见表 4-15，经比选，采用全混凝土结构隧道隔音棚方案。

图 4-29 钢架结构隧道隔音棚效果图　　图 4-30 钢架结构隧道隔音棚横断面
(单位：mm)

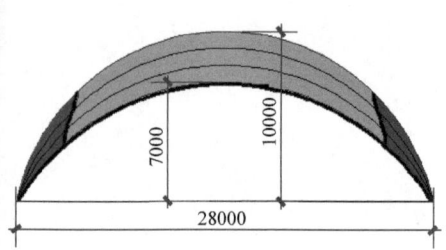

表 4-15 清凉门隧道全封闭式隔音棚方案对比

主要方面	全混凝土结构	混凝土拱架	钢架结构
隔音效果	达到声环境设计要求	达到声环境设计要求	达到声环境设计要求
耐久性	主体结构 50 年以上	主体结构耐久性 50 年以上；隔音棚体耐久性 15 年以上	主体结构耐久性 50 年以上；隔音棚体耐久性 15 年以上
外形外观	结构造型单一，绿化实现困难，与周边环境景观的不协调，植物绿化难度大	结构造型较丰富，绿化景观的总体打造与周边协调实现较容易	结构造型多变，景观性好
透光性能	不透光	透光性较好	透光性好
施工难度	施工工序复杂，周期较长，且受天气影响较大，损伤修复比较困难	施工工序较简单，周期较短，受天气影响较小，构件总数多，接头工作量大除混凝土框架外修复较简单	施工工序简单，周期短修复容易
估算投资	1340 万元	1780 万元	1920 万元

以长江之家为例，根据预测结果，本次改造完成后长江之家段声环境质量有所改善，长江之家段 4a 类区近期(2020 年)，根据楼层不同昼间改善 4.6~8.7dB(A)，夜间改善 3.6~7.0dB(A)；中期(2026 年)，根据楼层不同昼间改善 4.2~8.3dB(A)，夜间改善 2.6~6.1dB(A)；远期(2034 年)，根据楼层不同昼间改善 4.1~8.4dB(A)，夜间改善 2.1~5.5dB(A)。1 类区近期(2020 年)，根据楼层不同昼间改善 4.7~9.1dB(A)，夜间改善 3.6~5.0dB(A)；中期(2026 年)，根据楼层不同昼间改善 4.4~8.8dB(A)，夜间改善 2.7~4.2dB(A)；远期(2034 年)，根据楼层不同昼间改善 4.3~

8.7dB(A)，夜间改善 2.2～3.8dB(A)。详见表 4-16。

表 4-16 长江之家声环境质量改善情况分析

评价标准	预测楼层	现状值/dB(A)		预测值/dB(A)						预测值−现状值/dB(A)					
				2020 年		2026 年		2034 年		2020 年		2026 年		2034 年	
		昼	夜	昼	夜	昼	夜	昼	夜	昼	夜	昼	夜	昼	夜
4a 类	1	65.1	59.8	60.5	55.5	60.9	56.3	60.9	56.9	−4.6	−4.3	−4.2	−3.5	−4.1	−2.9
	3	69.1	62.5	64.0	58.9	64.3	59.9	64.3	60.4	−5.1	−3.6	−4.8	−2.6	−4.7	−2.1
	6	72.7	66.0	64.0	59.0	64.4	59.9	64.3	60.5	−8.7	−7.0	−8.3	−6.1	−8.4	−5.5
1 类	1	59.8	54.9	55.1	51.3	55.4	51.4	55.4	51.8	−4.7	−3.6	−4.4	−3.5	−4.3	−3.1
	3	64.4	57.6	57.3	52.6	57.6	53.4	57.6	53.8	−7.1	−5.0	−6.8	−4.2	−6.7	−3.8
	6	66.5	58.2	59.5	54.7	59.8	55.5	59.8	56.0	−7.0	−3.5	−6.7	−2.7	−6.6	−2.2
	12	69.7	59.3	60.6	55.7	60.9	56.5	61.0	57.0	−9.1	−3.6	−8.8	−2.8	−8.7	−2.3

注：沿道路一侧首排现状值参照北侧银城花园首排实测值。负号表示改造后相对于现状的改善情况。

4.4.3 上海新建路隧道

1. 工程概况

新建路隧道是上海"井"字型道路交通规划的一个重要组成部分，连接浦西北外滩与浦东小陆家嘴两大核心区。东线隧道线路全长 2235m、西线隧道线路全长 2190m，采用双向四车道形式穿越黄浦江(图 4-31)。同向双车道路面宽度为 7.5m，车道净高 4.5m，车道两侧设置斜形防撞墙，防撞墙高 0.8m。

图 4-31 上海新建路隧道

隧道浦西出入口位于海伦路，在周家嘴路靠浦江名邸一侧设置敞开段，敞开段长度145m。根据环境影响评估要求，浦西道路主线洞口至海拉尔路路口220m范围内实施隔声减噪处置措施。

本次噪声治理的目标在于尽可能使沿线敏感建筑噪声达标，即4a类标准：昼间不超过70dB、夜不超过55dB。如果因受到周边其他道路等噪声源的影响，背景值超标，则应达到新建路隧道产生的噪声贡献值达标或明显低于背景值。具体表现为：1号、2号楼背景值超标，应治理到新建路隧道贡献值达标或明显低于背景值，隧道建成后基本不导致声环境质量恶化。

2. 噪声治理范围内概况及处置方案

隧道敞开段主线为双向四车道形式，两侧地面辅道为机非混行交通流，结构断面如图4-32所示。

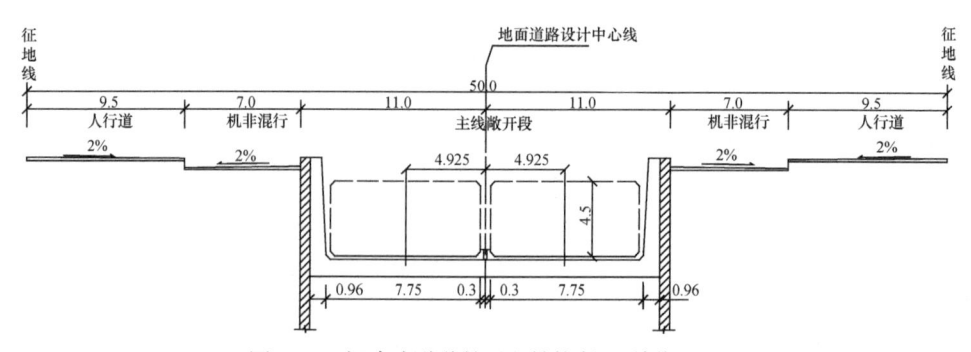

图4-32 新建路隧道敞开段结构断面(单位：m)

根据敞开段结构实际情况，考虑将噪声控制结构布置于隧道敞开段的侧墙和中央分隔带上方。隧道接地段设置有1m宽的机非分隔带，起到分隔机动车与非机动车的作用，同时可作为隔声设施的立柱空间。

根据环保要求，新建路隧道浦西洞口设置全封闭声屏障方案控制洞口噪声，具体方案如下。

(1) 声屏障采用大小套结构，路面段为大套，封闭全部机动车道；敞开段为小套，封闭隧道主线。

(2) 小套中央设置隔墙，大套中间设置立柱。

(3) 大套顶部不开敞口，侧壁根据交通视距要求采用透明材料。大套至海拉尔路的距离满足镂空交通设计规范。

(4) 小套顶部从洞口向北开设连续敞口，常开口根据声学计算确定。

(5) 大小套间重叠5~10m。

3. 噪声整治方案

1) 总体方案

敞开段噪声控制采用钢结构隔声罩,在顶棚处局部敞开,用于废气的排出,在机动车道范围内全线封闭。隔声罩要求满足交通、隔声、排烟、排气的基本功能,并结合周边环境设计造型,与隧道融为一体。

2) 线型布置

平面上,钢结构隔声棚需贴合隧道洞口至海拉尔路段的弧形线型。靠近海拉尔路口段为大套,跨度35.6m,长60.0m;敞开段为小套,跨度18.90m,长度为152.5m。中间设置一段大小套重叠部分,总体上隔声罩全长190m。主钢结构采用门式弧形钢架,建筑外围护为铝合金板及满足采光要求的透明采光板。

竖向上,小套横断面为两侧不同变化高度直线段加相同弧形顶面组成,主体钢结构柱脚坐落在标高5.1m的钢筋混凝土挡墙之上。大套横断面由相同直线段与弧形顶面组合而成,主体钢结构柱脚坐落于标高4.66m的钢筋混凝土独立基础上。

3) 隔声罩造型

隔声罩整体呈弧状,大小套高低错落,弧状屋面以圆滑柔和的曲线与侧壁相连,围护结构由铝合金板和透明采光板构成,整体上呈现活力、轻盈飘逸的特点。

4) 材料

侧墙及屋面采用3mm厚铝合金板;檐沟为1mm厚铝合金板;采光板PC透明板(聚碳酸酯板),厚度6mm。防火墙为轻质加气混凝土砌块A5、B7,采用M5.0混合砂浆砌筑,1:3的水泥砂浆粉刷,外刷涂料。

隔声棚采用微穿孔板作为吸声材料,性能介于多孔吸声材料和共振吸声结构,吸声频带优于常规穿孔板共振吸声结构。声屏障由隔声板和微穿孔板构成,两者之间空腔不填充其他吸声材料,其优点在于可以有效抵抗风吹、日晒和雨淋,具有耐高温、耐潮湿、不怕粉尘、装饰效果好、经久耐用的特点。

顶部不透光部分采用铝板下衬防火板并喷涂轻质吸声材料的复合结构(纤维喷覆式吸声材料),该吸声材料厚度为25mm 降噪系数(NCR)可达0.8。

5) 拱架设计

隔声棚大套拱架结构跨度35.6m,拱距7.5m,共计8个拱距;小套拱架结构跨度18.9m,拱距7.325m,共20个拱距。隔音棚主结构由拱架间刚性系杆和拱间支撑组成,主结构上布置檩条等次结构,铝和太阳板等轻质围护结构覆于檩条之上。出于减小拱架柱脚对两端墙体影响,减小拱架梁截面的目的,在拱架中间设置支座;拱架两端支座和中间支座均采用铰接的形式。

本工程拱架外形结合隧道出入口特点进行设计,小套自最接近出入口起逐步抬升标高；大套拱架标高均处于同一高度。平面线型上，拱架定位与隧道引道定位相同，具有相同的弧度。隔音棚横断面与拱架空间透视图如图 4-33 和图 4-34 所示。

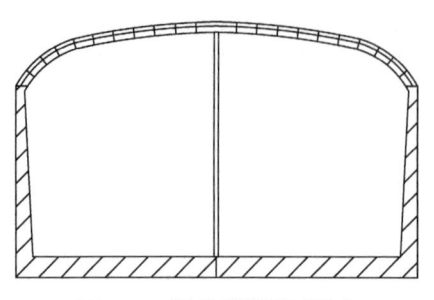

图 4-33 隔音棚横断面形式

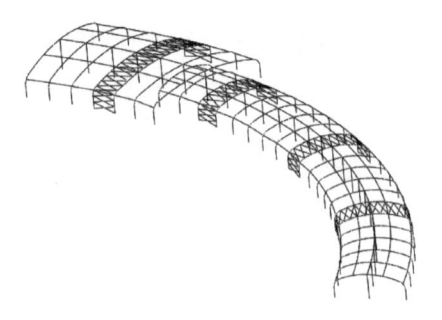

图 4-34 拱架空间透视图

拱架结构设计使用年限为 50 年，安全等级为二级，建筑耐火等级为二级，建筑抗震设防类别为丙类。拱架梁柱与系杆支撑外表面涂刷耐火极限时间达 2.5h 的露天式防火涂料和防腐漆；檩条等次要围护结构耐火时间为 0.5h，采用薄型或超薄型防火涂料。

第5章 绿色隧道通风节能环保技术

5.1 隧道通风节能环保技术的定义

1. 隧道通风节能技术的定义

影响城市隧道通风能耗的主要因素包括稀释污染物新风量、通风方式、风机选型、射流风机布置、轴流风机安装、风道设置、通风系统控制方式等。

稀释污染物新风量大小是选择隧道通风方式和配置风机数量的主要依据，因此合理计算和选取隧道通风稀释污染物新风量尤为重要。结合隧道稀释污染物新风量选取和隧道结构特点，从自然通风、全射流纵向通风、分段纵向通风、半横向通风、全横向通风等不同通风方式确定合理通风方案。

隧道断面尺寸和线性曲率会影响风机规格型号选择及风机布置，对于分段通风和横向通风，送排风道长度、断面形式和设计风速直接关系到轴流风机选型。城市隧道有断面尺寸小、曲率半径小、纵坡 V 型等特点，直接影响隧道风机型号合理选择和风机布置位置及方式。

通风控制技术除了能够结合隧道内污染物分布规律合理控制射流风机和轴流风机开启时间外，还可以改变轴流风机转速和叶轮角度，调节隧道送排风量。

隧道通风节能技术是通过稀释污染物新风量、通风方式、风机选型和布置、通风控制方式等组合方式实现。

2. 隧道通风环保技术的定义

影响城市隧道通风环保的主要因素有：污染物因子构成、污染物浓度和分布规律、隧道排出污染物浓度和排放标准、隧道污染物除尘净化技术等。

隧道空气污染物主要来自机动车尾气排放物及行车过程中产生的粉尘，汽车排放尾气中包括 CO、NO_2、Pb、CO_2、SO_2、$H \cdot CHO$ 和烟尘等多种有害物质，隧道运营通风设计中，主要稀释污染物对象仅限于 CO、颗粒物(PM)、NO_2 和空气中的异味。

当隧道内的污染物浓度超过车辆通行和人员维护环境指标时，通过隧道车辆驶出洞口和通风井排出污染物，车辆驶入洞口补充新风。若隧道洞口污染物排放浓度不满足大气环境指标要求，并影响周边居民生活和商业运行，应采用集中排风井高排方式或除尘净化技术处理后再进行排放。

隧道通风环保技术是将隧道内污染气体通过分散或集中排放满足隧道内车辆通行和人员维修环境要求，并通过除尘净化技术手段，将隧道集中排放污染物浓度指标满足隧址周边环境，减少对周边居民生活环境质量影响。

5.2 隧道通风节能环保技术的发展

1. 隧道通风节能技术的发展

2016年，交通运输部公路科学研究院的储诚赞等[35]对公路隧道内的节能方式进行了探究，分别从技术性节能和管理性节能两方面探究了有效节能方式。其中，技术性节能方式包括设计技术的改进优化、新能源技术的应用、新设备新材料的应用以及新型控制技术的应用；管理性节能主要针对隧道运营管理制度的调整和优化，是技术性节能的重要补充。可为我国公路隧道的通风设计提供重要参考。

2012年，张永利[36]对隧道内通风系统的设计理念进行了探讨，指出隧道通风系统设计应遵循安全、环保和节能的理念，比较了隧道内常用通风方式的优缺点，分析了节能理念指导下控制系统的选择问题。

2011年，西南交通大学的时亚昕[37]通过现场实测分析了山岭隧道内自然风的最大风速、风速频率分布和保证率，推导出了自然风的计算公式，建立了隧道内自然通风节能设计模式和实施办法，并以泥巴山隧道为例分析了自然通风的节能效益。同时指出，隧道内存在自然风是利用自然风进行节能通风的条件，并非所有的隧道都可以利用自然风进行节能通风。当隧道处于气象分隔带或洞口两端压差大，且常年存在风向恒定的自然风，且自然风向和机械通风方向同向时，隧道利用自然风进行通风。

可靠和稳定的隧道通风控制技术对于公路隧道的安全运营和保障畅通行驶是极为重要的。隧道内常用的两种通风控制方式是手动控制和自动控制。其中自动控制方法主要包括后馈控制法、前馈控制法、前馈模糊控制法和时段控制法。我国已建隧道主要采用后馈控制法和时段控制法为主的通风控制方法。然而通风控制监测数据具有时变性和复杂性，控制模型具有非线性、时变性和滞后性的特点，通风控制可靠性较低，达不到节能的目的。

1) 隧道内通风节能限值的研究

交通运输部关于发布《公路隧道通风设计细则》(JTG/TD70/2-02—2014)，作为公路工程行业推荐性标准，自2014年8月1日起施行。原《公路隧道通风照明设计规范》(JTJ026.1—1999)同时废止。《公路隧道通风设计细则》(JTG/TD70/2-02—2014)对隧道的节能、环保参数提出新的要求,对风量、风压计算、风机选型以及风机在平时与火灾情况下的联动控制等技术提出了全新的节能设计标准,对我国隧道节能降耗发展具有指导意义。

2) 隧道通风方式的研究与发展

我国对公路隧道通风的研究起步较晚,对城市隧道通风的研究就更晚,公路隧道经历了最初的全横向、半横向向分段纵向通风逐渐过渡的过程。大溪岭-湖雾岭隧道首次采用竖井送排式纵向通风方式,对竖井送排式纵向通风方式实验研究,填补了纵向通风在国内隧道通风领域的空白。黄浦江隧道(2880m)和梧桐山上行隧道(2260.7m)采用了全横向式通风;梧桐山下行隧道(2270.41m)采用了全射流纵向通风;木鱼槽隧道(3610m)采用了轴流风机竖井排出与射流风机相结合的纵向通风方式;成渝高速公路上的两座特长隧道——中梁山隧道(左线3165m,右线3103m)和缙云山隧道(左线2528m,右线2478m)变更半横向通风为全射流纵向通风方式,取得了显著的经济效益,继而全射流纵向通风方式在国内得以迅速而大规模的推广。目前已建的和在建的公路隧道,如华蓥山隧道(4706m)、尖山子隧道(4035m)、牛郎河隧道(3922m)、潭峪沟隧道(3400m)等均采用了射流纵向通风方式。目前国内通车最长公路隧道——秦岭终南山隧道(18004m)采用竖井分段+纵向组合通风方式。

3) 隧道通风控制的研究与发展

隧道营运通风控制方式是国内外研究人员研究隧道节能降耗的重要课题之一。手动控制方式耗费大量人力,而且不能实现最优控制,但在某些特殊情况下,手动控制比自动控制操作更灵活准确、更有效,因此,手动控制可用于应急控制。自动控制的关键是应用准确的控制模型,控制模型要根据隧道的实际参数,包括隧道的形状、长度、交通流量和气候条件等来制定,需要通过现场相关参数检测来不断地调整完善。基本控制方式是系统运行一段时间后,根据积累的经验,得出系统状态依时间变化的规律而得到的控制方式。自动控制方式在以往经验数据或隧道内监测反馈数据基础上控制,存在一定的滞后性,对变化的应急性较差,不能作为隧道实时运营情况下的控制方式。手动控制和自动控制方式互为补充,各自应用于不同的场合,而在多数情况下,采用自动控制方式,减少人力、物力,节约能源。

4) 隧道通风模型与仿真计算

特长公路隧道控制系统的模型,首次采用了前馈式模糊通风控制法对隧道通风进行控制,该控制法将降低风机的有效开启时间和隧道风机配置数量的合理性,通过仿真计算可以降低30%～40%的运营电费。针对秦岭终南山特长公路隧道提出了一整套控制方案,并以模型的形式模拟演示实现,为国内公路隧道通风控制系统应用提供理论和实验上的有力支持。

2. 隧道通风环保技术的发展

目前，国内外针对隧道空气污染治理的研究及应用越来越多，基本上以通风稀释污染物和废气净化两种方式为主。其中，隧道通风是采用从隧道外部引进新鲜空气的方法，将污染物进行物理稀释，而废气净化是通过引入功能性附属净化设备，去除隧道内的空气污染物，从而减轻隧道排气对隧道洞外大气环境的影响。

隧道通风可分为自然通风和机械通风两种方式。其中，隧道自然通风是机动车在行驶的过程中将隧道外的清洁空气带入隧道，与隧道内的空气污染物进行交换和稀释，从而降低隧道内有害空气污染物浓度的一种通风方式，可满足隧道长度较短和交通流量不大时的空气净化要求。隧道机械通风一般可分为全横向通风、半横向通风和纵向通风的方式，当隧道规模和交通流量较大时，要采用机械通风的方式。为了降低隧道内空气污染物的浓度，城市隧道通风一般采用高空风塔或地面风塔群来进行气体交换和集中排放。然而由于在长隧道内部未加侧线净化，所排放的空气污染物在风塔排放口聚集扩散，容易引起区域性空气污染，对周边居民的身体健康造成严重的影响，此外，高空风塔和风塔群建在城市中心区域，很难与周边景观融合，还会对市容市貌造成严重的破坏。

废气净化是目前国外最常用的隧道空气治理技术，主要集中在隧道除尘和NO_2净化技术的开发及应用国外自20世纪40年代就开始对隧道内主要有害物质、浓度分布范围的检测及模拟、洞内空气的污染影响因素、有害物的允许浓度标准、有害气体对人体健康的影响、洞内空气环境质量改善措施等问题进行了研究。在隧道空气污染物净化领域的研究和应用起步较早的国家是挪威和日本，已经在多条隧道中安装了静电除尘器(ESP)和二氧化氮(NO_2)净化器，并取得了良好的隧道空气净化效果。ESP技术是一种相对成熟的烟尘(PM)去除技术，目前在国际公路隧道中应用广泛，例如，日本有47条隧道安装了静电除尘设备，挪威有8条隧道设置了静电除尘设备。目前，世界上多家公司开发的静电除尘器的运行效率可达80%以上。除尘技术的成熟也为隧道空气污染物NO_2的脱除奠定了良好的基础，因为烟尘的存在会极大降低NO_2的净化效率，所以在净化NO_2之前，必须将隧道空气污染物中的烟尘清除干净，因此，NO_2净化设备多与静电除尘设备结合使用。现有的隧道NO_2净化技术可以归纳为过滤、分解和直接摄取三种方法，其中直接摄取可分为吸附和吸收两种方式。日本西松建设公司开发的"吸附式"NO_2净化装置应用于日本中央环状品川线隧道的脱除效率达到了90%。日本松下电器公司开发的脱NO_2子系统利用负载KOH的活性炭与NO_2和NO进行吸收中和反应，在实验条件下能够有效脱除NO和NO_2，运行时间可达8个月。意大利罗马的翁贝托1号隧道采用TiO_2或ZnO作为光催化剂，将其掺入建筑材料中制成光催化涂料，喷涂于隧道拱顶，并配置紫外光照系统以降解隧道内的空气污染物，然而，该系统对 NO_2 的去除率不高，仅在20%左右。

国际上有很多家公司在进行城市隧道空气净化技术的研究，但目前有良好应用业绩的技术主要是静电除尘工艺和吸附脱硝工艺。各公司的应用业绩比较见表5-1，不同的设备厂家，在工业化应用过程中，应用了不同构造的静电除尘器和不同特性的活性炭，其工艺在工程技术上也有些不同，效率也有些差异。

表5-1 城市隧道空气净化技术主要设备公司的工程应用业绩比较表

比较项目	CTA(挪威)	Aigner(奥地利)	Filtrontec(德国)	富士+西松(日本)
处理对象工艺原理	$PM_{2.5}$、PM_{10}、NO_2 静电除尘+活性碳吸附脱硝	$PM_{2.5}$、PM_{10}、NO_2 静电除尘+活性碳吸附脱硝	$PM_{2.5}$、PM_{10}、NO_2 静电除尘+活性碳吸附脱硝	$PM_{2.5}$、PM_{10}、NO_2 静电除尘+活性碳吸附脱硝
除尘设备构造特点	集尘框体和集尘电极一体化；洗净喷嘴配置在集尘机外部的前后位置；采用直流带电，直流集尘方式；有2次扬尘；高风速处理时，集尘部需高压荷电	集尘框体和集尘电极一体化；洗净喷嘴配置在集尘机外部的前后位置；采用直流带电，直流集尘方式；有2次扬尘；高风速处理时，集尘部需高压荷电	集尘框体和集尘电极一体化；洗净喷嘴配置在集尘机外部的前后位置；采用直流带电，直流集尘方式；有2次扬尘；高风速处理时，集尘部需高压荷电	由带电单元和集尘单元框体构成；洗净喷嘴配置在框体内部的集尘单元上部；采用抑制2次扬尘的直流荷电、交流集尘方式；根据处理风速的不同，有3档不同的外部电压可变控制
除尘效率	大于80%（计数法）	大于80%（计数法）	大于80%（计数法）	大于80%（重量法）
除尘电源特性	带电部直流电集尘部交流电	带电部直流电集尘部交流电	带电部直流电集尘部交流电	带电部直流电集尘部交流电
除尘处理风速	7~9m/s	7~9m/s	7~9m/s	7~9m/s
除尘冲洗方法	(效率大于80%)水冲洗，高压冲洗；洗净喷嘴：从集成机前后的外部配管喷射水；因为洗净配管在集尘机外部进行敞开式冲洗，所以集尘机前后有大量的水飞溅；因为极板的长度短，所以干燥的时间比日本短	(效率大于80%)水冲洗，高压冲洗；洗净喷嘴：从集成机前后的外部配管喷射水；因为洗净配管在集尘机外部进行敞开式冲洗，所以集尘机前后有大量的水飞溅；因为极板的长度短，所以干燥的时间比日本短	(效率大于80%)水冲洗，高压冲洗；洗净喷嘴：从集成机前后的外部配管喷射水；因为洗净配管在集尘机外部进行敞开式冲洗，所以集尘机前后有大量的水飞溅；因为极板的长度短，所以干燥的时间比日本短	水冲洗，常压冲洗；洗净喷嘴：从集尘单元上部喷射水；因为洗净喷嘴在框体内部并进行封闭式冲洗，所以集尘机前后只有极少的水飞溅；因为极板的长度长，干燥的时间要比其他公司长。不必担心集尘电极在框体内被破坏，也不必担心直接接触集尘单元导致触电；打开集尘机框体的门，会自动切断高压电源

续表

比较项目	CTA(挪威)	Aigner(奥地利)	Filtrontec(德国)	富士+西松(日本)
除尘系统安全性	因为框体和集尘电极是一体化的构造，所以有碰触电极导致触电的危险；实施了以下的防止触电的措施：为了不让操作人员靠近集尘机，在集尘机的前面和侧面设置了金属网	因为框体和集尘电极是一体化的构造，所以有碰触电极导致触电的危险；实施了以下的防止触电的措施：为了不让操作人员靠近集尘机，在集尘机的前面和侧面设置了金属网	因为框体和集尘电极是一体化的构造，所以有碰触电极导致触电的危险；实施了以下的防止触电的措施：为了不让操作人员靠近集尘机，在集尘机的前面和侧面设置了金属网	不必担心集尘电极在框体内被破坏，也不必担心直接接触集尘单元导致触电；打开集尘机框体的门，会自动切断高压电源
除尘设备日常维护	因为框体和集尘电极是一体化的构造，所以在更换部件时必须要对集尘机进行拆卸，在拆卸时要暂停使用集尘机；因为集尘极板的长度比较短，所以目测就可以非常容易地对单元进行检查	因为框体和集尘电极是一体化的构造，所以在更换部件时必须要对集尘机进行拆卸，在拆卸时要暂停使用集尘机；因为集尘极板的长度比较短，所以目测就可以非常容易地对单元进行检查	因为框体和集尘电极是一体化的构造，所以在更换部件时必须要对集尘机进行拆卸，在拆卸时要暂停使用集尘机；因为集尘极板的长度比较短，所以目测就可以非常容易地对单元进行检查	因为集尘单元设计成可抽取式，所以可以轻松地检查，更换部件，进行清扫；集尘单元之间有互换性；因为集尘单元的带电部和集尘部是可分离的构造，所以可以仅仅对带电部或集尘部进行更换；此外，即使抽出一个集尘单元，仍旧可以对其他的集尘单元供电
脱硝设备结构方式	框架结构，Z字型平面布置	框架结构，Z字型平面布置	框架结构，Z字型平面布置	框架结构，抽屉式组合，立体式布置
脱硝效率(NO_2)	大于80%	大于80%	大于80%	大于90%
脱硝再生方式	工厂再生或更换	工厂再生或更换	工厂再生或更换	现场就地再生
废水、废固处理	有废水处理装置，达标排放；废固外运填埋	有废水处理装置，达标排放；废固外运填埋	有废水处理装置，达标排放；废固外运填埋	有废水处理装置，达标排放；废固外运填埋
活性炭更换频率	每隔3年更换全部	每隔3年更换全部	每隔3年更换全部	每隔6年更换全部
应用业绩	较少	较少	较少	多
总体评价	对于高风速处理，因为高电压荷电，所以集尘极板之间有时候会冒火花，存在安全性的问题；异地再生，处理工艺简单，但是更换活性炭工作比较繁重	对于高风速处理，因为高电压荷电，所以集尘极板之间有时候会冒火花，存在安全性的问题；异地再生，处理工艺简单，但是更换活性炭工作比较繁重	对于高风速处理，因为高电压荷电，所以集尘极板之间有时候会冒火花，存在安全性的问题；异地再生，处理工艺简单，但是更换活性炭工作比较繁重	活性炭现场就地再生，使用无毒性化学溶液再生，产生废液能符合国家排放标准；在东京中央环状新宿线活性炭已使用6年，还没有进行更换

我国对隧道环境中有害气体污染的研究始于20世纪60年代,在隧道大气环境污染的调查、监测、评价和控制研究等方面均进行过探索。早在1995年,《铁路工程设计技术手册:隧道》就对运营隧道空气的卫生标准作了明确规定:CO的最高容许浓度为30mg/m³,NO_x为5mg/m³,同时较详细地阐述了运营隧道内有害气体的综合防治措施。2000年,刘丹等介绍了国内外运营隧道空气污染研究的现状与发展;2009年,何剑等进行了公路隧道空气颗粒物净化试验研究,验证了采用窄极距双区型电除尘方案在较高电场风速下净化隧道空气是可行的,确定在风速8m/s、粉尘浓度10mg/m条件下,电源电压4.5～6.5kV范围内,静电除尘器的净化率随着电压的升高而提高;2017年,鲁娜等研究了静电除尘技术在公路隧道空气净化中的应用,提出研发静电除尘-CO常温催化氧化-HC和NO_x吸附/催化净化一体的净化材料和设备将是我国未来隧道空气净化研究的主要趋势;2017年,林炎顷等以旁通式净化站为例,基于Fluent软件建立了包含主隧道和旁通净化风道的数值模型,分析了不同来流压力下主隧道和旁通风道的流动规律以及净化效果。国内静电除尘技术广泛应用于电力、建材、冶金、化工、造纸等行业以及电站锅炉、各种燃烧炉等的废气处理,但尚未应用于隧道空气污染物的治理,在国内也未实现过隧道空气污染物净化的工程化应用。

城市隧道空气污染物浓度高,稀释隧道内风量大、风速高,且随车流量而变化,工况不稳定,这些都给隧道空气污染物治理的研究带来了挑战。因此,开发和设计经济、高效的城市隧道空气净化技术,不但能改善我国城市隧道的环境污染问题,还能提高公共基础设施的安全系数以及政府对环境污染的防控能力,保障人民的生命安全。

"十一五"国家科技支撑计划"道路隧道空气治理关键技术研究及示范工程应用"重点项目由纳米技术及应用国家工程研究中心牵头及多家单位共同承担,开发了在常温条件下整体式CO净化催化剂和高效HC和NO_x的整体式吸附材料,建立了在风量10000m³/h和风速6m/s条件下的中试模拟平台,实现了集高效静电除尘-CO常温催化氧化-HC和NO_x吸附净化的一体技术。颗粒物的去除效率可达90%以上,CO的去除效率在80%以上,还具有良好的去除HC、NO_x、SO_2的能力,有效降低了隧道排风口周边区域的空气污染,其净化设备成功地在世博园区打浦路隧道3号风塔和翔殷路隧道浦东出口处进行了空气污染物排放治理应用工程示范。此外,该项目还制定了上海市地方标准《道路隧道空气污染物净化设备净化效果的评价方法》。

5.3 隧道通风节能环保技术及指标

5.3.1 隧道通风节能技术

1. 竖井型自然通风方式

顶部开口型自然通风隧道通过顶部通风竖井与外界大气连通,利用自然风压、隧道内外热压和车辆行驶时的交通风力实现隧道通风换气，可以降低隧道断面高度，节省隧道建设和运营成本，具有明显的经济效益。顶部开口型自然通风已在成都市红星路下穿市政隧道、南京市龙蟠路隧道、武汉东湖隧道、上海市北翟路隧道等工程得到应用。图 5-1 为南京西安门隧道竖井型自然通风实景图。

图 5-1　南京西安门隧道竖井型自然通风实景图

2. 隧道射流风机布置

隧道内射流风机横向布置间距合理量，直接影响两台风机的运行效率，《公路隧道通风设计细则》(JTG/TD 7012-02—2014)中规定，当同一断面布置 2 台及 2 台以上射流风机时，相邻两台风机的净距不宜小于一倍风机叶轮直径，提出风机横向布置时隧道内射流通风流场的基本特性。在风机横向布置间距为 $1D$～$3D$(D 为风机叶轮直径)时，风机气流可以在风机出口前方汇聚，风机横向布置间距为 $4D$～$8D$ 时，风机气流平行始终无法汇聚，气流较难达到平稳，同时也可以看出，隧道侧壁对气流的传播也有较大的影响。在风机横向布置间距为 $1D$ 时，气流大约在距离风机出口 25m 处汇聚，在距离风机出口 80m 处基本达到平衡；在风机横向布置间距为 $2D$ 时，气流大约在距离风机出口 35m 处汇聚，在 100m 处基本达到平衡；在风机横向布置间距为 $3D$ 时，气流大约在距离风机出口 55m 处汇聚，在 90m 处基本达到平衡。经模拟分析，在风机横向布置间距为 $2D$ 时，隧道内的流场分布较好，如图 5-2 所示。

隧道内射流风机产生的空气射流发展过程可大致分为两个阶段，一是诱导通风段，二是压力通风段，其中压力通风段对射流通风效率影响更为明显。而曲线隧道曲壁面与空气射流的共同作用会对空气射流发展产生影响，从而影响风速纵向流动效率。不同曲率下，风机高度处风速纵向分布和距风机前不同距离处风速横向分布云图如图 5-3 所示。从图中可以看出，在不同曲率下，隧道内侧均出现不同程度的低速区，且随着半径的增大，也就是曲率的减小，隧道内侧低速区越小，说明曲率越大，气体将会更多地撞击到隧道外侧壁，就越阻碍隧道内气体的纵向流动。

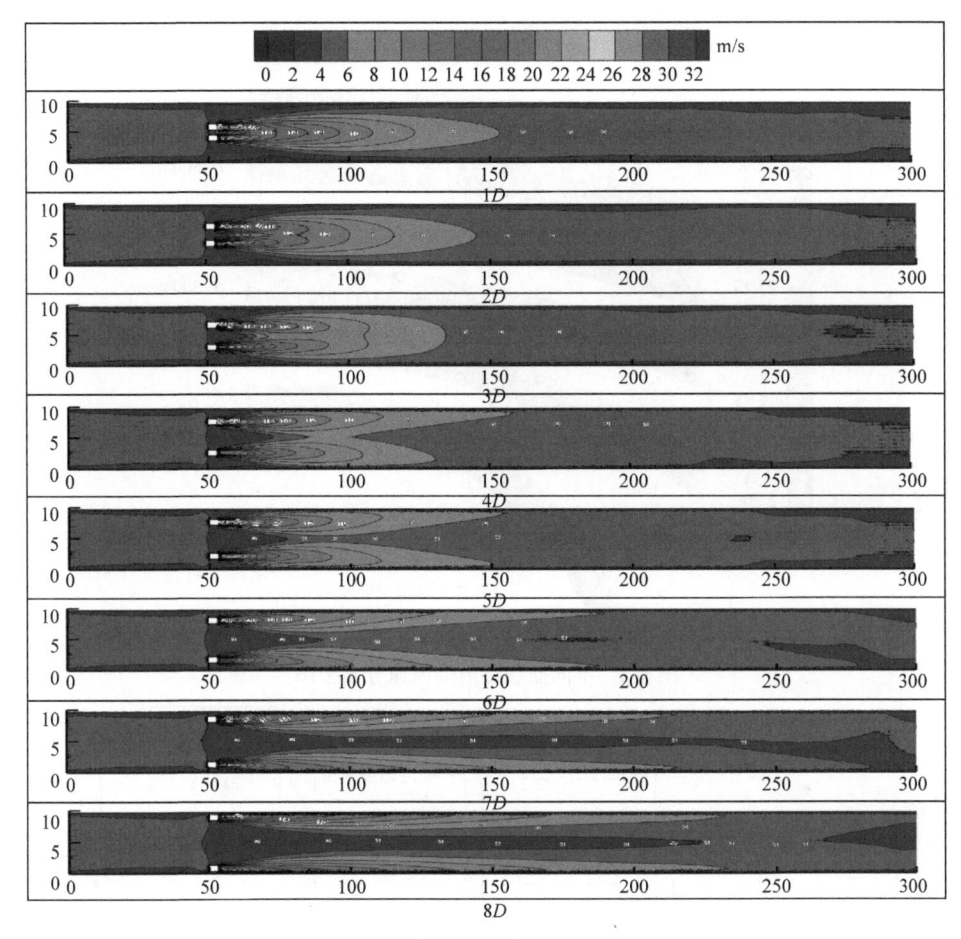

图 5-2 风机横向不同布置间距的速度对比(单位：m)

3. 隧道通风控制技术

在工程应用中的通风控制方式主要采用变频控制方式和动叶可调控制技术。

1) 变频调速通风控制技术

在隧道通风控制系统结构中，通过 CO/VI(一氧化碳和烟尘)检测器、红外线车辆检测器、温湿度传感器检测出隧道内 CO 和 VI 浓度、车流量、温湿度的实际值，通过通风控制软件进行计算分析和预定控制预案，将隧道中确定的需风量信号参数传送至控制设备中，然后用无极变频调速系统输出的指令将信号发送给变频器，最后按照信号调节电机转速值、输出功率，从而调节风机的出风量，变频通风控制系统方案设计图如图 5-4 所示。

2) 风机动叶可调控制技术

动叶可调轴流风机(图 5-5)是通过调整风机叶片的角度来改变风机风量、压力和功率，降低隧道通风运营用电费用。

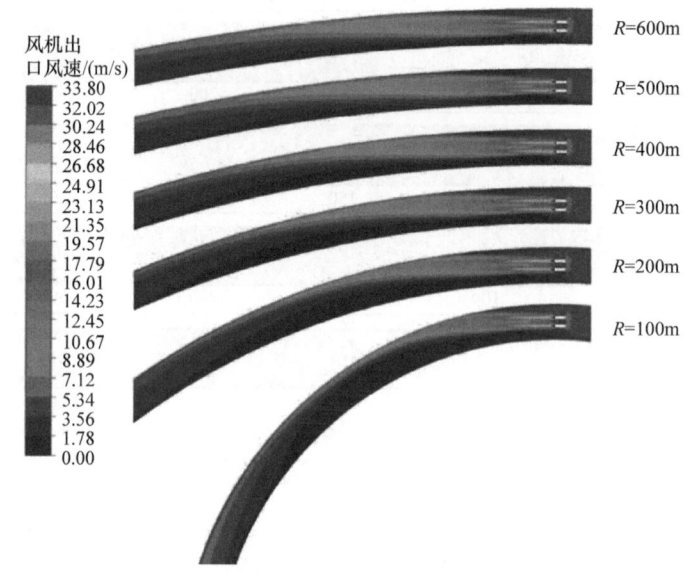

图 5-3 不同曲线隧道内风速分布云图

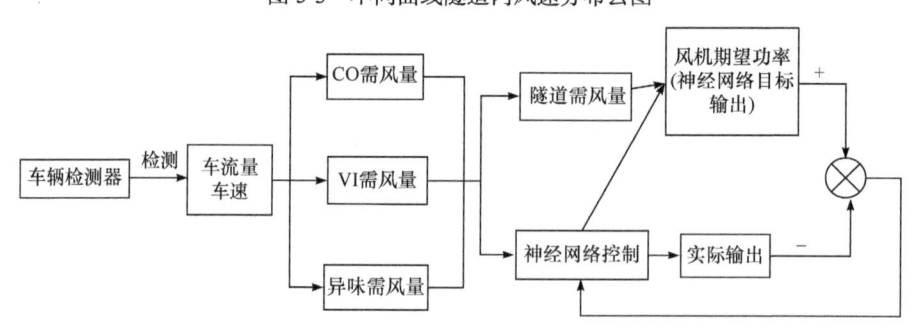

图 5-4 变频通风控制系统方案设计图

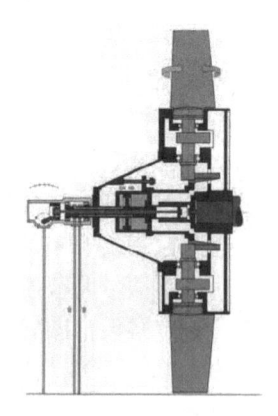

图 5-5 动叶可调轴流风机

根据隧道近远期需风量值，配置近远期轴流风机的风量和功率差别较大。为满足并列运行轴流风机同规格、同型号条件，工程应用中近期配置风机按远期计算轴流风机规格型号进行配置，使近期轴流风机功率配置偏大，造成运营成本的增加。动叶可调轴流风机可以解决上述问题，近期风机配置电机功率可以和远期风机功率结合，通过调节叶片的角度，降低风机功率，满足近期风机功率和风量配置要求。

动叶可调轴流风机转子叶片角度可以在风机运行过程中从 0%到额定最大角度 100%之间连续调节，在风机启动过程中，可先将叶片角度设定为 0%，即空载状态下启动电机，这样可以降低风机启动电流和缩短风机启动时间，也能实现隧道运营节能的效果。

5.3.2 隧道通风环保技术

随着城市的发展和交通需求量的不断增大，城市隧道的建设对缓解中心城区主干道路的交通拥堵发挥着重要的作用。前所未有的道路建设导致城市隧道的数量及长度呈剧增态势。隧道内部呈半封闭状态，与隧道外部空气很难实现充分的流通和互换，机动车尾气污染物逐渐积累，容易造成隧道内能见度和空气质量下降，存在引发交通事故的隐患。

机动车尾气排放的空气污染物主要包括一氧化碳(CO)、颗粒物(PM)、氮氧化物(NO_x)等有害物质。一氧化碳(CO)是一种无色、无味、无刺激性的窒息性有毒气体，由呼吸道进入人体的血液后，会和血液里的血红蛋白(Hb)结合，形成碳氧血红蛋白(COHb)，导致携氧能力下降，轻则头痛、眩晕，重则窒息、死亡，严重危害隧道内驾乘人员和隧道口周边居民的身体健康。颗粒物(PM)主要是柴油车燃料不完全燃烧的产物，会引发血淋巴细胞的染色体畸变，微粒子(PM_{10}、$PM_{2.5}$)能深入肺部对呼吸系统造成严重危害如图 5-6 所示，同时，颗粒物还是造成隧道内能见度下降的主要因素，使驾乘人员的视觉模糊，难以识别前方的行车环境，容易引发交通安全事故。氮氧化物(NO_x)中对人体和隧道空气环境影响最大的是二氧化氮(NO_2)。NO_2是一种红棕色气体，对人体呼吸系统有强烈的刺激作用，随着血液流动，能够与血红蛋白结合，降低血液输氧能力，对人体的各个功能器官影响非常大，同时，NO_2还是产生酸雨、光化学烟雾和引起气候变化的主要原因之一。

由于隧道为半封闭空间，隧道内外空气不能及时交换，污染物不易稀释和扩散，污染物的浓度会随着隧道长度的增加而逐渐积累。当一氧化碳(CO)、颗粒物(PM)和二氧化氮(NO_2)的浓度过大时，容易造成洞内空气质量下降，严重影响隧道内的行车环境，对隧道内驾乘人员和通风井排放口周边居民的身体健康造成严重的影响。大量的城市隧道建设和日益严重的机动车尾气污染使城市隧道空气污

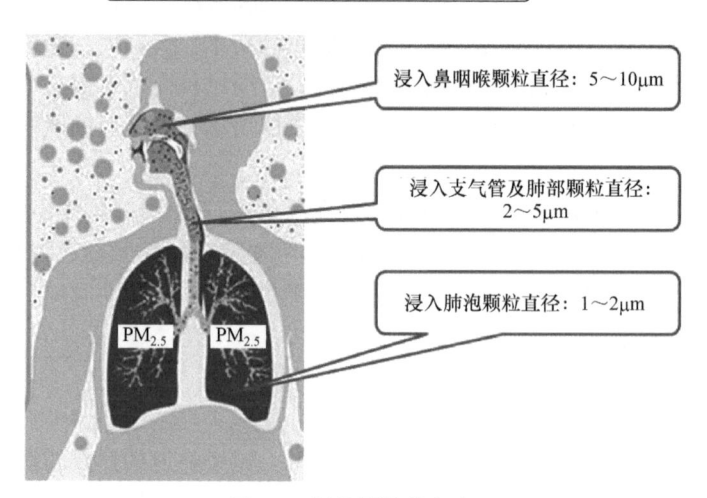

图 5-6 污染颗粒物危害

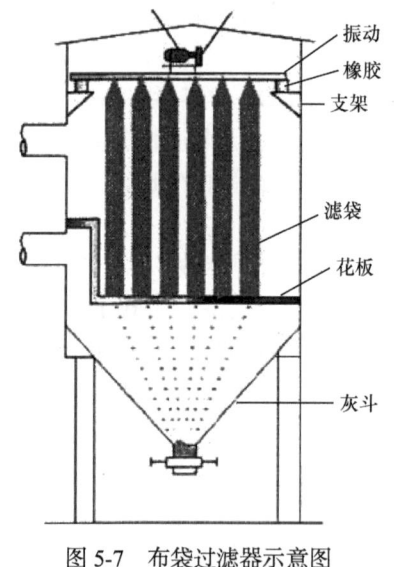

染问题越来越突出,对城市隧道空气污染的治理已迫在眉睫。因此,开发和应用适合我国城市隧道典型空气污染物(PM 和 NO$_2$)的控制和净化技术具有非常现实的意义。

1. 布袋过滤方式

布袋过滤器内部构造包括金属网架和滤袋,污染气体由布袋过滤器的入口进入,经滤袋过滤后流出,杂质被拦截在过滤袋中,滤袋可更换后继续使用,如图 5-7 所示。这项技术在日本 Tenozan 隧道做过测试,经研究证明,由于隧道空气中较低的粒子浓度以及过大的细颗粒物粒径分布,布袋过滤器在隧道中的应用受到了很大限制。

图 5-7 布袋过滤器示意图

2. 生物过滤净化法

生物过滤净化法是利用微生物降解或转化空气中的污染物来实现隧道废气减害化处理的一种方法。如图 5-8 所示,隧道空气污染物由风机引流,进入加湿塔加湿并去除颗粒物,分离后的气态污染物进入生物滤池,被生物滤料吸收和微生物分解后的无害气体排放到隧道中。

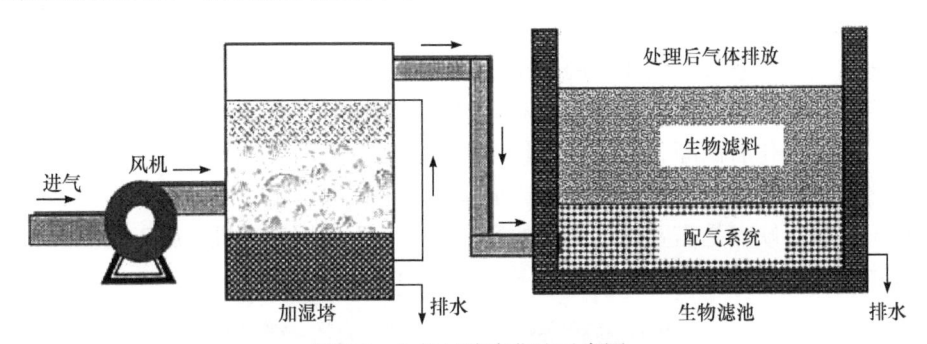

图 5-8 生物过滤净化法示意图

生物过滤净化法可以有效去除废气中的 CO、粉尘和 NO_x，净化效率高达 70% 以上，但是却面临着隧道中大体积空气流量的问题，隧道空气污染物与生物菌的接触时间过短，严重制约了该技术在隧道中的实际应用。目前，该方法仍处在研究阶段，尚未有成熟的技术应用于城市隧道空气净化领域。

3. 静电除尘技术

静电除尘器的用途主要是改善隧道内的行车视距和隧道口的空气环境，目前已在世界上多个国家的隧道中得到了广泛应用。静电除尘空气净化系统可采用独立机房设置，将隧道空气污染物由风机引流至机房，经静电除尘器去除颗粒物后排出洁净空气。同时，机房内还可以加设其他空气净化设备，如 NO_2 净化器，静电除尘技术组成图如图 5-9 所示。

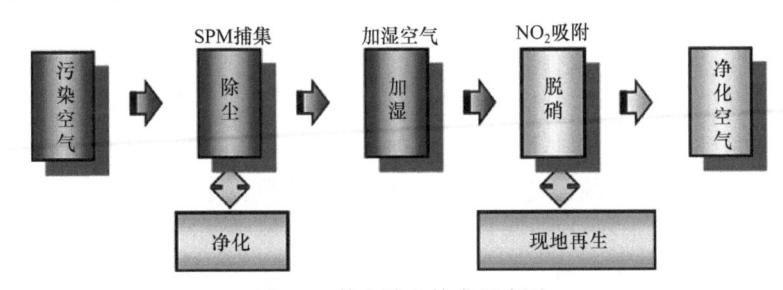

图 5-9 静电除尘技术组成图

由于城市隧道内颗粒物浓度较低，且包含大量细颗粒物，常规的工业用除尘技术并不都适用于城市隧道内的颗粒物处理。目前只有静电除尘(ESP)技术有大量的应用业绩，且得到了多年的发展，其技术参数也在不断提升，被认为是最有效的可用于城市隧道空气污染物治理的除尘技术。

目前隧道空气净化系统在国外的应用比较广泛，随着国内城市隧道建设规模增加，除尘技术在隧道应用也在积极推广中。隧道空气净化系统的安装方式主要有三种。

1) 旁通式隧道空气净化系统安装方式

将空气净化系统安装在专用旁路或侧线通道中，通过风机引入隧道中部分污染的空气，经过处理后再次送入到隧道中。目前这种安装方式应用最多，主要优点有：气流净化后回灌，减少新风量需求；足够的空间安装气体处理组件，对主通道影响小；维护保养时不影响主通道车流；失火等情况下可以高效率持续吸附30min烟雾。缺点是需要建造庞大的旁通空间，不能用掘进机，施工难度大、建设成本高，旁通式空气净化站示意图如图5-10所示。

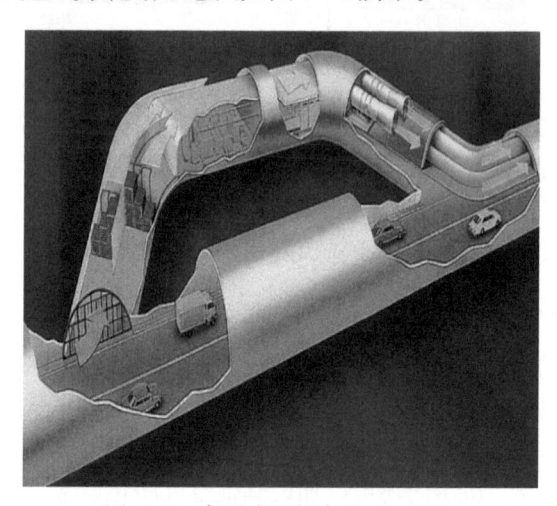

图 5-10　旁通式空气净化站示意图

2) 吊顶式隧道空气净化系统安装方式

将空气净化系统安装在隧道顶部，在长隧道中可分段布置，常出现在纵向通风方式的圆形隧道中，如日本的东京湾海底公路隧道。与旁路布置方式相比，无须建造独立的旁路，节省地下空间，吊顶式隧道空气净化系统安装方式很好地解决了在隧道上部安装大风量隧道空气净化装置的空间问题，充分利用了隧道上部不规则(如半圆柱面形状)的空间，安装处理风量足够大的净化设备，净化设备的阻力较小，能够利用原有隧道低压力、大风量的射流风机，达到良好的空气净化效果。但是对隧道的结构要求高、施工难度大，吊顶式空气净化站示意图如图5-11所示。

3) 竖井式隧道空气净化系统安装方式

竖井式隧道空气净化系统可因地制宜建造大型独立的机房，在机房内设置静电除尘设备，污染空气被处理后，经过风塔或风井排放到环境中。排风及新风共用一个风井，排风口高于新风口。该方案需考虑隧址环境条件、交通条件和可利用地上和地下空间，进行全面合理的规划。竖井式隧道空气净化系统能避免烟尘

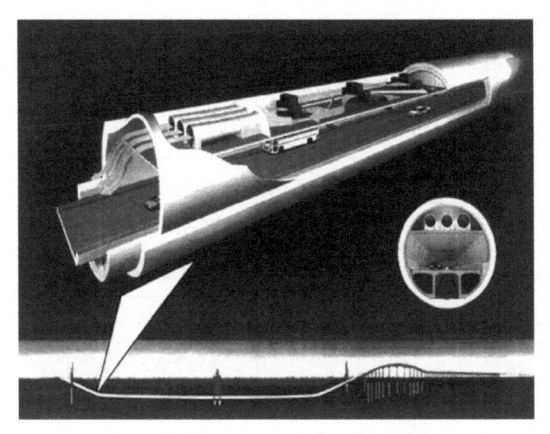

图 5-11　吊顶式空气净化站示意图

净化工程安装对现有隧道空间的影响，根据污染物排放量要求的不同，工程可灵活配置设备数量。此模式适用于特长隧道，工程设计中阶段预留了通风机房内空气净化站，通风机房内空气净化站如图 5-12 所示。

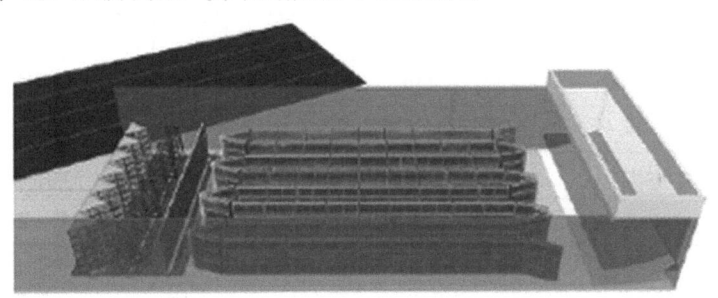

图 5-12　通风机房内空气净化站示意图

随着的研究，目前，上述三种隧道空气净化系统安装方式在国内外工程普遍应用，表 5-2 为隧道空气净化系统应用案例。

表 5-2　隧道空气净化系统应用案例

国家	隧道名称	隧道长度/km	净化形式	净化目的
中国	深圳市春风路隧道	4.82	旁通式	除废气
	深圳市前海地下道路	4.68	旁通式	除废气
	深圳市桂庙路隧道	3.06/4.08	吊顶式 + 旁通式	除废气
挪威	Hell	3.9	吊顶式	除废气
	Bragernes	3.2	竖井式	除废气
	Strømsås	3.5	吊顶式	提高能见度

续表

国家	隧道名称	隧道长度/km	净化形式	净化目的
挪威	Nygård	0.95	吊顶式	提高能见度
	Ekeberg I + II	1.5	旁通式	除废气
	莱达尔隧道	24.5	旁通式	除废气
韩国	Chinbu		旁通式	提高能见度
	Saritjae		旁通式	提高能见度
	Safe-San		旁通式	提高能见度
	Su-Jung-San		旁通式	提高能见度
	Woo-Myun-San		旁通式	提高能见度
日本	TokyoBay	9.6	吊顶式	除废气、提高能见度
	Tsuruga	2.1	旁通式	除废气
	Maiko	3.4	吊顶式	除废气、提高能见度
	Kann-Mon	3.5	竖井式	除废气、提高能见度
	Sirubachiyama	4.10	旁通式	提高能见度
	Sekido	3.2	旁通式	除废气
	Tachitoge	2.15	旁通式	提高能见度
	Nihonzaka	2.2	竖井式+旁通式	除废气、提高能见度
	Ryu-ohzan	2.0	旁通式	除废气、提高能见度

5.3.3 隧道通风节能环保指标

1. 隧道通风节能指标

评价隧道通风是否节能，主要从以下三个方面考虑。

(1) 先进程度。通风机越先进，风速的可控性和可调性就越好，通风效率越高，节能效果越好。

(2) 控制方式。通风机控制方式越先进，通风效率越高，节能效果越好。如通风控制采用智能控制方式，就可以根据隧道车流量、污染物浓度及外界环境实时控制通风机实现按隧道实际需要供风，达到很好的节能效果。

(3) 调节方式。通风机采取智能控制与变频调节结合，节能效果较好，是首选的节能措施。

分析影响城市隧道通风能耗的因素，隧道通风节能指标主要包括稀释污染物的需风量、通风方式、风机选型、射流风机布置、通风系统控制方式等。

2. 隧道通风环保指标

评价隧道通风是否环保，主要从以下两方面考虑。

(1) 环境指标合理性。隧道内环境指标运行，驾驶员行驶的舒适性越好、安全性越高。隧道洞口或集中排风口排放的污染物浓度符合大气环境要求。

(2) 除尘技术先进性。隧道内配置除尘技术越先进、效率越高，隧道内外环境指标越好。

分析影响城市隧道通风环保的因素，隧道通风环保节能指标主要包括隧道污染物因子构成、隧道内污染物浓度指标、隧道排出污染物浓度和排放标准、隧道污染物除尘净化技术等。

5.4 隧道通风节能环保技术案例

不同类型的通风节能环保技术在国内隧道建设中已有普遍应用，如厦门翔安隧道、深圳桂庙路和春风路隧道、厦门第二西通道隧道应用了静电除尘技术，南京市的西安门、模范马路、清凉门、水西门、龙蟠中路和五塘广场隧道、上海北翟路隧道以及武汉东湖隧道应用了竖井型自然通风技术。

厦门翔安隧道：风塔内设除尘装置，减少风塔排出污染气体对海边环境影响。

深圳桂庙路和春风路隧道：隧道左右洞出口各配置一套除尘装置，未设高风塔。

厦门第二西通道隧道：风塔内设除尘装置和射流风机配小型除尘装置。

南京市的西安门、模范马路、清凉门、水西门、龙蟠中路和五塘广场隧道采用竖井型自然通风，也是国内首个提出并应用的城市。

武汉东湖隧道设有两个竖井型自然通风区段分别为 0.72km 湖心岛段隧道和 1.802km 磨山南大门南侧半敞口式隧道。

上海北翟路隧道采用竖井型自然通风方式，通风孔设置间距为 90m。

5.4.1 深圳桂庙路隧道空气净化系统

1. 通风净化方案概况

桂庙路改造工程是滨海大道建设的一部分，项目起点为前海规划振海路，终点为滨海大道后滨海立交处，设置主线隧道前海路—南山大道隧道一座。隧道为双向六车道，道路等级为城市快速路，设计行车速度 80km/h。主洞建筑限界宽度为 17m，高度 5m，标准段通风面积 116.044m²，桂庙路隧道平纵图如图 5-13 所示。

全线隧道不设置通风竖井，射流风机悬吊于隧道顶部，纵向接力式将隧道内废气朝出口方向推进。在纵向通风的基础上采用设置隧道空气净化站的方式，将 NO_2、颗粒物等部分废气在隧道内去除，减少对洞口环境影响。隧道沿线为密集的住宅、商业区，没有设置风井的条件，故采用旁通式和吊顶式废气净化方式。

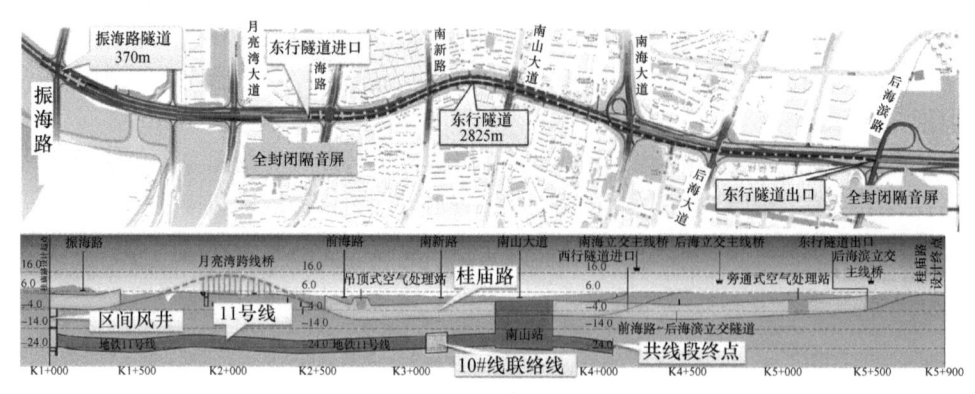

图 5-13 桂庙路隧道平纵图

西行隧道靠近洞口处没有条件设置旁通式空气净化站，采用吊顶式安装，空气净化站净高 5m，吊顶式空气净化站布置示意图如图 5-14 所示。

东行隧道在靠近出口 600m 处设置旁通式隧道空气净化站一座，净化段净高 7.7m，旁通式空气净化站布置示意图如图 5-15 所示。

图 5-14 吊顶式空气净化站布置示意图

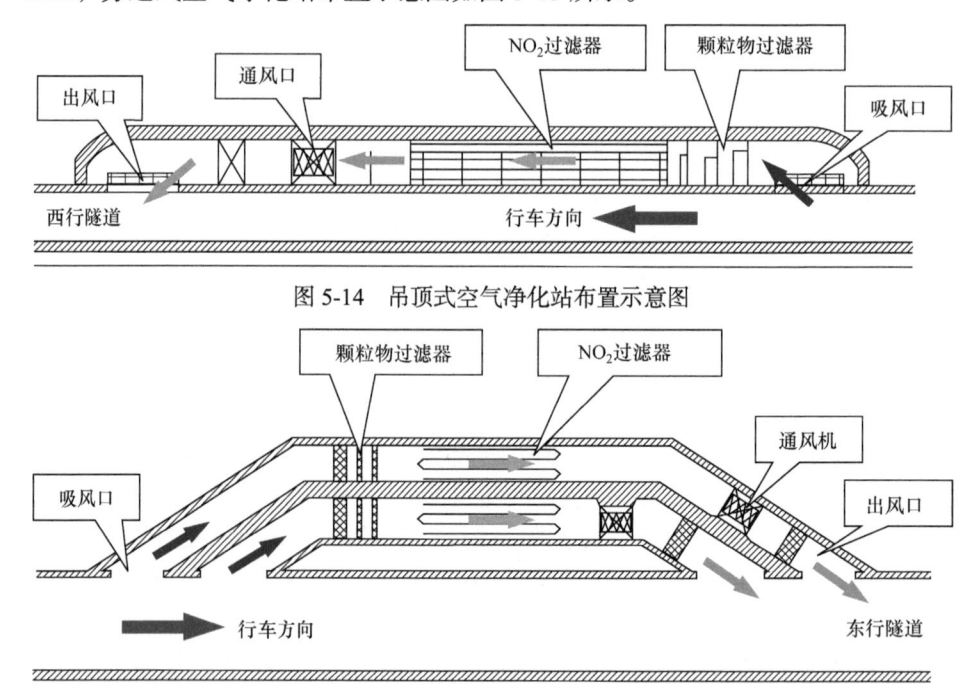

图 5-15 旁通式空气净化站布置示意图

2. 处理风量及净化效率

西行隧道吊顶净化站处理风量取设计总需风量的 70%左右；按照轴流通风机型号参数，以及净化站可用净高 5m 确定，净化风量约为 270m³/s。东行隧道旁通净化站处理风量取设计总需风量的 75%左右；按照轴流通风机型号参数，以及净化站可用净高 6.2m 确定，净化风量约为 400m³/s。表 5-3 为静电除尘装置设置概况，表 5-4 为静电除尘装置 NO_2 净化效率。

表 5-3　静电除尘装置设置概况

线位	设计需风量 /(m³/s)	处理风量占总风量	净化风量 /(m³/s)	距离/m X	距离/m Y	总长 /m	备注
左线(西行)	394.6	0.68	270	1880	1180	3060	
右线(东行)	526.1	0.76	400	3480	600	4080	

表 5-4　静电除尘装置 NO_2 净化效率

线位	进洞 A	净化进口 B	处理风量占总风量	处理 NO_2 设备效率	净化出口 C	出洞 D	NO_2 综合净化率
左线(西行)	0	0.61	0.68	0.85	0.26	0.64	0.36
右线(东行)	0	0.85	0.76	0.85	0.30	0.45	0.55

西行隧道净化站设置距洞口较远，净化站仅能处理前端 1880m 隧道的部分废气，处理后空气与后端 1180m 隧道废气叠加后，出洞口处污染物净化效率为 0.64，综合净化效率较低，仅为 36%。东行隧道净化站设置距洞口较近，出洞口处污染物净化效率为 0.45，综合净化效率为 55%。

结合本工程空气净化站的设置位置及净化风量，可以得出空气净化站对 NO_x 综合净化效率，见表 5-5。

表 5-5　静电除尘装置 NO_x 净化效率

线位	处理 NO_x 设备效率	NO_x 综合净化率
左线(西行)	0.57	0.24
右线(东行)	0.57	0.37

设计参照日本制造商强化脱硝(将 NO 催化氧化为 NO_2)净化系统，NO_x 去除率为 80%，核实 NO_x 综合净化效率为：左线约 34%，右线约 52%。

3. 通风设备

每个隧道空气净化站内设置 2 台大型轴流通风机，风机变频控制。隧道空气净化站风压为风道沿程及局部阻力之和，产生局部阻力设备主要包括吸风口、风道转弯、颗粒物过滤器、NO_2过滤器、风阀、消声器、出风口等。过滤器设备的初、终阻力值见表5-6。

表5-6　APS过滤装饰阻力值

设备名称		初阻力/Pa	终阻力/Pa
颗粒物过滤器	粗效过滤器	100	200
	静电除尘器	60	70
	后过滤器	100	120
NO_2过滤器		350	600

净化设备初阻力叠加610Pa，终阻力990Pa；终阻力完全叠加情况较少出现。消声器50Pa；风阀、弯头、风口、风道等阻力约60Pa。

终阻力叠加后总计约1100Pa，按1150Pa选用通风机。表5-7为大型轴流风机选型参数。

表5-7　大型轴流风机选型参数

线位	安装形式	通风机直径/mm	单台风量/(m³/s)	风压/Pa	转速/(r/min)	功率/kW
左线(西行)	吊顶式	2500	135	1150	990	250
右线(东行)	旁通式	3150	200	1150	743	315

4. 空气净化站的设置与维护

隧道空气净化站按1站2单元模型设计，可根据监测浓度，分单元运行。当其中一个单元设备检修、维护或更换时，另一套系统仍可运行。此种布置形式，空气净化站两个单位水处理系统共用1套，控制系统分别配置，设备的初投资有所增加，控制系统相对复杂。西行隧道配置2台风量为135m³/s的风机，东行隧道配置2台风量为200m³/s的风机。表5-8为隧道空气净化站水、电消耗量。

表5-8　隧道空气净化站水、电消耗量

线位	安装形式	通风机耗电/kW	净化设备耗电/kW	一次补水量/(L/200h)	功率/kW	一次冲洗用水量/m³
左线(西行)	吊顶式	500	11	170	250	10
右线(东行)	旁通式	630	16	190	315	15

5.4.2 南京隧道竖井型自然通风系统

1. 工程概况

市政公路隧道以浅埋短长度为特征，考虑将其设为多竖井型(顶部开口与外界相通)，而仅利用车辆运动产生的交通风力在隧道出入口与竖井开口处形成自然风压，达到通风换气稀释内部污染空气的目的。与无竖井自然通风公路隧道相比，多竖井的存在使得隧道更多地受到外界大气压力与风速的影响，自然风压的可变性，造成各竖井风速有所不同。

南京城东和城西干道共设有 6 座隧道，南京竖井型自然通风方式隧道表如表 5-9 所示，在隧道顶部一定间距设置竖向通风孔，隧道内污染物通过竖井自然扩展，取消机械通风方式排出隧道内污染气体，有效降低隧道通风运营能耗。

表 5-9 南京竖井型自然通风方式隧道表

序号	隧道名称	长度/m	运营通风方式	备注
1	西安门隧道	1720	自然通风+自然排烟方式	
2	通济门隧道	1300	自然通风+自然排烟方式	
3	模范马路隧道	1451	自然通风+自然排烟方式	
4	水西门隧道	1355	自然通风+自然排烟方式	
5	清凉门隧道	1665	自然通风+自然排烟方式	
6	五塘广场隧道	1590	自然通风+自然排烟方式	
7	龙蟠中路隧道	1280	自然通风+自然排烟方式	

2. 隧道竖井型通风方式

南京龙蟠中路隧道暗埋段全长 930m，由 5 个暗埋段与 4 组竖井组成，沿行车方向竖井组个数分别为 6、5、5、5，共 21 个，每组竖井中相邻两个竖井间距 8m。各竖井将隧道主体分割为 22 段，如图 5-16 所示。

3. 隧道运营节能环保效果

隧道采用竖井通风孔分散将隧道内污染气体排出，减少洞口集中排放，对隧道洞口周边环境影响较小，且道路中间植被对竖井通风排出的污染气体有一定的吸附净化作用。

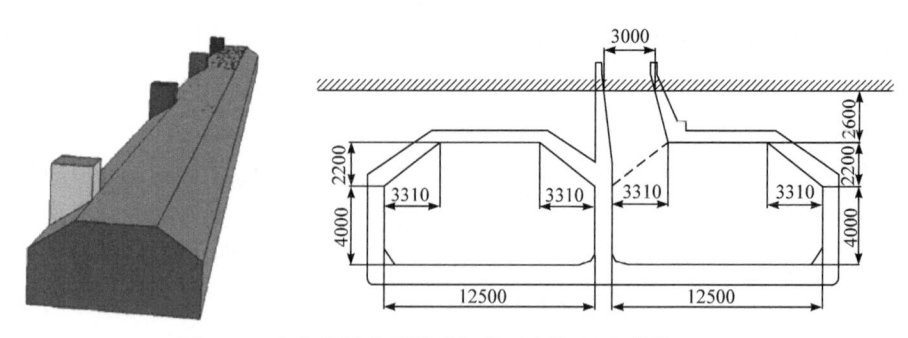

图 5-16　南京龙蟠中路隧道竖井型自然通风(单位：mm)

南京龙蟠中路隧道采用机械通风方式，单洞配置射流风机总功率为270kW，整个隧道配置风机总功率为540kW。根据隧道稀释污染物浓度计算风机运行时间4h/天，隧道通风系统设备年运行费用达到78.84万元，年维护费用约为10万元，则隧道采用竖井型自然通风系统年节约费用达到88.84万元。竖井型没有设备，因此可节约全部电费和运维费。

第 6 章 绿色隧道照明节能技术

6.1 隧道照明节能技术的定义

随着城市化建设进程的深入，大量的隧道投入运营，隧道照明作为能源消耗的主要方面，节能的重要性和紧迫性被越来越多的人所重视。在这种情况之下，彻底解决城市隧道照明设计中存在的实际问题，实现节能减排的目标，是城市实现健康发展中的首要任务。

在满足规范要求、保证交通安全的前提下，照明节能问题的解决，依赖于各种节能技术，主要通过合理选择设计参数、优化设计方案，采用新技术、新材料、新设备，节约全寿命周期建设费用。在设计阶段，可选择节能型照明灯具和光源，在洞口采取减光措施，在洞口加强照明段采用光导管技术，尽可能减少灯具数量、合理布置灯具间距等；而到了运营管理阶段，则更注重于灯具的控制，通过智能照明控制系统，根据洞外亮度、洞内车流量进行灯具开启数量及模式的调整。另外，还可以积极使用绿色能源，包括太阳能光伏技术、风光互补供电技术、地源热泵技术等，为隧道照明提供更加节能、环保的电源。

各类隧道的外部条件有所不同，可以因地制宜，灵活组合各项照明节能技术，将各项技术的优势发挥至最大化，有效降低隧道照明能耗。

6.2 隧道照明节能技术的发展

6.2.1 国外研究现状

国外公路隧道的照明研究和实践开始较早，技术相对成熟。自 1957 年英国 Waldram 指出"黑洞现象"的危险性和严重性以来，隧道照明便成为公路隧道工程技术的一个重要课题。早在 20 世纪 60 年代，依据交通量、速度和洞外亮度进行自动调光技术就已经应用于意、法两国之间的 MontBlanc 隧道照明。Schreuder 建立了隧道实验模型，并通过在模型中进行小目标的察觉概率实验，推理出"隧道入口段照明亮度与视看目标亮度之间存在的函数关系"。

同在 20 世纪 60 年代的亚洲，日本学者 Nakamichi 和 Narisada 等也在对隧道照明实验研究中，推理出"察觉目标物所需的背景亮度和从观察者开始注意到隧道入口所经历的时间之间的函数关系"。Narisada 和 Nakamichi 的学术团队则采用了动态模拟过程开展研究，得出结论：隧道入口和目标物会随着观察时间的增加，在人眼视觉感受效果上呈现出逐渐变大的趋势或现象。

80 年代后期，为了规范隧道照明设计和施工，减少交通事故，世界各国相继颁布了公路隧道照明设计规范，随后各国制定了适合本国国情的标准。如欧洲制定的《欧洲隧道照明标准》、日本制定的《隧道照明指南》等。在这其中，国际照明委员会于 1982 年制定的照明设计规范最为权威，被大多数国家所采用。在之后的时间里，国际照明委员会所制定的这个规范又被一些专家进行了几次改动，最终演变成现行的规范。

在照明理论和技术方面，发达国家相对比较完善，已经形成了规范性的标准。在节能研究方面，为了提高隧道照明效果和行车舒适性，保证公路隧道安全运行，国外针对隧道灯具进行了大量的研究，依据驾驶员视觉特性和隧道内的视觉环境制定了一系列数值计算准则。如德国的侧壁面计算方法和日本的灯具维护系数等。欧美发达国家在灯具材料、光学特性、外观质量、功能结构等方面做了深入研究，并取得了一定的成果。同时，美日在基于驾驶员视觉特征和驾驶行为的公路隧道照明研究方面取得了突破性进展，对后期研究具有很好的借鉴作用。在隧道照明控制技术方面，逐渐由逻辑分组控制向根据隧道交通流量、行车速度、天气情况等因素的模糊控制和智能控制网络技术发展。

总的来说，在隧道照明节能方面，国外主要有以下几方面研究成果。

(1) 为使隧道照明设计和施工趋于规范化，世界各国都先后制定了符合本国情况的公路隧道照明规范与标准，如欧洲的《隧道照明标准》、日本的《机动车交通隧道照明标准》、北美的《隧道照明推荐报告》和国际照明委员会的《公路隧道和地下通道照明指南》。

(2) 通过技术创新，不断提高照明功率器件的性能。如不断提高节能灯具的照明功率和节能效果、改善隧道内的供配电设施和照明控制系统。

(3) 制定相应的法规政策，从国家的层面推行节能政策。

(4) 根据隧道内特殊的视觉环境制定了相应的数值计算方法与准则。如德国制定的侧壁面计算法和日本制定的灯具维护系数法等。

(5) 对于隧道照明控制，国外学者通过研究不断提出更加节能高效的控制方式。

6.2.2 国内研究现状

限于技术与经济发展水平，我国在隧道照明方面的研究起步较晚，基础性的理论工作经验和工程实践经验都显得不足，通过研究学者积极努力探索和研究，取得了一些成果。

2000年以前主要遵照《公路隧道设计规范》(JTJ 026—90)来设计隧道的照明系统。90年代后期,为了适应我国公路隧道照明的技术需求,部分学者从以下方面进行研究:确定布置灯光的方案,来消除"黑洞效应"和"白洞效应",并减少灯具数实现节能;隧道照明的控制系统,对隧道照明进行动态控制以此达到节能的目的。

1994年,张祉道[38]就公路隧道的洞口照明与建筑结构进行了讨论。给出了洞口照明的国内外标准和规定,提出用等间距光带公式计算遮光栅内亮度。

1998年,王学堂等[39]研究了隧道内光强的亮度函数,建立了速度、亮度和出、入口段长度之间的数学关系,设计了隧道内亮度动态控制方案。

原重庆交通科研设计院对10条真实隧道的洞外亮度进行了实地测试,得到的测试数据与《公路隧道通风照明设计规范》(JTJ 026.1—1999)中相关内容矛盾,说明规范中该种洞外亮度取值法普适性较差,还有待改进。

借鉴国外公路隧道的成功经验和先进技术,我国交通运输部于2000年1月正式颁布了《公路隧道通风照明设计规范》(JTJ 026.1—1999)。规范详细规定了不同等级公路的新建隧道和改建隧道的照明设计准则。并在照明系统构成、洞外亮度和减光、隧道各照明段的长度与亮度、照明总均匀度与纵向均匀度、连续隧道亮度折减、调光分级、光源分级、灯具及布置、照度与亮度计算推荐方法等方面作出了详细的规范说明。该规范颁布后,国内的主要研究方向从照明系统设计转变为控制照明系统,通过实现照明系统的智能化控制来节能。例如,设计照明亮度分析和计算软件通过计算照明亮度等参数来评价和分析各种布灯方案的性能。采取合理布灯,减少灯具数,降低照明能耗;设计自动调光系统,使隧道的入口段、过渡段等区域的照明能自动调光等措施,以实现节能。

自2003年中国启动国家半导体照明工程,LED照明产业被列为国家优先发展的第一重点领域(能源)的第一优先主题以来,LED光源以其环保、节能、安全、长寿命等优点在隧道得到很多的应用。

国内的有关隧道照明以及可见度水平研究中,如翁季[40]、孙春红等[41]的相关研究工作,大量采用了数码相机照相作为隧道照明的实测与验证工具,并且取得了较为满意的研究效果。

2011年黄军[42]对城市隧道照明系统进行优化,改变了照明光源为LED灯具,根据比较,得到LED隧道照明系统具有施工安装难度小、节能、运行维护费用低、照度稳定、寿命长、绿色环保等优点。

我国交通运输部于2014年颁布了《公路隧道照明设计细则》(JTG/T D70/2-02—2014)作为公路工程行业推荐性标准,于2014年8月1日起正式施行,《公路隧道通风照明设计规范》(JTJ 026.1—1999)随即废止。其中,节能标准与措施这一章中,提及了节能标准和关于隧道照明光源、布灯方式、接近段的减光措施、调光设计、墙面等节能措施。

　　隧道照明控制系统主要经历了人工控制阶段、时序控制阶段、自动调光控制阶段等三个阶段。目前国内的大部分隧道照明控制系统虽然配备了依据时间与环境进行自动照明控制的模块，但由于光强检测器的易损与软件可靠性设计的缺陷，多数还是采用人工控制，根据不同时段和环境，主观决定灯具开关数量和方式。随着计算机技术和电子技术的发展，隧道照明自动控制必将成为主流隧道照明控制方式。由于目前在隧道照明多采用高压钠灯等传统光源，根据传统光源本身的特性(如钠灯启动时间长)，很难实现隧道无级调光，只能进行分级控制，从而会产生路面照度不均匀、眩光、闪烁等有害现象，给行车安全埋下了隐患。

　　对于城市隧道照明设计，《城市道路交通设施设计规范》(GB 50688—2011)中给出了三条规定：城市道路中的隧道应设置隧道照明，可分为入口段、过渡段、中间段和出口段；隧道照明中间段标准值的取值；入口段、出口段应进行加强照明。这三条规定明显参考了《公路隧道照明通风照明设计规范》，但没有给出具体、明确的亮度指标。《城市道路照明设计标准》(CJJ 45—2015)提出了隧道内道路夜晚的照明与隧道外相连道路相同。城市隧道尽管与公路隧道有许多共同点，但由于其所在的地理位置的特殊性，又表现出显著的特点。为了正确地进行城市隧道照明设计的标准研究，应对其特点有充分的理解。目前城市隧道照明应还存在两方面的问题：一是规范落后，规范忽略了对人眼主动性的研究和人眼识别与环境亮度的论述，该项目研究适宜的城市隧道照明设计亮度指标，来消除"黑洞效应"和"洞外眩光"问题，并实现隧道的安全、节能运营。二是节能技术成果零散，我国对城市隧道照明节能技术的研究不多，目前一些研究成果比较零碎，系统性不强，没有完整的研究成果，加之实际应用的数量很少，该方面的实践经验并不充分。在选择适宜的光源上，应考虑引入隧道照明功率密度指标实现节能控制。

　　2020年，江苏省发布实施了《城市隧道照明设计标准》(DB32/T 3692—2019)，该标准针对照明节能的问题，在满足规定的亮度和照明质量要求的前提下，提出隧道基本照明功率密度限值，隧道接近段设减光措施，减光段长度根据道路停车视距进行计算确定，且减光效果与未设置减光设施时的加强照明段亮度接近，则以减光段替代入口加强段，隧道洞内仅设过渡段及中间段照明，即基于减光设施的隧道五段式照明设计，从而减少加强照明灯具的安装及运营费用。另外，还将光导技术、蓄能发光材料的应用等节能措施引入标准，供设计人员参考选择。

6.2.3　隧道照明节能技术发展趋势

　　高新科技产业的同步带动了隧道照明节能技术的进步，国家也提出推进绿色发展，形成节约资源和保护环境的空间格局、产业结构、生产方式、生活方式。

未来隧道照明设计发展趋势大致如下。

(1) 根据隧道的实际情况，结合最新照明研究成果，充分考虑隧道照明各影响因素、综合合理利用节能灯具、隧道洞外减光措施、侧壁反蓄光作用、清洁能源等各照明节能方式，以实现隧道照明节能的目的。

(2) 允许在提高行车安全的前提下增加景观照明，但不要过度照明。

(3) 选用更精密、稳定的设备，编写适用的程序，提出更节能、更安全的理论；完善隧道照明设计规范，建立健全的公路隧道照明评价体系，设计贴合各隧道实际情况的照明系统，做到因"隧"制宜。

(4) 未来的隧道照明研究方向应在把握最佳安全舒适性与节能减排的平衡点的同时，设计实时动态变化、符合视觉效应规律和人眼适应性的照明控制系统。

(5) 我国还有一大批隧道存在设计参数保守、照明灯具落后、节能措施缺失、线路老旧等缺点，故而，对此类隧道重新照明评估及改造、逐步推广节能灯具、合理增设隧道照明节能措施，也可改变我国隧道照明系统普遍能耗高、能源利用率低的现状。

隧道照明系统节能方式多种多样，包括灯具光源、附属设施、传导方式、能源效率等各项内容的设计都有很大的优化空间。有理由相信，随着社会的进步、科技的发展和工程的经验积累，隧道照明系统一定会越来越安全、越来越舒适、越来越节能。

6.3 隧道照明节能技术及指标

6.3.1 隧道照明节能技术

1. 洞口减光技术

隧道洞口减光技术主要有三种类型：设置减光建筑、利用植被减光、控制洞外景物的表面亮度减光。

1) 减光建筑

减光建筑是指建于隧道洞口之外的棚状建筑物，用以降低隧道洞口亮度，较为常见的建筑形式有遮阳棚(图 6-1)、遮光棚(图 6-2)以及通透式棚洞(图 6-3)。

遮阳棚是一种顶部为封闭式结构的棚状构筑物，利用透明或半透明材料的透光作用达到减光效果，不允许阳光直接投射到路面上。遮光棚是一种顶部为敞开式结构的棚状构筑物，与遮阳棚相比，其区别在于允许日光直射到路面上，且结构相对简单、轻巧。通透式棚洞是近年来公路建设部门贯彻生态和谐理念的创新之举，通过对侧向入射光的减光处理，达到路面亮度的梯降。该结构若充分利用地形，可以最大限度地减小植被破坏面，与周围景观相协调，同时，通风及采光效果较好。

图 6-1 遮阳棚　　　　　　　　　图 6-2 遮光棚

图 6-3 通透式棚洞

2) 利用植被减光

利用植被减光是一种较为经济适用的降低隧道洞口亮度的方法，也是应用最为广泛的减光措施，如图 6-4 所示。植被减光主要是利用植被柔和的反光效果，达到降低隧道洞口附近区域亮度的目的。植被表面为毛状结构，由很多垂直面组成，光照亮度在入射方向上最大，在反射方向上反而很小，在法线方向最小，因此在公路隧道洞口附近种植具有垂直表面的常绿植被较为有利。值得注意的是，针叶树木一般比阔叶树木的反射性能更好些，因此在洞口栽种像松塔那种具有水

图 6-4 利用植被减光

平成层分布的乔木是较为理想的。同时，高大的乔木可以投下浓重的阴影，能够避免或减弱阳光对路面的直射，有利于降低隧道洞口接近段的路面亮度。

然而，隧道洞口附近区域往往具有一定坡度，且地质多为石质，栽种高大树木可操作性差且成活率低，因而在实际工程中多选用低矮的绿色灌木或草皮，如下图。相对于设置减光建筑，利用植被减光不能快速有效地发挥洞口减光作用，只可作为中远期的辅助措施。

3) 控制洞外景物的表面亮度减光

隧道洞口外的景物亮度是影响隧道洞口附近光照亮度的关键因素，要想实现洞口内外明暗环境的平滑过渡，在隧道工程建设阶段就要对洞外景物的表面亮度加以控制。在隧道洞口外，可能出现在视野范围内的景观要素主要包括天空、洞门、道路、绿化、广告牌等。由于各景观要素在视野范围内的比例有所差异，各个要素对洞外亮度的影响程度也会有所不同。

有研究表明，洞口附近区域栽种植被和灌木可降低洞外亮度 5%～7%；洞门端墙采用深暗颜色，可降低洞外亮度 5%～7%；洞口外至少一个停车视距长路面采用暗色材料，可降低洞外亮度 12%～27%。

2. 节能灯具的选择

目前，我国隧道照明一般用到的光源包括荧光灯、高压钠灯、低压钠灯、无极灯，LED 灯作为一种新型光源逐步应用到我国隧道照明中。

(1) 荧光灯。荧光灯的特点是发光面积大、相对亮度低、产生的照度较高、光效较高、显色性较好，而且这些特点都符合隧道照明要求。荧光灯具布置成连续的光带可以避免隧道照明中经常会发生的"闪光效应"，可以提高隧道照明的质量。但是，荧光灯的缺点是功率普遍较小，所以需要较多的灯具才能达到隧道照明标准所要求的亮度，这与节能相违背。

(2) 高压钠灯。高光效、透雾能力强、性能稳定、长寿命及类型多是高压钠灯的优点，是隧道照明中常用的一种光源。但是，启动慢、频闪强、温升高、耗电大、噪声大等缺点要求高压钠灯要配备镇流器，而传统的镇流器自身耗能就大，而且易产生高温，影响使用安全。所以，使用高压钠灯时一般是采用电子镇流器和节能镇流器替代传统的镇流器。

(3) 低压钠灯。低压钠灯发出的是单色黄光，具有发光面积大、透雾性好、相对亮度低、产生照度较高等特点，特别是低压钠灯的灯管较长，光效又很高，是隧道照明中一种比较合适的光源，但是由于其显色性差，在隧道入口段使用，可能会影响视觉辨识，如果在入口段的阈值段等处使用，则应与其他具有较好显色性的光源混合使用，以便达到兼顾路面亮度、节能及显色性等方面的要求。

(4) 无极灯。电磁感应无极灯综合了功率电子学、等离子学、磁性材料学等领域最新科技成果,通过以高频感应磁场的方式将能量耦合到灯泡内,使灯泡的气体雪崩电离形成等离子体。从理论上说,它与传统光源最大的不同之处在于无电极、寿命长、光衰低、高效节能。用电磁感应无极灯代替传统的高压钠灯照明,在保证隧道内照明效果的前提下,可大幅度减少照明耗电量,而且无极灯是超长寿命光源,可大幅度减少灯具的更换和维修次数,降低管理费和维修人工费等,降低照明运行成本。

(5) LED 灯。LED 用于通用照明在照明行业将成为最具市场潜力的热点。LED 是最近几年新型的照明光源,显色性与照度关系、明视觉与中间视觉理论等科研成果表明,LED 在隧道照明中的应用具有很大的先天性优势,它比传统照明光源寿命更长、更易于控制、色温范围可控制、显色性更高。如果把相关电学、光学和热学方面结合起来进行优化设计,我国目前隧道照明的水平可以得到更大的改进。

LED 隧道灯具的照明效率要比其他隧道照明光源灯具高,这是由于 LED 光源便于光学设计,LED 隧道灯具与其他隧道照明灯具相比有显著的节能效果,表 6-1 为隧道照明灯特性对比。

表 6-1　隧道照明灯特性对比

光源种类	荧光灯	高压钠灯	低压钠灯	无极灯	LED
额定功率/W	85～150	35～1000	18～180	25～150	—
光效/(lm/W)	25～67	90～100	100～175	65～100	25～100
显色指数	80	25～85	0～18	75～90	75
平均寿命/h	60000	18000～28000	5000	50000～100000	100000
色温/K	3800	1900～2800	5000	3000～4000	4500
功率因素	0.33～0.70	0.44	0.06	0.95	1.00
启动稳定时间	瞬时	4～5min	7～15min	<0.5s	快速
再启时间	瞬时	3min	>5min	瞬时	快速
闪光	不明显	明显	明显	不明显	不明显
耐震性能	好	较好	较好	好	好
耐腐蚀性	较好	较好	较好	好	好
温度影响	大	小	较小	小	小

3. 照明控制技术

隧道照明控制方案的实施依赖于先进控制技术和控制方式的支撑。隧道照明控制方式在很大程度上体现出隧道运营管理的现代化程度。隧道照明系统配置了照明控制柜/配电箱,能实现现场人工控制和自动控制,并且预留了远程控制模块,提供控制照明设施的继电器接点,将照明区域控制单元直接与照明控制柜/配电箱的继电器接点相连,以实现对照明设施的远程控制。隧道照明控制方式有以下几种。

(1) 人工控制方式。其是指隧道管理人员根据洞外亮度、交通量等参数,人工选择控制方案。具体地说,就是根据洞外亮度 $L_{20}(S)$、交通量、平均车速及天气条件等因素的变化,由公路隧道管理人员手动控制照明回路的开/关或无级调控照明亮度,其可细分为远程人工控制方式和本地人工控制方式。本地人工控制方式早期多用于长度较短、运营管理设备较简单的公路隧道。

(2) 自动控制方式。其是指照明控制系统根据实时采集的洞外亮度、交通量等参数,自动调控照明亮度。目前,隧道照明的自动控制是利用光亮度检测仪、车辆检测器等设备采集的相关照明控制参数,由电子设备直接控制照明回路的开/关或无级调控照明亮度,无须人工参与控制过程,其可细分为远程自动控制方式和本地自动控制方式。在自动控制方式下,隧道照明控制系统根据实时采集的洞外亮度 $L_{20}(S)$、交通量、平均车速等照明控制参数,自动调控隧道内照明亮度;隧道管理人员也可根据实际运营管理情况,由自动控制方式切换到人工控制方式,改为手动操作。国外早在 20 世纪 80 年代就已经开始采用这种控制方式,我国目前多数公路隧道也都采用了自动控制为主、人工控制为辅的照明控制方式。隧道照明自动控制原理如图 6-5 所示。

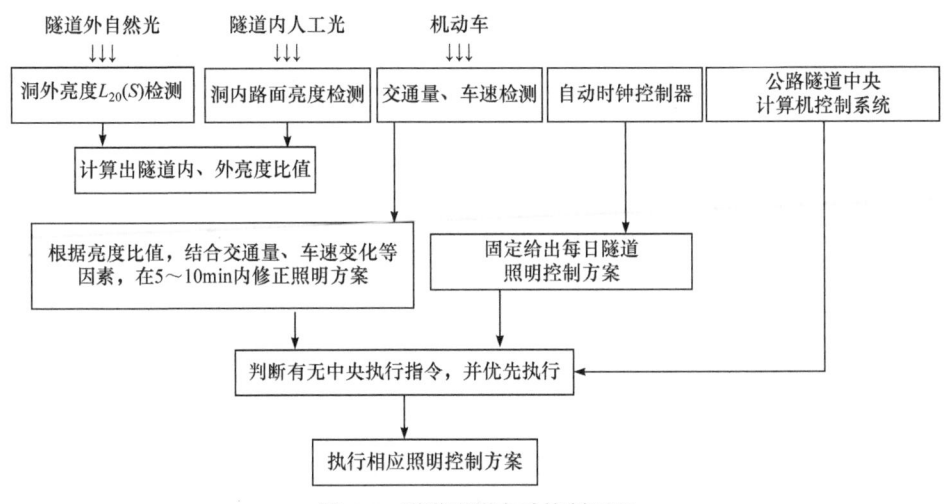

图 6-5 隧道照明自动控制原理

对隧道照明的控制是利用接收到的户外连续监测的入口段前照度水平变化的光电池的信号来实现的。但最好是在趋近段放置照度计来监测隧道外照度变化,并按照接收到的照度的变化来进行隧道中不同等级的照明控制。

(3) 智能控制方式。其是在自动控制方式的基础上，采用短时交通流预测理论，应用人工智能、专家系统、模糊控制、神经网络、遗传算法等智能控制技术，按公路隧道照明亮度递减适应曲线进行动态调光控制，以达到安全、舒适、高效、经济的照明效果。该方式重点突出节能控制的特点，体现绿色照明要求，追求"按需照明"的理想设计目标。随着工业自动化水平的提高和照明光源的发展及照明灯具的改善，智能控制方式将会得到更为广泛的应用。隧道智能控制方式如图 6-6 所示，隧道智能控制查询界面如图 6-7 所示。

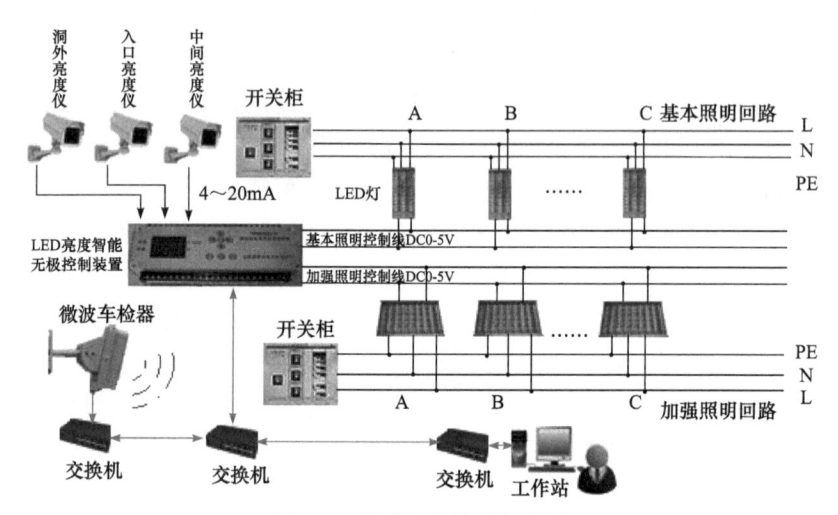

图 6-6 隧道智能控制方式图

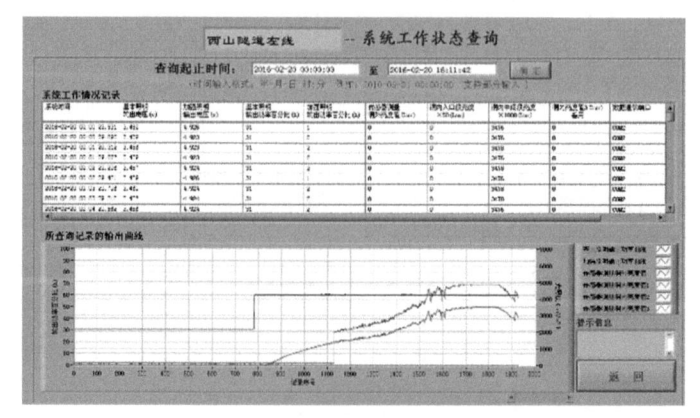

图 6-7 隧道智能控制查询界面

上述照明控制方式中，人工控制方式的优先级最高，自动控制方式优先级低于人工控制方式。照明控制宜采用以智能控制或自动控制为主、人工控制为辅的控制方式。

4. 光导管技术

光导照明是一种特殊的照明技术。它可以将日光源或人工光源发出的光从一处传输到另一处，并按照需要进行光的分配。光导照明技术作为一项新的照明技术，有着节能环保等优势，已经越来越受到人们的关注，并得到了广泛的应用。

光导管照明系统将光源发出的光从一个地方传输到另一个地方，进行重新分配，以达到一定的照明效果。光导管照明系统其原理是通过采光装置聚集室外的自然光线并导入系统内部，再经过特殊制作的导光装置通过多次反射改变自然光的传播方向，并将光线反射到系统底部的漫射器，由系统底部的漫射装置把自然光线均匀导入室内任何需要光线的地方。

光导管最大的优点是节能。一方面，由于完全采用自然采光，无须消耗人工能源，光导管可以节省建筑用电约 20%～30%；另一方面，相比其他方式的人工采光，光导管系统所引入的热负荷比较小。长期以来，人们一直对自然光存在一种误解，认为自然光进入室内所带来的热量要多于人工光源的发热量。实际上如果提供相同的照度，自然光的发热量要比大多数人工光源少得多，这是因为人工光源在利用电能发光的同时将大部分电能转化为了热能，也就是说，人工光源实际的发光效率是很低的，利用光导管采光代替人工照明，可以有效降低建筑能耗。

从长远来看，光导管系统投入少、效益高。光导管系统从安装使用开始便属于一次性投资，不需要维护，使用寿命长，正常情况下可使用 20 年以上，利用效率较高，可以有效地弥补人工照明的不足。在现如今大力倡导绿色照明的环境下，开发利用光导管照明不失为一种经济可靠的照明方式。光导管在隧道工程中的应用如图 6-8 所示。

图 6-8　光导管在隧道工程中的应用

5. 光纤照明技术

光纤照明是一种新型照明方式，隧道进出口照明采用光纤导入太阳光加强照明，可节约照明能耗。冯守中[43]通过玉台隧道的应用实践，深入研究了适合隧道照明的光纤种类、条件、光纤传输耦合及照明光强设计的技术方法。光纤结构示意图如图 6-9 所示。

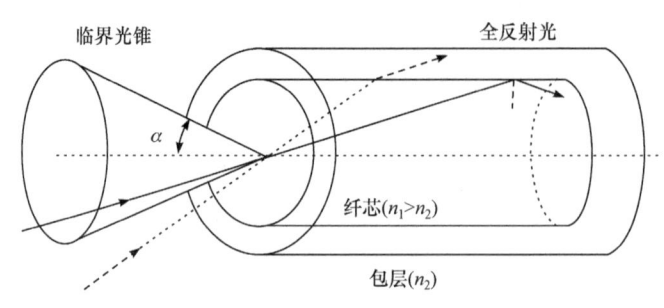

图 6-9 光纤结构示意图

光纤照明可用于隧道进出口端的加强照明，选择光纤宜选择具有较大数值孔径的端部散射石英光纤。自动聚光器宜使用直流电机驱动，涡轮蜗杆减速机减速，可实现高精度追踪，避免使用步进电机或伺服电机带来的高成本；为减少太阳光的收集、传输损失，应保证透镜聚焦光斑小于传输光纤的端部直径、光斑光线的聚焦夹角小于传输光纤的临界接收角，同时，光斑的聚焦温度不可大于传输光纤的软化温度。工程实践证明，只有在晴天有太阳时才能保证光纤的照明效果，故利用太阳光的光纤传输照明必须与其他照明方式进行组合，才可达到预期的隧道的照明效果。透射式分光原理示意图如图 6-10 所示。

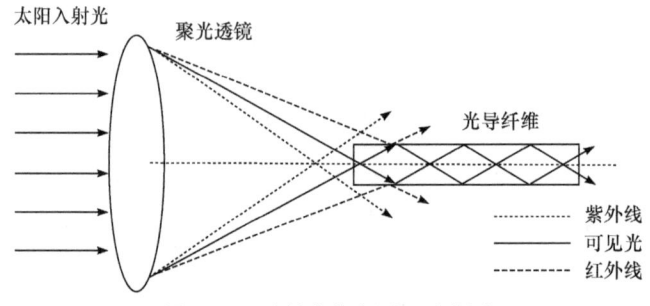

图 6-10 透射式分光原理示意图

6.3.2 隧道照明节能指标

随着隧道照明设施的规模越来越大，隧道的运营电费和维护费用也越来越高。隧道照明的核心问题是隧道照明节能和交通安全的矛盾。如何在保证隧道交通安全的基础上尽可能降低隧道照明的能耗，已成为节能降耗的重点研究问题。

为了贯彻国家绿色照明的指导思想和宗旨,从 2004 年以来,各单位制定和修订了一系列照明设计标准,这些标准中均增加了照明节能标准的相关规定,如 2004 年发布的国家标准《建筑照明设计标准》(GB 50034—2004)、2006 年发布的国家标准《城市道路照明设计标准》(CJJ 45—2006)、2013 年修订发布的《建筑照明设计标准》(GB 50034—2013)、2015 年修订发布的《城市道路照明设计标准》(CJJ 45—2015),以及 2020 年江苏省发布的地方标准《城市隧道照明设计标准》(DB32T 3692—2019)等。在这些标准中,都正式规定了照明节能评价指标——照明功率密度(LPD)的概念。

照明功率密度就是单位面积上的照明安装功率(包括光源、镇流器或变压器)。它综合考虑了整个照明系统的功率损耗,在节能效果对比上更加全面、科学;同时,LPD 作为一个相对简单便于操作的指标,既便于设计人员贯彻实施,也便于管理部门对节能效果进行验收评价。

在进行隧道照明设计时,为了达到隧道照明功率密度标准值,可根据实际光环境情况,选择合适的照明方式(如可选择逆光照明方式等),以及选择光谱分布适宜的光源(因为不同光谱分布的光源在不同照明水平时,折算到明视觉的发光效率不同)等措施,充分利用光生物效应和中间视觉的研究成果,达到隧道照明节能的目的。

除了以照明功率密度值作为节能考核指标外,下列内容也可作为指标选项。

(1) 能设备选择:实践证明,照明灯具越先进,其可控性与可调性也越好,隧道节能效果也越好,例如,近年来使用 LED 灯进行隧道节能,得到业内认可。

(2) 节能控制技术:隧道照明控制技术越先进,节能效果越好,例如,采用智能调光控制技术可按照隧道洞外亮度及隧道车辆流量情况对隧道内照明实时控制,节能效果好。

(3) 隧道运维能力:隧道照明设备运行和维护的好坏直接影响隧道运营能耗的多少,因此运营阶段应加强照明灯具的维修、清洁。

6.4 隧道照明节能技术案例

6.4.1 扬州扬子江路隧道

1. 项目概况

扬州市城市南部快速通道以隧道形式下穿邗江路、石杨路和扬子江中路。按城市快速路标准建设,设计速度 80km/h,双向六车道。其中,扬子江路隧道下穿扬子江路,隧道全长 1150m,暗埋段长度 770m。

2. 照明设计

扬子江路隧道出入口均设置了遮光棚,洞口亮度按 50%折减,即隧道内入口段加强照明亮度指标也在原基础上折减 50%。扬子江路隧道遮光棚如图 6-11 所示，扬子江路隧道遮光棚断面如图 6-12 所示。

图 6-11 扬子江路隧道遮光棚

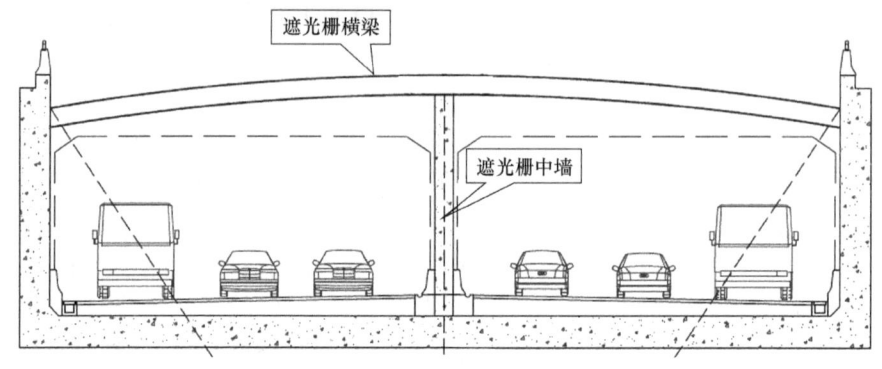

图 6-12 扬子江路隧道遮光棚断面图

隧道出入口均设置了遮光棚，遮光棚长度为 20m，部分入口减光段长度由隧道加强照明实现，则隧道遮光棚起点亮度指标为 500 cd/m²，经计算隧道内照明亮度及照明方案如表 6-2 所示。

表 6-2 隧道新照明亮度及照明方案表

照明段	入口减光段 1	入口减光段 2	入口过渡段	基本段	出口过渡段	出口减光段
亮度/(cd/m²)	53.0	26.25	7.875	2.5	7.5	12.5
长度	20	40	70	530	40	20
布灯方案	50W 10m	160W 2.5m	100W 5m	50W 10m	50W 5m	50W 10m

隧道照明采用 LED 灯，灯具采用两侧对称或交错布置。基本照明均为 50W 隧道专用 LED 灯，全隧道贯通布置，布设间距为 10m；入口减光段 1 加强照明采用减光设施，入口减光段 2 为 160W 的 LED 灯、间距 2.5m；入口过渡段为 100W 的 LED 灯、间距 5m，出口过渡段为 50W 的 LED 灯、间距为 5m，出口减光段为 50W 的 LED 灯、间距为 10m。

隧道加强照明灯具总功率为 10.5kW，基本照明灯具总功率为 15.2kW。

1) 投资造价

在隧道机电工程的建设中，隧道照明投资占据了总投资相当大的一部分。隧道采用遮光棚后，引起了照明方案的调整，进而使照明投资减少，投资对比如表 6-3 所示。

表 6-3 灯具数量统计表

灯具型号	240W	160W	100W	50W
灯具单价/元(包含安装费)	5300	3700	2500	1500
原照明方案/套	120	64	—	156+304
新照明方案/套	—	40	78	84+304

注：新方案考虑了遮光棚段照明灯具数量。

原照明方案，灯具采购及安装费 = $\sum$(灯具数量×灯具单价) = 1562800元 = 156.28万元；新照明方案，灯具采购及安装费 = $\sum$(灯具数量×灯具单价) = 925000元 = 92.5万元。

根据工程经验，灯具采购及安装费用，一般占照明系统造价的 60%，因此考虑遮光棚，照明方案调整后，投资造价将减少 (156.28 – 92.5)/60% ≈ 102.05万元。

2) 运营节能

隧道运营期间，照明能耗很大，给管养单位带来沉重的负担。若隧道设置遮光棚，并调整照明方案，则会对用电量产生一定的影响，具体分析如下。

加强照明灯具每天开启 10h，基本照明灯具每天开启 24h，电费以 0.8 元/(kW·h)计。

原照明方案，一年用电量 = (加强照明灯具功率×10 + 基本照明灯具功率×24)×365/1000 = 304118kW·h。

新照明方案，一年用电量 = (加强照明灯具功率×10 + 基本照明灯具功率×24)×365/1000 = 200312kW·h。

一年节省电量 = 原照明方案一年用电量 – 新照明方案一年用电量 = 103806kW·h。

一年节省电费 ≈ 8.31万元。

即隧道运营十年可节省电量约 103.81 万 kW·h 电，可节省电费约 83.1 万元。

3) 养护费用

在隧道运营的过程中，照明灯具会发生损坏，需要定期维护更换，且一般隧道照明设计年限为五年，因此可能在五年后大量更换照明灯具。

假定每年灯具的破损率为 5%，五年更换全部灯具，照明电缆等其他设施可重复利用，则产生的灯具养护费用计算如下。

原照明方案，十年灯具的养护费用 = 灯具采购及安装费 × (1+5%×10) = 156.28 × (1+5%×10) = 234.42 万元。

新照明方案，十年灯具的养护费用 = 灯具采购及安装费 × (1+5%×10) = 92.5 × (1+5%×10) = 138.75 万元。

十年节省的养护费用 = 234.42 − 138.75 = 95.67 万元。

4) 节省资金总估算

以十年为基准，考虑一次建设投资，运营电费以及管养维修费用，两个方案总资金投入比较，可节省费用 = 一次建设投资减少费用 + 运营节省电费 + 节省养护维修费 = 102.05 + 83.1 + 95.65 = 280.82 万元。

通过课题成果在隧道应用，隧道照明投资节约 102.05 万元，投资降低了约 38%，年运营费用减少约 8.31 万元，节能效果约为 34.15%，运营养护费用年节省 9.567 万元。

6.4.2 上海长江路隧道浦西匝道

1. 项目概况

长江路越江隧道东起港城路双江路，西接长江路郝家港桥以东，其中隧道主线长约 2.8km，设双向六车道，在浦西设置一对进出口匝道连接军工路。

2. 照明设计

长江路隧道在浦西匝道进出口 97m 范围内，即加强照明段采用 LED 灯具和光导管组合照明，长江路隧道在浦西匝道光导管段实景如图 6-13 所示。据调研，该隧道入口段共使用了 78 套光导照明系统，照明效果良好。

图 6-13　长江路隧道在浦西匝道光导管段实景图

3. 照明节能分析

经调研,上海长江西路隧道于 2011 年针对两个国产品牌的光导管产品做了 3 个光导照明的实验光测试,实验测试条件如表 6-4 所示。

表 6-4　上海长江西路隧道实验测试条件

光导管品牌	日期	天气	风	温度/℃
东方风景	2011-2-26	小雨	东南风 3～4 级	16
索乐图	2011-3-12	多云	南风 4～5 级	17
索乐图	2011-3-14	小雨	北风 4～5 级	14

上海长江西路隧道实验测试照度如表 6-5 所示。

表 6-5　上海长江西路隧道实验测试照度

时间	照度	东方风景	索乐图(ϕ530)	索乐图(ϕ750)
10:00	外界照度/lx	40000	15000	7300
12:00		9000	61000	20000
17:00		11000	2000	1200
10:00	光导管照度/lx	61.37	74.25	59.17
12:00		31.25	268.57	74.48
17:00		17.20	4.86	6.18

根据以上表格可知,这 3 种光导管都可以满足每天至少为隧道提供 10h 的自然光照明。尽管 17:00 的测试照度略低,但考虑到天气和季节为初春 3 月,17:00 的城市隧道洞外光环境已经没有那么高,不需要过高的亮度。光导管的照度会随着隧道洞外的照度的变化而改变,从而减弱人眼的明暗适应程度。该隧道的光导管可减少照明灯具约 96 套,降低隧道的加强照明功率约 24kW,节约照明能耗达 40%以上,预计一年可节电约 12.6 万 kW·h,按电费为 0.85 元/(kW·h)计算,一年节约电费 10.7 万元。

第7章 绿色隧道结构健康监测

7.1 结构健康监测的定义

结构健康监测(structural health monitoring,SHM)即利用现场的、无损的、实时的方式采集环境与结构信息,分析结构的各种反应特征,获取结构因环境因素、损伤或退化而造成的改变。

结构健康监测是伴随着大规模工程建设的兴起和科技的进步新发展起来的一项技术,近年来,伴随着大型基础工程建设的兴起,工程结构在施工和运营期间的健康监测受到越来越多的关注。结构健康监测系统能够实时采集数据并作出分析,及时地发现结构内部损伤的位置,估算损伤程度,预测结构的性能退化程度与剩余寿命,并采取相应的工程措施。

水利大坝是最早采用自动化监测系统的基础设施,21世纪开始,我国新建的大型桥梁开始大量采用健康监测系统确保结构安全。2009年建成通车的上海长江隧道是我国首条采用健康监测系统的大型水下隧道,随后相继建成的南京长江隧道(南京应天大街过江隧道)、南京扬子江隧道(南京定淮门大街过江隧道)等也都采用了健康监测系统,实时采集隧道温度、应力、位移、土压力与孔隙水压力等结构与环境状态参数。

结构健康监测的原理如图 7-1 所示,结构体内部及表面的各类传感器犹如人

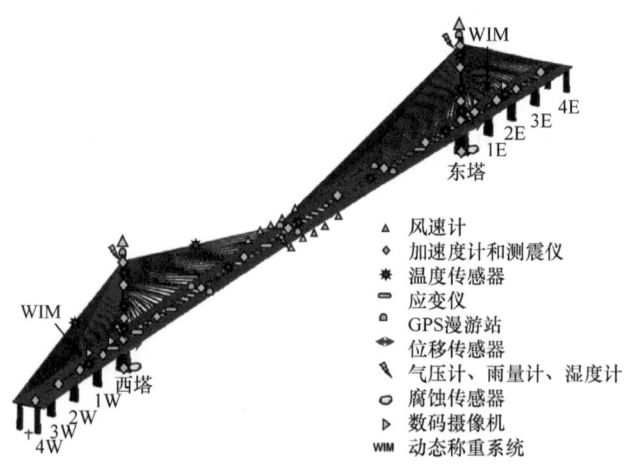

图 7-1 结构健康监测原理图

体皮肤上的神经,负责采集环境与结构信息;健康监测控制中心犹如人体的大脑,可对实时采集的数据进行分析,当监测数据触及预警或报警阈值时,健康监测系统及时发出信息通知基础设施的管理者。

7.2 隧道结构健康监测系统的特点与发展

7.2.1 隧道结构的服役环境与结构病害

相对其他结构物,隧道工程服役环境复杂,在运营阶段,隧道结构往往存在多种病害,给隧道长期服役的安全性与耐久性带来了诸多挑战。隧道服役环境的重要影响因素如下。

(1) 随着工程技术的发展,大断面、复杂建设条件的隧道工程不断建成。隧道建设从城市软土环境正逐步转向强透水地层、软弱互层、风化槽段、穿越岩层、孤石及硬岩凸起等复杂地质环境。由于地层岩性软硬不均,围岩物理、力学性质差异大,原有的荷载评价与量化包络准确性存在一系列问题。

(2) 隧道受到周围地层的约束作用,在地震等强自然灾害作用下具有较好的性能。然而,抵御强震时,隧道工程震害仍然突出。如 1923 年日本关东大地震、1995 年日本阪神大地震的强震作用导致区间隧道出现严重震害。2008 年 5·12 汶川地震发生后,成都部分地铁区间盾构隧道出现了管片劣损、剥落、错台和渗漏水等典型的震害。上述震害虽然未严重破坏隧道主体结构,但却影响到隧道结构的使用性能与长期耐久性。

(3) 隧道在运营过程中,各类突发事故时有发生,例如,高速公路隧道火灾和爆炸事故,以及高速铁路隧道内列车脱轨和撞击问题等,将不可避免地引起隧道衬砌结构的劣化,影响到隧道结构整体的稳定性甚至危及结构安全。

(4) 在较长的服役时间内,隧道处于复杂的土-水或岩-水环境中,因此隧道结构持续受到 CO_2、氯离子、酸、碱、温湿变化以及干湿循环等环境侵蚀作用,隧道衬砌结构材料的力学性能将持续劣化,混凝土碳化与钢筋锈蚀将进一步导致结构开裂、破碎掉块、衬砌损坏等,影响到衬砌结构的承载能力并威胁到结构的服役安全。

在上述服役环境中,隧道的结构病害一方面因服役环境产生,另一方面将恶化服役环境,引起结构病害的持续增加,典型的结构病害主要有以下几类。

1) 渗漏水

隧道由于处于地下水位线以下,渗漏水是最常见的病害之一,"十隧九漏"。以上海地铁 1 号线盾构隧道为例,渗漏水现象在全线都较为普遍,渗漏主要出现在环缝、纵缝、注浆孔及旁通道位置,由于热胀冷缩现象的存在,冬季渗漏水现象比其他季节更为严重。

对于钻爆法隧道，一般处于岩层中，修建后往往成为所穿越山体附近地下水聚集的通道，当隧道穿过或靠近含水地层时，地下水会发生渗透。衬砌背后砂土流出使围岩松弛也会成为外荷载作用而引起相关病害，此外，渗漏水本身也会导致一系列病害，例如，使路面打滑而影响交通安全，对隧道内附属设施产生不良影响，影响行车舒适性以及隧道内的美观；在寒冷地区，还可能导致路面冻结以及形成冰柱。

2) 衬砌变形

衬砌变形包括断面变形和衬砌移动。断面变形和衬砌移动变现为收敛变形、错台、边墙下沉和纵向差异沉降。

(1) 收敛变形。

收敛变形是隧道横向变形的形式，下卧土层特性变化、地表水位变化、局部堆载、临近工程施工等因素均可能导致隧道横向变形增大，横断面呈现出"横鸭蛋"形。以结构隧道为例。隧道收敛变形导致封顶块与邻接块解封张开、往往脱落。严重时需要采用工程措施控制隧道横向变形，工程措施包括内置钢圈加固、隧道上方卸载及两侧土体加固以增大侧向抗力等。

(2) 错台。

错台按其方向划分有凸出错台和凹进错台两种形式，一般发生在隧道起拱线或施工缝处。错台按受力特点的差异又可分为弯曲受剪错台和直接受剪错台，如图 7-2 和图 7-3 所示。

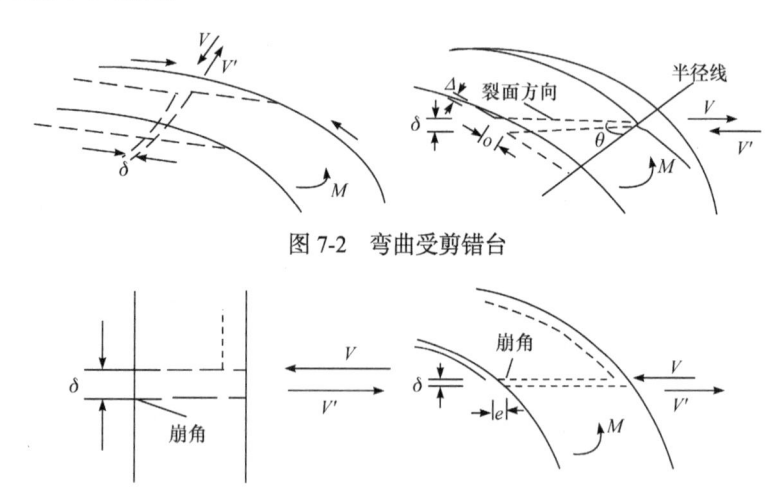

图 7-2 弯曲受剪错台

图 7-3 直接受剪错台

图中符号说明：V, V'-切应力；M-弯矩；δ-裂缝宽度；Δ-变形量；o-张开量；θ-崩角；e-错缝宽度

(3) 边墙下沉。

边墙下沉通常伴随底板变形。隧道底板隆起会造成隧道底部上抬和整体下沉，

从而使隧道发生变形和破坏，严重时会造成路面破坏并有可能导致隧道失稳，危及行车安全，如图 7-4 所示。边墙下沉与隧道围岩性质、应力状态和维护方式密切相关。按表象特征可分为三种形式，即直线型、折曲型和弧状型。

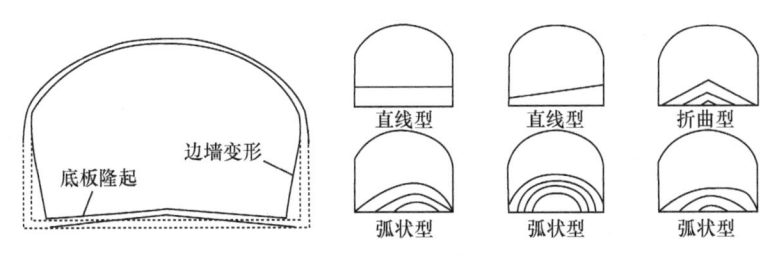

图 7-4　边墙下沉

(4) 纵向差异沉降。

隧道为线状的地下结构，因所处的地层条件不断变化，隧道结构的刚度与地层的刚度也相应发生变化，在纵向上容易出现一些刚度发生突变的节点，从而产生纵向差异沉降。以盾构隧道为例，其衬砌在纵向上由管片环通过螺栓连接，纵向刚度较小，在下卧地层突变、隧道上方堆载显著加大及周边存在大型工程施工时，衬砌的纵向差异沉降较为突出。

3) 衬砌开裂与破损

衬砌开裂是常见的隧道衬砌病害类型。衬砌开裂会引起结构承载力的急剧下降，导致衬砌结构突然失稳和垮塌而产生严重的后果。裂缝是直接反映隧道衬砌结构受力的主要表现特征。

按其裂缝发展部位和方向可分为纵向裂缝、斜向裂缝及环向裂缝，如图 7-5 所示。

图 7-5　隧道发展部位裂缝形式

裂缝按其形成机理可以分为弯张裂缝、剪切裂缝、扭弯裂缝、收缩裂缝、压剪裂缝。

(1) 弯张裂缝是一种较为普遍的裂缝形态，其特征是裂缝张口较大，锯齿状破口，一般无错位，开裂严重时，衬砌裂缝对应的另一面出现挤压剥离现象，其破坏形态如图 7-6 所示。

(2) 剪切裂缝的数量仅次于弯张裂缝，也是一种主要的裂缝类型，其特征为裂缝张口小，有明显的错台，破坏一般无锯齿状，有滑移的痕迹，其破坏形态如图 7-7 所示。

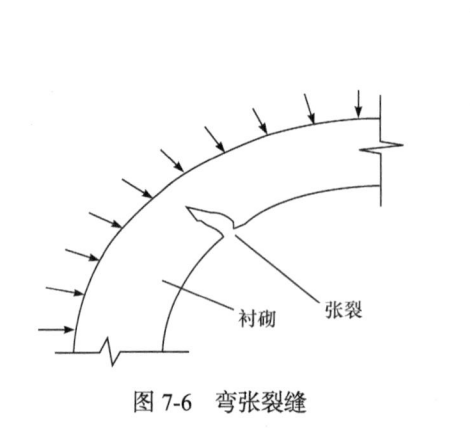

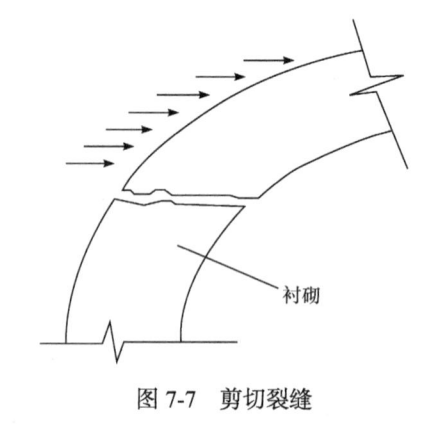

图 7-6 弯张裂缝

图 7-7 剪切裂缝

(3) 扭弯裂缝的数量较少，其特征为裂缝张口不大，破坏一般无锯齿，裂缝大部分沿斜向发展，经常由一条或数条方向基本相同的裂缝组成，其形态如图 7-8 所示。

(4) 收缩裂缝一般无规律，深度不大。收缩裂缝因混凝土材料的收缩产生，较容易发生在环向施工缝处。此类裂缝不是过于密集时，一般对隧道结构稳定性威胁不大，但会引起隧道的渗漏水等病害。

(5) 压剪裂缝的裂缝破口没有明显锯齿状，有错台，出现刀刃性的尖劈裂缝。形成薄片状剥离体，其形状如图 7-9 所示。

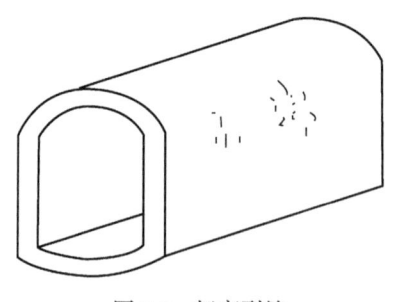

图 7-8 扭弯裂缝

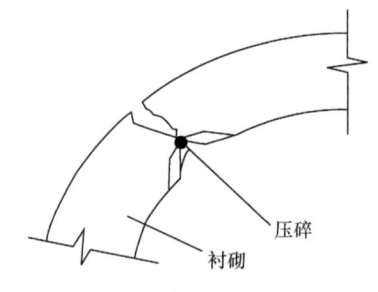

图 7-9 衬砌压剪裂缝

混凝土衬砌局部破损现象较为常见，一般表现为衬砌混凝土的剥落和剥离。剥落是指混凝土表面砂浆流失和粗骨料外露的现象，一般发生在混凝土表层品质较差的部位；剥离是指混凝土近似圆形和椭圆形的剥落，它与剥落的区别在于，剥离是呈片块状流失，且流失面积较剥落大；鼓出发展到一定程度就是剥离。

4) 材料劣化

衬砌的材料劣化主要包括钢筋的锈蚀和混凝土的碳化。

在钢筋混凝土衬砌结构中，一旦钢筋的钝化膜发生破坏，在有水和氧气的条件下，钢筋将逐步发生腐蚀。钢筋腐蚀时，在其表面析出 $Fe(OH)_2$，$Fe(OH)_2$ 失水后生成铁锈，对周围的混凝土产生挤压力，并导致混凝土开裂、剥落，降低钢筋与混凝土之间的黏结力，进而降低结构或构件的承载力。并且随着时间的推移，锈蚀会逐步发展，最终可能导致结构的完全破坏。

混凝土的碳化一般指空气中的 CO_2 与水泥石的水化产物发生物理化学反应，生成碳酸盐或其他物质的现象。混凝土碳化会降低混凝土材料的碱度，继而破坏钢材表面的钝化膜，使混凝土失去对钢材的保护作用，发生钢材锈蚀。

7.2.2 结构健康监测的技术发展

隧道结构的各种病害在很大程度上影响其正常运营，属于隧道运营阶段的难题。结构健康监测是近年来在传统的人工检测、监测方法的基础上逐步发展起来的自动化监测方法。

水利大坝是最早采用自动化监测的基础设施，始于 20 世纪初，但当时的方法和设备都较差。70 年代以来，由于电子技术和电子计算机的发展和应用，大坝安全监测自动化水平迅速提高，美国、日本、西班牙意大利和法国等都建立了集中处理大坝安全监测资料的机构。

我国于 20 世纪 80 年代研制并应用了遥测垂线坐标仪、倾斜仪、水位计、激光准直设备等新仪器新设备，在龚嘴水电站、葛洲坝水利枢纽、东江水电站等大坝上实现了内部观测仪器自动测量和自动处理，建立了全国性的大坝安全监测机构和安全分析中心，开始制定各种大坝安全管理条例和技术规范。

国外从 20 世纪 80 年代中后期开始建立各种规模的结构健康监测系统。英国在 Foyle 桥上布设传感器，监测大桥运营阶段在车辆与风荷载作用下主梁的振动、挠度和应变等响应，同时监测环境风和结构温度场。较早应用结构健康监测技术的隧道工程为建于 1987 年的日本青函海底隧道，其监测内容主要为渗漏、衬砌应力和地震动。其他知名隧道如英吉利海峡盾构隧道、韩国釜山沉管隧道、丹麦厄勒海峡沉管隧道、希腊普雷韦扎沉管隧道等也均应用了该技术。

21 世纪开始，我国新建的大型桥梁开始大量采用健康监测方法监测结构安全，如香港的青马桥、上海徐浦大桥、芜湖长江大桥、江阴长江公路大桥、南京长江三桥、港珠澳大桥均实施了结构健康监测，实时监测风、雨、地震、车辆等荷载和位移、变形、振动、索力等结构响应。近十余年，结构健康监测技术逐步应用在国内长大水下隧道中。厦门翔安海底隧道、青岛胶州湾海底隧道、武汉长江隧道、上海崇明长江隧道、南京应天大街隧道、港珠澳大桥海底隧道及南京定淮门大街隧道等均构建了结构健康监测系统。

7.3 隧道结构健康监测系统的组成

7.3.1 隧道结构健康监测的内容

隧道结构健康监测的内容与隧道结构类型、地质条件及周边环境条件等密切相关。表7-1列举了水下隧道的结构健康监测项目。

表 7-1 水下隧道结构健康监测项目

监测内容		监测项目	重点位置
实时监测	结构变形	隧道衬砌纵向沉降	进出洞段 变坡段 覆土变化段
		管片接缝张开量	地层刚度、结构刚度突变处
	结构荷载	结构温度分布监测	进出口段 河底段
		隧道外侧土压力	水土压力易变化段
		隧道外侧水压力	水土压力易变化段
	结构内力	管片钢筋内力	水土压力易变化段
		管片混凝土应力	水土压力易变化段
		连接螺栓内力	变坡段、浅覆土段
		管片接缝 法向接触应力	变坡段 河底段
定期检测	长江水位	水位变化	隧道轴线
	河床断面	河底地形测量	隧道轴线
	工程区域的地面沉降、防汛墙大堤	江河大堤及浅埋段地面、地层沉降	大堤段
	管片变形检测	断面收敛变形	变形缝附近
	管片后地层检测	注浆后空洞	变坡段
	混凝土性能检测	混凝土碳化程度	进出口段 河底段

采用不同施工方法修建的隧道，监测项目有所不同，如表 7-2 所示。

表 7-2 不同工法隧道结构健康监测项目

隧道建造类型	监测项目
钻爆隧道	拱顶下沉 收敛变形 围岩与初衬接触压力 初衬与二衬接触压力 初衬及二衬水压力 二次衬砌混凝土及钢筋应力等
盾构隧道	管片外水压力及土压力 管片混凝土及钢筋应力 螺栓内力 管片接缝张开量及错开量 隧道断面收敛变形等
沉管隧道	管段外水压力 基底应力 管段混凝土及钢筋应力 隧道顶覆盖层 管段接缝张开量及错开量 管段接头剪切键应力 止水带压缩状态等
堰筑隧道	基底应力 衬砌外水压力 土压力 混凝土及钢筋应力等

(1) 对于钻爆隧道，监测项目一般可以选择拱顶下沉、收敛变形，围岩与初衬接触压力、初衬与二衬接触压力、初衬及二衬水压力、二次衬砌混凝土及钢筋应力等。

(2) 对于盾构隧道，隧道管片结构与地层、地下水长期作用，在长期高水压作用下结构容易发生腐蚀，连接件也容易发生老化。一般需要监测管片外水压力及土压力、管片混凝土及钢筋应力、螺栓内力、管片接缝张开量及错开量、隧道断面收敛变形等。

(3) 对于沉管隧道，应监测管段外水压力、基底应力、管段混凝土及钢筋应力等，同时于运营过程中管段接头易发生位移，还应重点对管段接缝张开量及错开量、止水带压缩状态等进行监测。

(4) 堰筑隧道应对基地应力，衬砌外水压力、土压力、混凝土及钢筋应力等进行监测。

7.3.2 隧道结构健康监测系统总体框架

隧道结构健康监测系统包括传感器、数据采集和数据分析系统、监控中心以及实现诊断功能的各种软硬件。硬件部分主要包括：

(1) 传感器系统。传感器系统由现场感知元件传感器组成。主要是由现场感知元件能够将待测物理量转变为电或光信号。

(2) 数据采集和传输系统。数据采集系统由各类收集传感器信号的设备组成，此类设备可以完成部分初步处理工作。传输系统则是通过无线电、电缆或光缆等传输方式，结合网络等远程传输设备，将采集并处理过的数据传输到监控中心，对于人工巡测数据则需要专人将巡测数据录入人工巡测管理软件系统。

(3) 数据存储与管理系统。数据存储主要由相关数据库系统(服务器)完成。数据管理系统(服务器)能够将监测数据直接以形象直观的图形化的方式展现，使数据分析更加简单。

软件部分一般包括：

(1) 中心数据库子系统。中心数据库子系统统筹实现实时数据采集、存储、历史数据管理等功能。

(2) 预警与评价子系统。预警与评价子系统基于监测得到的隧道结构不同物理量，参考相应规范，辅助以数值计算、统计分析，结合监测物理量长期变化趋势，判断损伤的发生、位置、程度，对结构健康状况作出评估，如发现异常，发出报警信息。

(3) 用户界面子系统。用户界面子系统一般在工作站端软件或网络端软件上实现，供隧道管理人员日常管理和维护。

7.3.3 传感器系统

传感器担负着感知外界环境变化，收集外界信息的任务。传感器要求具有高度感受结构力学状态的能力，能够将应变、位移、加速度等测量参数直接转换成采集信号输出。

用于隧道结构健康监测的仪器元件，从原理上而言，主要有振弦式、电阻式、光纤式及电压式等几种。不同原理的传感器在性能、效果、经济等方面各不相同，应结合实际工程需要进行选择。一般传感器选择应遵循以下原则：

(1) 防水、防潮，即适宜在含水或潮湿环境下工作，且工作稳定。电阻应变式传感器在这方面相对较差。

(2) 防腐蚀性强。此时不仅要考虑传感器系统的防腐蚀性，而且也应考虑传感器接头与传输线路的防腐蚀能力。

(3) 耐用性。从理论上而言，各类传感器都具有足够长时间的耐用性，但考虑厂家工艺水平以及实际使用条件,光纤式传感器和振弦式传感器相对更为耐用。

(4) 抗干扰能力强。

(5) 能满足长距离自动监测。在此方面,光纤传感技术具有明显优势。

(6) 埋设方便。实际应用表明,传感器埋设水平与最终监测效果有直接关系,因此应尽可能选择埋设方法简便的传感器。在此方面,光纤式传感器要弱于振弦式、电阻式等传感器。

不同原理传感器的特点比较如表 7-3 所示。

表 7-3 不同原理传感器的特点比较

	电阻式	振弦式	光纤式	压电式
防水、防潮	较差	较好	好	较好
防腐蚀	较差	较好	好	较好
耐用性	较差	好	好	好
抗干扰能力	较好	好	好	好
远距离监测	较好	好	好	好
埋设方式	简单	简单	较复杂	简单

7.3.4 数据采集和传输系统

1. 数据采集系统

数据采集系统是隧道结构健康监测系统的重要组成部分之一,应满足多通道采集、实时采集及与上位机通信的功能。各功能要求如下:

1) 多通道采集

隧道结构健康监测同时对多断面多测点进行检测。每一个测点需要一个或者多个传感器,数量庞大的传感器形成了一个包含众多通道的数据采集网络。为保证数据分析时各数据基本是同时的,采集网络应具备多通道采集的功能。

2) 数据实时采集

监控中心能够及时获取各个监测断面的结构实时数据,不仅能监测围岩、支护的工作情况,还能发现监测系统硬件故障。当结构发生异常时能够产生警告信息,还能对发生故障的监测设备进行准确定位,采取相应的警告处理措施。

3) 通信功能

数据采集器,需要同上位机通信来实现数据的读取,并且采集器的参数设定也需要通过上位机实现,因此采集器应该具有通信功能。

2. 数据传输系统

隧道结构健康监测系统通过传感器将温度、应变等信息转换成光信号或者电信号之后，需要通过传输系统将这些信息回传给数据处理终端。

通信方式有多种，根据传输媒介可分为有线通信和无线通信两种。其中：①由有线通信介质构成的网络为有线通信网络，其介质主要包括光缆、电缆、导线等，如果按照介质的不同可再进一步划分为载波通信网和光纤通信网。②主要以无线传输方式搭建的网络为无线通信网，其传输载体主要由不同频率的电磁波构成，如微波、卫星、激光等。在隧道结构健康监测系统中常见的无线通信网络有移动通信网、卫星通信网等。

有线通信有很多优点，如抗干扰能力强、误码率低、稳定性好，具备较好的保密性和传输速率快等，但其只能将通信局限在很小的空间中，具有扩展性弱、施工难度较大、可移动性差、费用高等缺点。

无线通信的优点是成本相对低廉、设备维护方便、故障诊断简单，其缺点是可靠性和安全性不足，但近年来无线通信的可靠性和安全性也在不断地提高。通过在加密策略上采用新的方法来改进保密性，在数据传输上实现隐蔽的传输，最终无线传输系统的安全级别将会超过有线通信网络。此外，相比电缆、光缆数天的铺线工作量，无线传输网络可能只需要半天或者几个小时就搞定了。此外，采用一些先进的无线通信技术，不但可以很好地达到远程监控的目的，还可以实现移动监控。

1) 有线传输

有线传输方式主要用于测试现场的近距离通信，将传感器采集到的数据直接传输给终端进行处理。有线通信主要包括光纤传输和电缆传输两种方式。

(1) 光纤传输。

光纤传输是利用激光作载波，以光纤作为传输媒质将信息从一处传至另一处的通信方式。在发送端，首先要把传送的传感信息(如温度、应变)调制到激光器发出的激光束上，使光的强度(或频率)随传感信号的幅度(频率)变化而变化，并通过光纤发送出去；在接收端，检测器收到光信号后把它变换成电信号，经解调后恢复原信息。

光纤通信的通信容量大、传输距离远；一根光纤的潜在带宽可达 20THz。光纤的损耗极低，在光波长为 1.55μm 附近，石英光纤损耗可低于 0.2dB/km，这比任何传输媒质的损耗都低。因此，无中继传输距离可达几十、甚至上百公里。光纤通信还具有抗电磁干扰、传输质量佳、保密性能好、尺寸小、重量轻、寿命长、材料来源丰富等优点，光纤传输已成为世界通信中主要传输方式。

光纤传输的缺点是：光纤机械强度差、光纤的切断和连接较复杂、分路和耦合不灵活、光纤光缆的弯曲半径不能过小(不小于 20cm)。

典型的光纤传输方案如图 7-10 所示。

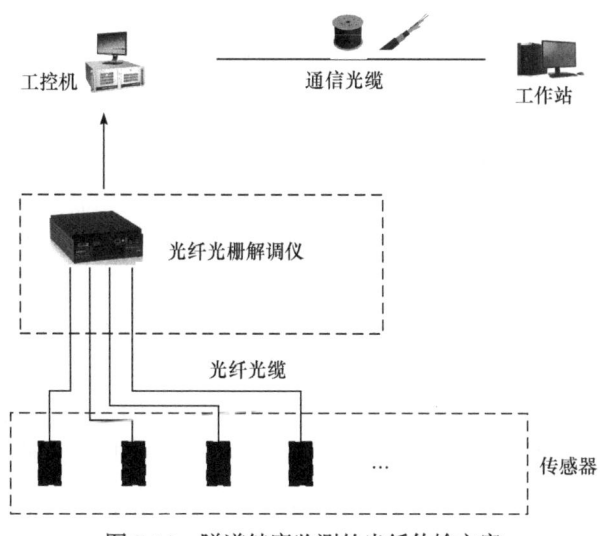

图 7-10　隧道健康监测的光纤传输方案

(2) 电缆传输。

电缆传输中应用较广的是串口总线传输。串口即串行接口，也称串行通信接口，是采用串行通信方式的扩展接口。一条信息的各位数据被逐位按顺序传送的通信方式称为串行通信。串行通信的特点是：数据位的传送，按位顺序进行，最少只需一根传输线即可完成；成本低但传送速度慢。

一般情况下串口通信使用 3 根线完成：地线、发送、接收。由于串口通信是异步的，端口能够在一根线上发送数据同时在另一根线上接收数据。串口通信最重要的参数是波特率、数据位、停止位和奇偶校验。对于两个进行通信的端口，这些参数必须匹配。

波特率是一个衡量通信速度的参数。它表示每秒钟传送的比特的个数。

数据位是衡量通信中实际数据位的参数。

停止位用于表示单个包的最后一位。典型的值为 1、1.5 和 2 位。

奇偶校验是串口通信中一种简单的检错方式，包括四种检错方式：偶、奇、高和低。结构健康监测的电缆传输方案如图 7-11 所示。

2) 无线传输系统

无线传感器网络(wireless sensor network，WSN)，由部署在监测区域内大量的廉价微型传感器节点组成，通过无线通信方式形成的一个多跳的自组织的网络系统，其目的是协作地感知、采集和处理网络覆盖区域中感知对象的信息，并发送给观察者。传感器、感知对象和观察者构成了无线传感器网络的三个要素。

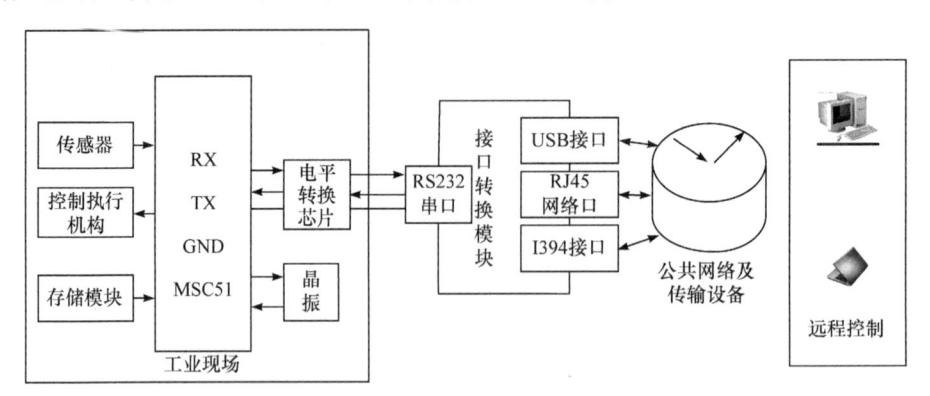

图 7-11　结构健康监测的电缆传输方案

无线传感器网络结构如图 7-12 所示,无线传感器网络系统通常包括传感器节点、汇聚节点和通信网络。大量传感器节点随机部署在监测区域内部或附近,能够通过自组织方式构成网络。传感器节点监测的数据沿着其他传感器节点逐跳进行传输,在传输过程中监测数据可能被多个节点处理,经过多跳路由到网关节点,最后通过互联网或卫星到达管理节点。用户通过管理节点对无线传感器网络进行配置和管理,发布监测任务以及收集监测数据。

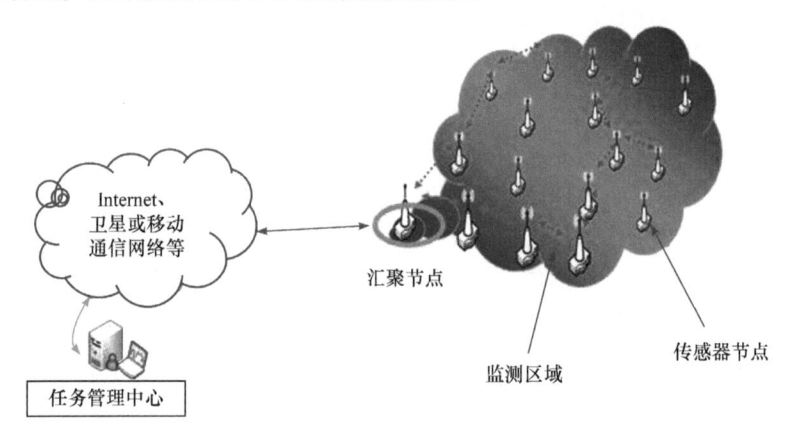

图 7-12　无线传感器网络结构

当前,结构健康监测中常用的无线传输技术有蓝牙(Bluetooth)、Wi-Fi 及 ZigBee 等。上述三类无线传输技术为短距离无线传输技术。表 7-4 对三种通信技术进行了比较。从表 7-4 对比中我们可以看出,三种通信技术的频段类似,具体性能有很大不同,各种技术本身的定位也不同。从传输率看,Wi-Fi 技术适用于高速度的数据传输,红外和蓝牙技术适用于低速率的数据传输,ZigBee 的传输速率远小于其他技术;从传输距离看,蓝牙技术适用于短距离传输(10m 内),而 Wi-Fi

适用于长距离(100m)，ZigBee 的传输距离介于两者之间，较为灵活，功耗低，可用的最大节点数量超过 65000，具有明显优势；在传输距离上和网络规模上，Wi-Fi 技术有很多优势，但其缺点是功耗大，系统资源开销大，协议较为复杂；GPRS 和 GSM 最大的优势是，不受距离的限制；从安全性能考虑，三种技术都提供了相应位的数据保护，都有加密措施。

表 7-4 短距离无线传输技术比较

无线技术	蓝牙	Wi-Fi	ZigBee
对应标准	802.15.1	802.11.b	802.15.4
工作频段	2.4GHz	2.4GHz	868/91MHz 2.4GHz
通信速度	1Mbps	11Mbps	0～250 kbps
最大节点数	8	128	255
功耗	较大	大	极小
系统资源开销	>250KB	>1MB	4～32KB
网络规模	7	32	255/65000+
特点	低成本、方便	高速灵活	低成本低功耗可靠性好
应用领域	电缆替代品	Web E-mail	测控

7.3.5 结构安全评估方法

隧道结构健康监测过程中，隧道结构安全预警与综合评估系统对自动化监测和人工巡测得到的数据进行统一处理和分析，依据建立的多层次评价指标体系，对隧道结构进行安全性评估，对异常状况进行诊断并预警。

1. 评价指标体系

由于隧道结构的工作条件十分复杂，其结构安全状态反映在诸多方面，因此，在隧道结构安全状态评估时，应该综合考虑多种因素对结构安全的影响。综合评价的一般步骤如图 7-13 所示。

评估模型按评估对象的层次建立。评估对象按隧道结构监测内容分为结构应力、变形、荷载及环境影响。每个监测主项又可划分为若干监测子项，各个监测子项的

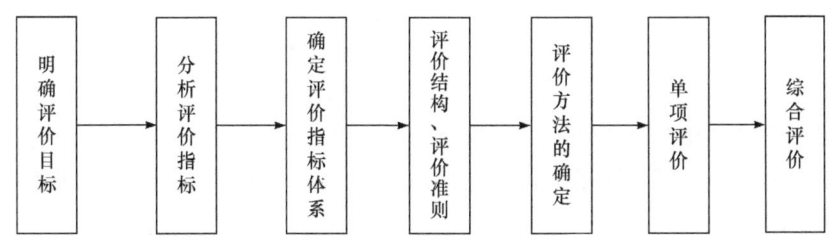

明确评价目标 → 分析评价指标 → 确定评价指标体系 → 评价结构、评价准则 → 评价方法的确定 → 单项评价 → 综合评价

图 7-13 综合评价的步骤

属性即为评估指标，可以是文字描述，也可以是量化的数据。建立的评估模型应该包含所有在隧道上进行在线监测的评估指标。据此建立的评估模型如图 7-14 所示。

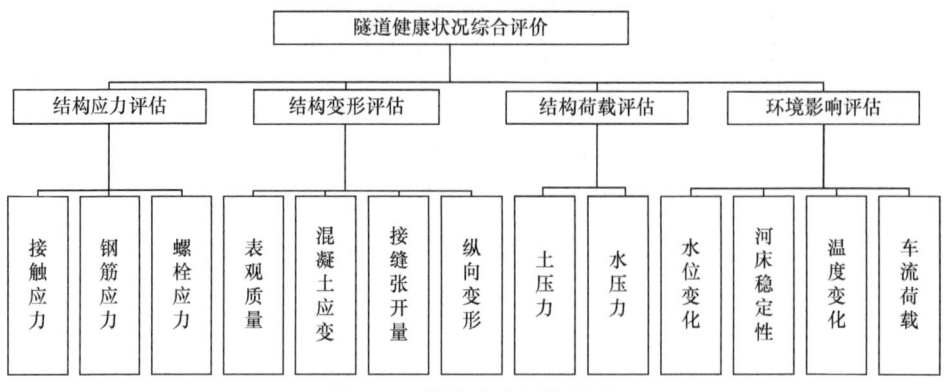

图 7-14 结构安全评估模型

目前，国内外对隧道结构安全的评估主要都是基于先通过对病害进行检测，再利用数值计算、理论模型等方法对其承载力、稳定性、裂损状况、耐久性等进行模拟。但以上方法一般仅限于单一病害的评估，为了全面分析不同病害作用下隧道的安全状态，可应用灰色理论、层次分析法、模糊数学等理论对隧道病害数据进行深入的统计、分析，以建立定量化的隧道病害分级方法，其中，层次分析法在应用上较为方便。

层次分析法(analytic hierarchy process，AHP)，由美国运筹学家 Satty 在 1977 年提出，是一种多指标综合评估的定量方法，它通过确定同一层次中各评估指标的初始权重，从而将定性因素定量化，将各种影响因素条理化、层次化，在一定程度上检验和减少了主观的影响，使评估更趋于科学化，因此被广泛应用于工程技术和经济管理等领域。

2. 评估指标权重

隧道结构安全评估体系是一个多项目、多层次的复杂系统，每个层次又由多个评价指标组成。要对隧道结构的安全状态进行综合评估，需要对各层中评价指标的评价进行综合。由于每层评价指标在隧道结构安全状态评估体系中所代表的含义不同，各评价指标对整个隧道结构安全状态评价结果的影响也不同。因此，应采用适当的方法，分别确定同一层次中各指标在隧道结构安全评估体系中相对于上层指标的"相对重要性"，即权重，然后将各层指标的权重与其评估结果综合考虑，才能得出其上层指标合理的评估结果，如此逐步综合直至得到隧道结构安全状态的评估结果。

目前，确定权重的方法主要有主观赋权法和客观赋权法。其中，主观赋权法也称为专家赋权法,由专家等主观评价者通过一定的方法对各指标因素进行打分,从而达到对各指标权重赋权的目的。该方法的缺点是具有较强的主观随意性,客观性不好,受对主观决策者的影响较大。客观赋权法通过提炼与分析各评价指标因素的数据集本身所涵盖的客观信息,从中寻找规律,以确定指标的权重,如主成分分析法、人工神经网络法。该方法由于过度依赖于足够的样本数据,通用性和可参与性差,计算方法较为复杂,并且不能体现评价者对不同属性指标因素的主观重视程度,而有时所确定的权重会与指标因素自身属性的实际重要程度相差过大。

主观赋权法主要有层次分析法、Delphi 专家调查法等。常用的是 Delphi 法。

Delphi 法采取匿名的方式广泛征求专家的意见,经过反复多次的信息交流和反馈修正,使专家的意见逐步趋向一致,最后根据专家的综合意见,对评价对象作出评价的一种定量与定性相结合的预测、评价方法,其步骤如下。

(1) 编制专家咨询表。按评价内容的层次、评价指标的定义、必需的填表说明,绘制咨询表格。

(2) 分轮咨询。向每位专家征询对咨询表的修改意见,并进行至少两轮反馈,结合反馈结果修正专家咨询表,并开展 2～4 轮咨询,将每轮专家的意见进行汇总。

(3) 结果处理。应用常规的统计分析方法,分析专家对该项目研究的关心程度(回收率)、专家意见的集中程度、专家意见的协调程度等来筛选指标或描述指标的重要程度(即权重值)。

客观赋权法主要有熵权法、标准离差法及 CRITIC 法,此处不详细展开。

3. 结构安全状态评价等级

依据隧道结构安全性评估分析,确定隧道结构安全等级(表 7-5)如下。
A:无破损-轻微破损;对策:进一步监测。
B:结构存在破坏;对策:向主管部门汇报,准备采取对策。
C:存在较严重破坏;对策:立即向主管部门汇报,尽快采取对策。
D:存在严重破坏;对策:立即向主管部门汇报,立即采取对策。

表 7-5 隧道结构安全等级表

等级	结构安全状态	安全度 F
A	结构无破损或存在轻微破损	$4.0 > F > 3.5$
B	结构存在破坏	$3.5 > F > 2.5$
C	结构存在较严重破坏	$2.5 > F > 1.5$
D	结构存在严重破坏	$1.5 > F > 1.0$

当结构安全评估结果为 B、C、D 级时，应及时向隧道主管部门汇报，并研究隧道存在的安全隐患及产生隐患的根源，从而确定合理的应对措施，确保隧道运行安全。必要时应组织专家组进行专题讨论，并及时启动相关应急预案。

7.3.6 数据管理平台

早期隧道结构健康监测软件系统的结构采用客户机/服务器模式，在该模式中，隧道现场主机作为客户端远程发送数据，数据管理平台作为服务器接收数据、处理数据并提供人机接口，隧道管理人员通过人机接口进行数据管理。目前，隧道结构健康监测数据管理平台的结构采用客户机/服务器(Client/Server，C/S)模式＋浏览器/服务器(Browser/Server，B/S)模式，在该组合模式中，数据的采集依然采用 C/S 模式，而人机接口部分采用 B/S 模式该结构。B/S 结构是 WEB 兴起后的一种网络结构模式，WEB 浏览器是客户端最主要的应用软件，这种模式统一了客户端，将系统功能实现的核心部分集中到服务器上，简化了系统的开发、维护和使用。客户机上只要安装 WEB 浏览器，如 Chrome 或 Internet Explorer。服务器安装 Apache(HTTP 服务器)、MySQL(数据库软件)和 PHP(或 Python)等。WEB 浏览器通过 Web Server 同服务器进行交互，获取数据库内的数据。该软件结构如图 7-15 所示。

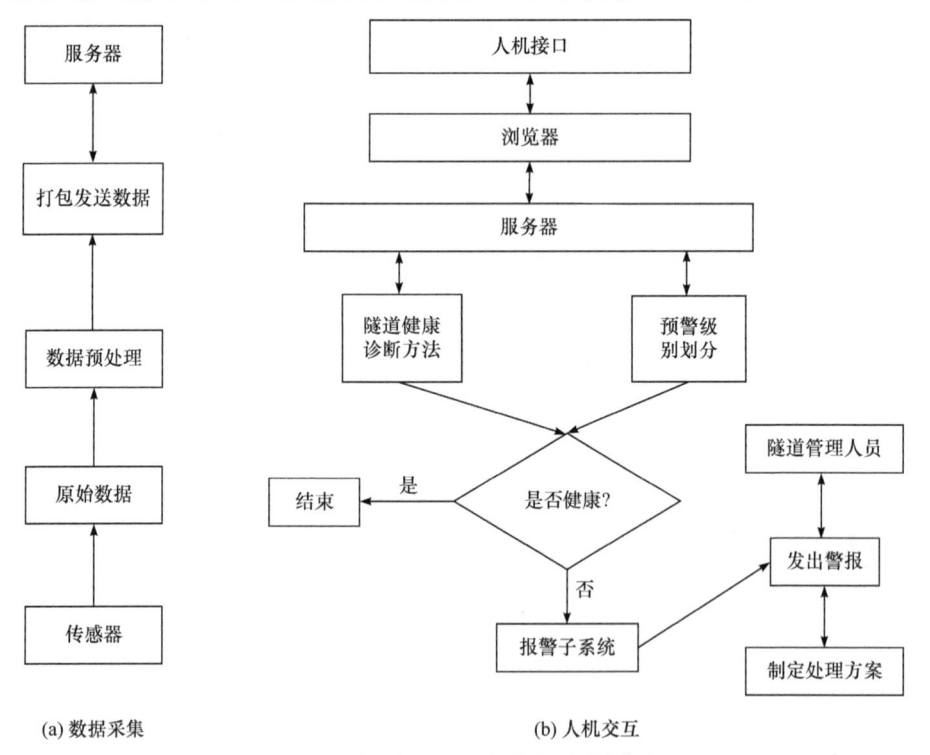

图 7-15 隧道结构健康数据管理平台软件结构

7.4 隧道结构健康监测系统案例

7.4.1 南京定淮门长江隧道(原南京扬子江隧道)

1. 工程概况

南京定淮门长江隧道(南京扬子江隧道)起于浦珠路与定向河交叉点附近，沿定向河东岸向南布置，与规划丰子河路相交后设主线收费站(建设后期取消设置收费站)。经过收费站后路线左偏，在明挖段利用弯道进行平纵线形转换，将车流分别引入北线隧道和南线隧道(北线和南线均为两层盾构隧道断面)。北线隧道和南线隧道在下穿长江主江深槽后分离。北线隧道左偏穿过潜洲后右偏避开夹江秦淮河口附近的深槽，从秦淮河口上游上岸，隧道出口位于扬子江大道上，路线全长 7.0 km，其中隧道总长 4.9 km(盾构段总长 3.5 km)；南线隧道右偏穿过潜洲、江心洲后左偏在定淮门大街和扬子江大道交叉点附近上岸，隧道出口位于定淮门大街与龙园西路路口，路线全长 7.4 km，其中隧道总长 5.3 km(盾构段总长 4.1 km)，如图 7-16 所示。

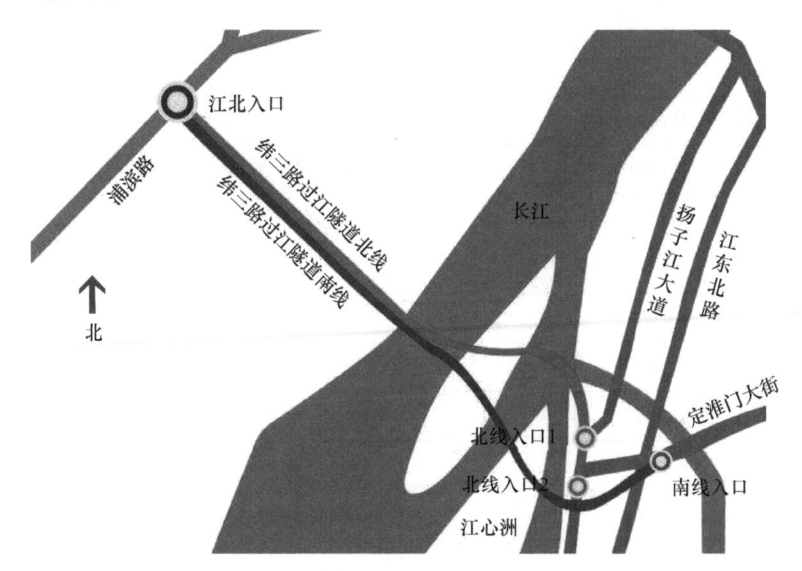

图 7-16 南京定淮门长江隧道位置图

南京定淮门长江隧道采用超大直径盾构，开挖直径达 15m，且盾构内为双层行车道布置。工程地质条件复杂，隧道穿越多种地层，其中江中有 700m 岩层，部分全断面侵入岩层。隧道承受的水压力高达 0.8MPa，为当时国内盾构隧道之最。越江盾构隧道建设费用高，可维修性差且维修费用高，因此在隧道建设过程中，设计了相应的结构健康监测系统，实时监控隧道结构安全状态，收集相关数据，以期减少后续维修费用。

2. 结构健康监测系统设计

1) 监测项目

管片开裂、接缝张开度过大、衬砌漏水、土砂流入、隧道结构纵向不均匀沉降、侵蚀性地下水对盾构隧道管片的腐蚀等均是水下盾构隧道的常见病害。

鉴于上述隧道病害，南京定淮门长江隧道结构健康监测主要项目包括：隧道结构的纵向不均匀沉降、管片外侧的水压力、土压力、管片和螺栓的受力状况(管片钢筋应力、管片混凝土应变、管片连接螺栓应力)、隧道结构收敛变形、隧道断面偏转、管片裂缝和接缝张开量、盾构管内上、下车道板变形、盾构隧道地震动响应。

2) 监测断面

监测断面主要设置在地层条件突变处、江中深槽处、最大覆土处及隧道与竖井的衔接处等位置。以北线为例，代表性监测断面布置如表7-6所示。

表7-6 北线代表性监测断面信息

北线	管片环数	断面特点
NJC-01	No.308	江北岸段
NJC-02	No.493	江北大堤下方
NJC-03	No.569	江北大堤下方靠近江边一侧
NJC-04	No.594	江水最深断面
NJC-05	No.619	江水深，上覆地层厚度小，地形变化大
NJC-06	No.680	江水深度大
NJC-07	No.952	江心洲段
NJC-08	No.1112	江心洲段
NJC-09	No.1448	江水深度大
NJC-10	No.1661	江南大堤下方靠近岸边一侧

相应的，不同断面上开展的监测项目如下：

(1) 隧道结构的纵向不均匀沉降，NJC-01~NJC-10共10个断面；

(2) 管片外侧的水压力、土压力，NJC-01~NJC-10共10个断面；

(3) 管片和螺栓的受力状况(管片钢筋应力、管片混凝土应变、管片连接螺栓应力)，NJC-01~NJC-10共10个断面；

(4) 隧道结构收敛变形，NGX-01～NGX-18 共 18 个断面；
(5) 隧道断面偏转，NJC-01～NJC-10 共 10 个断面；
(6) 管片裂缝和接缝张开量，NJC-01～NJC-10 共 10 个断面；
(7) 地震动加速度计布置在 NJC-04；
(8) 盾构管内上、下车道板变形，NGX-01～NGX-18 共 18 个断面。

3) 传感器方案

传感器的类型根据监测项目、监测断面及传感器的布设要求进行选择，具体如表 7-7 所示。

表 7-7 传感器及其布设

序号	监测项目	传感器名称	布设位置	各断面测点数
1	管片外侧	振弦式渗压计	每个断面上下左右四个位置各布置一个测点	4
2	管片外侧	振弦式土压力计	每个断面上下左右四个位置各布置一个测点	4
3	管片混凝土应变	振弦埋入式应变计	每个断面中每个管片外侧中间外侧筋和内侧筋部位各布置一个测点	20
4	管片钢筋应力	振弦式钢筋计	每个断面中每个管片外侧中间外侧筋和内侧筋部位各布置一个测点	20
5	管片连接螺栓应力	螺栓应力计	每个断面中环内的连接螺栓使用定制的螺栓应力计	10
6	管片接缝张开量	振弦表面式裂缝计	每个断面中相邻环之间每块管片各布置一个测点	10
7	隧道断面偏转	(MEMS)固定式倾角计	每个断面上下左右各布置一个测点	4
8	隧道结构收敛变形	激光收敛计	每个断面布置两个测点	2
9	车道板变形	光纤光栅车道板应变计	每个断面中车道板下方	4
10	地震动	三向力平衡加速度计	在 NJC-04 断面底部布设	1

7.4.2 港珠澳大桥海底隧道

1. 工程概况

港珠澳大桥(英语：HongKong-Zhuhai-MacaoBridge；葡萄牙语：PonteHong Kong-Zhuhai-Macau)是我国的一座跨海大桥，连接香港大屿山、澳门半岛和广东省珠海市，全长为 50km，主体工程"海中桥隧"长 36km，其中海底隧道长约 7km，桥梁长约 29km。

1983 年，香港的建筑师胡应湘最早提出了建造港珠澳大桥想法；2009 年 12 月 15 日，港珠澳大桥正式开工建设；2016 年 6 月 29 日，主体桥梁成功合龙；2016 年 9 月 27 日，港珠澳大桥主体桥梁正式贯通；2017 年 4 月 10 日，港珠澳大桥珠海连接线最后一项控制性工程，拱北隧道全隧贯通，标志着港珠澳大桥珠海连接线主体工程实现全线贯通。主体工程采用桥隧组合方案，穿越伶仃西航道和铜鼓航道段约 6.7km 采用隧道方案，其余路段约 22.9km 采用桥梁方案，如图 7-17 所示。

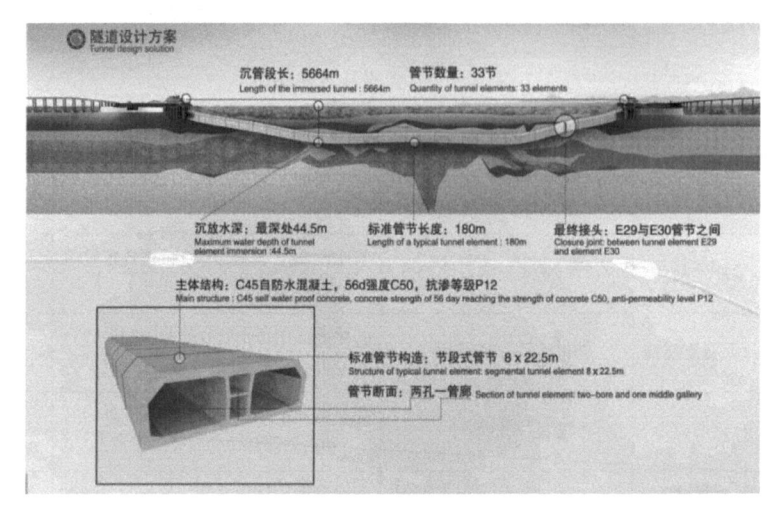

图 7-17　港珠澳大桥海底隧道纵断面及横断面

海底隧道起讫点桩号为 K6＋761-K12＋751，全长 5990m(不含桥隧过渡段，两岛之间的沉管段长 5664m，现浇暗埋段长各 163m)，建成后为世界最长的沉管隧道。隧道采用两孔单管廊横断面，两侧为行车道孔，中间为综合管廊，管廊内分为三层，上层为专用排烟通道，中层为安全通道，下层为电缆沟和海底泵房。隧道中隔墙上每隔 67.5m 设置一处逃生安全门，连通两车道孔及横向安全通道。海底隧道实施了结构健康监测。

2. 结构健康监测系统设计

1) 监测项目

沉管隧道段位于海底海床的软弱地基上，主要为海砂以及海底淤泥。随着使用年限的增加，修建在软土地层中的沉管隧道，由于车流、潮汐、淤积深度等外部可变荷载的反复作用，存在隧道不同管节之间发生不均匀沉降和局部错动受损的可能。由于隧道位处深海水下，过大的不均匀沉降和局部错动将引起隧道结构的破坏，进而产生无法估量的灾难性后果。根据设计文件的要求以及工程风险分析报告，该隧道对下列项目进行监测：

(1) 环境温度、湿度、交通荷载、地震；
(2) 管节间相对位移；
(3) 侧墙、内墙、顶底板及管廊处的应变等；
(4) 混凝土氯离子腐蚀；
(5) 止水带渗漏。

上述监测项目主要分为三个类别：荷载监测、腐蚀监测和渗漏监测，如表 7-8 所示。

表 7-8　港珠澳大桥海底隧道健康监测项目以及监测点概况

序号	结构监测	监测项目	测点位置描述	数量
1	荷载监测	环境温度、湿度	东西人工岛暗埋段、E6、E17、E27 管节中部管廊侧墙上	10
2		动态交通荷载	东西人工岛上的隧道入口处	2
3		地震	E17 管节中部管廊底部，E33、E1 与暗埋段接头处中部管廊底部，东西人工岛暗埋段中间底板	5
4		管节间相对位移	正常管节接头处、管节与暗埋段接头处上下游侧墙及顶板	136
5		结构应变	人工岛东西暗埋段及 E1、E4、E13、E17、E24、E29、E33 管节受力较不利位置	54
6		结构温度	与结构应变监测同截面	54
7	腐蚀监测	结构腐蚀监测	东暗埋段和沉管段 E8、E17、E25、E33 管节中部背水面保护层内	5
8	渗漏监测	止水带渗漏	管节端头两层止水带的空腔内	34

2) 传感器

港珠澳大桥海底隧道结构健康监测采用的仪器及工具如表 7-9 所列。

表 7-9　港珠澳大桥海底隧道健康监测项目系统主要设备

序号	项目	仪器	单位	数量
一、自动监测系统				
1	环境温湿度监测	温湿度计	个	10
2	交通荷载监测	称重传感器	套	2
3	地震动响应监测	三向加速度计	个	5
		强震记录仪	台	5

续表

序号	项目	仪器	单位	数量
一、自动监测系统				
4	管节接头张开和变位监测	位移传感器	个	136
5	结构应力监测	光纤光栅应变传感器	个	54
6	结构温度监测	光纤光栅温度传感器	个	54
7	混凝土腐蚀监测	腐蚀计	套	5
8	管节接头漏水监测	压力变送器	个	34
二、数据采集与传输系统				
1		光纤光栅解调仪 (4 通道)	台	3
2		工业级数据采集仪 (32 通道)	台	6
3		滤波器(32 通道)	台	6
4		嵌入式信号采集模块	台	12

传感器在沉管隧道横断面上的布设位置如图 7-18 所示，温度计和应变计主要布设在双向管道内侧上部及其侧壁，位移计则主要布设在双向管道内壁靠外侧面下角点和上部内壁靠外侧角点，混凝土腐蚀计布设于管道断面上部外侧，三向加速计布设于电缆通道底部内壁处。

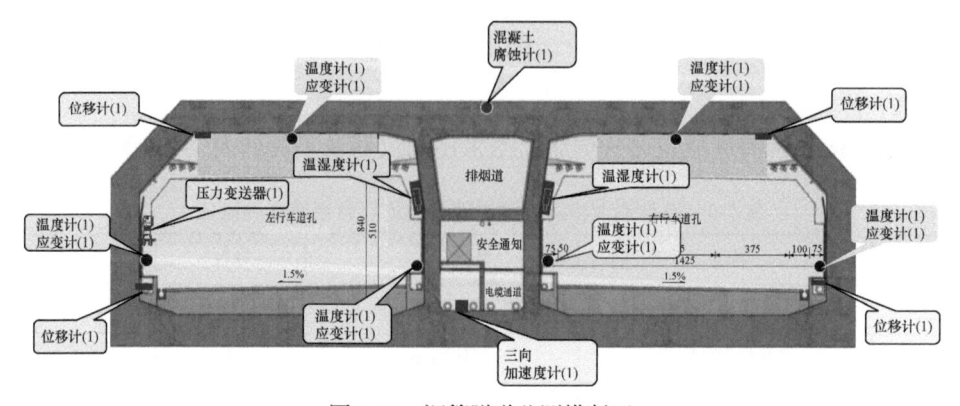

图 7-18 沉管隧道监测横断面

3) 系统架构

海底隧道结构健康监测系统为三层 C/S 和 B/S 混合结构，充分结合了 Internet 技术、GIS 平台和分布式数据库管理系统的优势，系统总体框架如图 7-19 所示。

在该系统下总体框架下，通信光缆传输网络作为信息传输平台，将结构现场测站和控制中心有机地连接为一个分布式的整体。远程用户可以通过 Internet 连接到现场测试站点，并通过网络对系统进行控制、配置以及获得系统评估的结构安全状态。

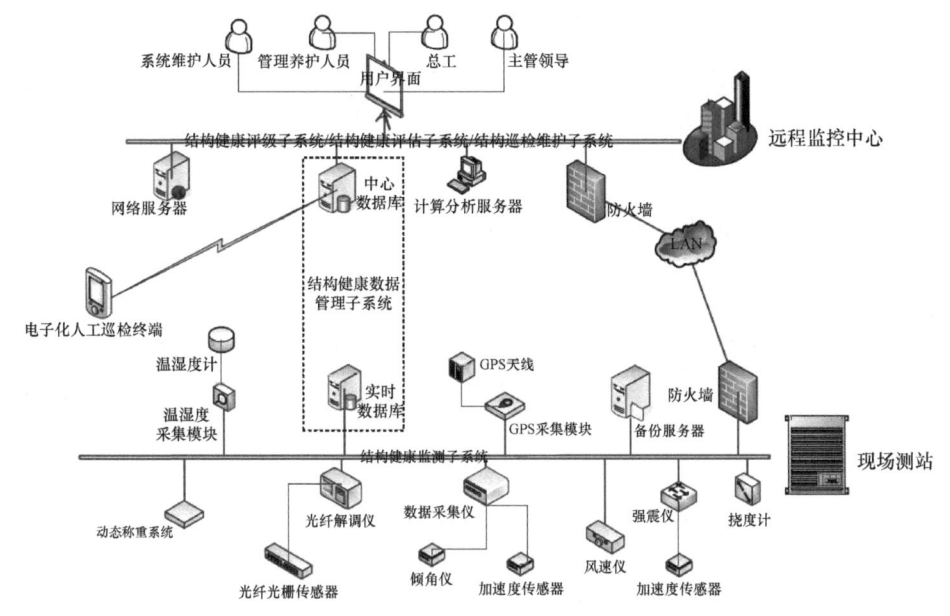

图 7-19 海底隧道结构健康监测系统总体框架

根据系统功能、非功能要求和系统的总体应用方式，海底隧道结构健康监测系统又细分为 6 个子系统，如表 7-10 所示。

表 7-10 结构健康监测子系统

编号	系统名称	实现业务功能
1	监测数据采集子系统	实现数据自动化采集、数据前处理、存储及传输功能
2	构件巡检维护子系统	实现结构巡检数据的采集、导入、输出功能，及实现电子化人工巡检维护功能
3	结构健康评级子系统	实现结构构件危险性、易损性、外观性及综合评级，并形成评级报告
4	结构健康评估子系统	实现结构危险状态预警、损伤诊断、技术状况评定、极限状态评估功能，并形成各类分析报告
5	结构维护决策子系统	制定结构巡检、养护决策及具体计划，指导港珠澳大桥运营管理
6	结构健康数据管理子系统	静态、动态数据库的设计与实现；实现数据管理、录入、维护、删除、报表打印输出、备份和恢复功能，并实现结构运营状态的实时监测预警、数据查询与统计及系统状态监控等功能

3. 实施效果

港珠澳大桥海底隧道结构健康监测系统采用了基于自动化采集传输监测与电子化人工巡检相结合的综合监测策略，为主体工程全寿命期数字化、信息化管养体系的建立创造了良好的条件。

通过该结构健康监测系统，养护人员能够掌控隧道的安全使用状态，最大可能地减少或避免灾难性事故的发生，为港珠澳大桥安全高效运营提供有力的保障。

7.4.3 厦门翔安海底隧道

1. 工程概况

厦门翔安海底隧道工程(图 7-20)是厦门市本岛第三条进出岛公路通道，连接厦门市本岛和大陆翔安区。工程全长 8.7km，其中海底隧道长 6.0km，跨越海域宽约 4.2km，是我国大陆地区第一座大断面海底隧道。该隧道工程采用三孔隧道方案，两侧为行车主洞，各设置三车道，中孔为服务隧道，如图 7-21 所示。主洞隧道建筑限界净宽 13.5m，净高 5.0m。服务隧道建筑限界净宽 6.5m，净高 6.0m。主洞隧道侧线间距为 52m，服务隧道与主洞隧道净间距为 22m。隧道最深处位于海平面下面约 70m，最大纵坡 3%。左、右线隧道各设通风竖井 1 座，隧道全线共设 12 处行人横通道和 5 处行车横通道，横通道间距 300m。隧道主要采用钻爆法施工，支护结构为复合衬砌。

图 7-20 厦门翔安海底隧道

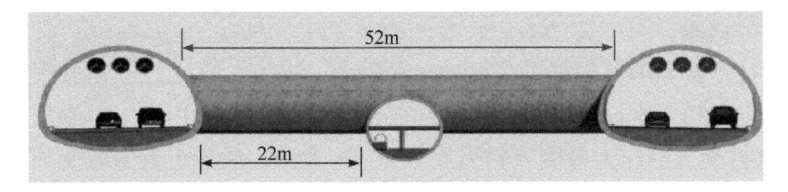

图 7-21 隧道横断面

该隧道工程场区以燕山早期花岗岩及中粗粒黑云母花岗岩为主,穿插辉绿岩、二长岩、闪长玢岩等喜山期岩脉。主要不良地质现象包括隧道两端陆域及浅滩全强风化地层,海域段 F1、F2、F3 共 3 处全强风化深槽和 F4 全强风化深囊,沿线主要不良地质段分布如图 7-22 所示。

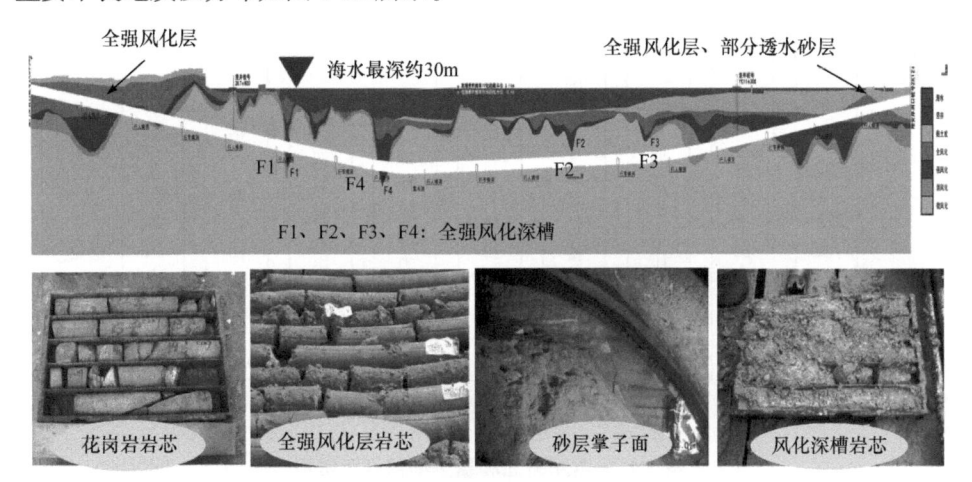

图 7-22 厦门翔安海底隧道地质剖面图

2. 健康监测系统设计

1) 监测项目

该隧道工程穿越风化槽长度达 1118m,风化槽范围岩体强度低、自稳能力差,同时,隧道最大埋深达 70m,海水最深达 30m,水压最高达 0.7MPa,隧道运营期存在极大的渗漏水和钢筋混凝土腐蚀风险。

因此,工程针对性地布设了健康监测系统,监测断面设置在地质条件变化处、临岸段、覆土最深处、水压最大处等位置,共 19 处。监测项目如图 7-23 所示,具体监测断面和量测项目以及数量见表 7-11。

2) 传感器

初期支护内的量测项目包括:初期支护水压力、锚杆轴力、围岩-初期支护接触压力、钢支撑(格栅)内力等。其中初期支护压力采用 PWS 渗压计;围岩与接触压力量测项目采用 TPC 压力计;锚杆轴力和钢支撑(格栅)内力量测项目采用光纤光栅应变传感器。

二次衬砌量测项目包括：二次衬砌水压力、初期支护-二次衬砌接触压力、混凝土表面应变和二次衬砌内力等。其中二次衬砌水压力采用 PWS 渗压计；初期支护-二次衬砌接触压力量测项目采用 TPC 压力计；混凝土表面应变和二次衬砌内力量测项目采用光纤光栅应变传感器。

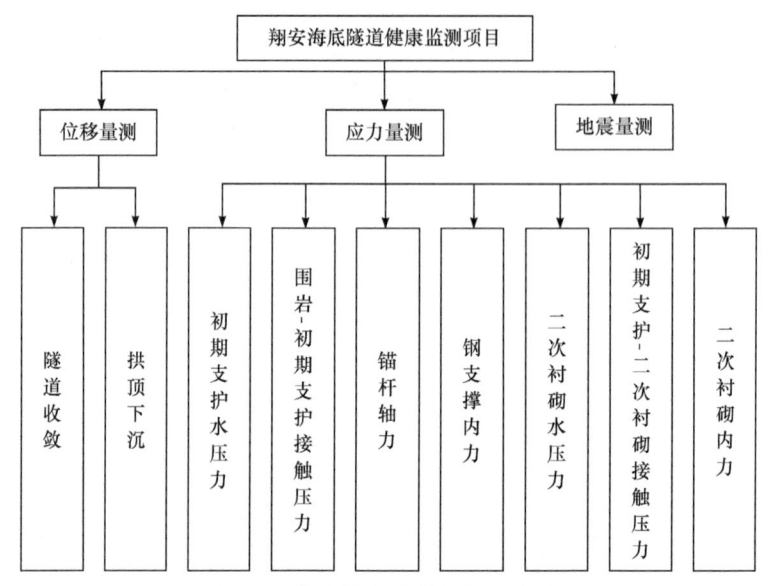

图 7-23 翔安海底隧道健康监测项目

表 7-11 监测断面和量测项目以及数量

隧道名称	序号	衬砌类型	断面里程	初期支护水压力	围岩-初期支护接触压力	锚杆内力	钢支撑内力	二次衬砌水压力	初期支护-二次衬砌接触压力	二次衬砌内力	二砌表面应变监测	地震监测	位移监测	水位监测
左线	1	S5b	ZK7+050							16				
	2	S5b	ZK7+152							16				
	3	S5d	ZK8+283							16				
	4	S1	ZK8+849					4	8	16				
	5	S5d	ZK8+905						8	16				
	6	S5d	ZK8+910	4	8	16	16	4	8	16	5		1	
	7	S5d	ZK8+915						8	16				
	8	S2a	ZK9+030						8	16				
	9	S5d	ZK10+188							16				

续表

隧道名称	序号	衬砌类型	断面里程	初期支护水压力	围岩-初期支护接触压力	锚杆内力	钢支撑内力	二次衬砌水压力	初期支护-二次衬砌接触压力	二次衬砌内力	二砌表面应变监测	地震监测	位移监测	水位监测
服务洞	10	SF5d	NK8+950					4	8	16				
右线	11	S5d	YK8+400							16				
	12	S5d	YK8+983							16				
	13	S4b	YK10+676						8	16				
	14	S4b	YK10+680	4	8	16	16	4	8	16	5		1	
	15	S4b	YK10+686						8	16				
	16	S5d	YK11+050							16				
	17	SJ2	YK11+295						8	16				
	18	SJ2	YK11+300						8	16		1		
	19	SJ2	YK11+305						8	16				

所有仪器数量及型号见表 7-12。

表 7-12 所有仪器数量及型号

序号	仪器及名称	型号	单位	数量	备注
1	渗压计	PWS	支	24	施工期安装
2	压力传感器	TPC	支	112	施工期安装
3	位移采集设备	JM	套	2	隧道建成后安装
4	水位采集设备	NIVOLICWL	套	1	隧道建成后安装
5	地震加速度传感器	AC-63	支	1	隧道建成后安装
6	光纤光栅锚杆内力应变计	GSYC-T2	支	32	施工期安装
7	光纤光栅钢支撑内力应变计	GSYC-T1	支	32	施工期安装
8	光纤光栅混凝土内力应变计	GSYC-T3	支	304	施工期安装
9	光纤光栅混凝土表面应变计	GSYC-T	支	10	隧道建成后安装
10	便携式频率读数仪	MB-6TL	台	2	
11	RTU 远程采集单元	DT515	套	6	后期逐步实现
12	地震加速度采集单元	GSR-18	台	1	隧道建成后安装
13	便携式光纤光栅解调仪		台	2	
14	光纤光栅解调仪	BGM	台	2	

续表

序号	仪器及名称	型号	单位	数量	备注
15	光电转换模块		个	6	系统采集调试过程中安装
16	光纤接续盒		个	4	光纤光栅组网后安装
17	电缆箱		个	31	监测断面预埋
18	屏蔽电缆		m	约15000	
19	4芯光缆		m	约25000	
20	20芯光缆		m	1340	
21	60芯光缆		m	2520	
22	144芯光缆		m	约4600	
23	PVC线管		m	约20000	

3. 实施效果

厦门翔安海底隧道结构健康监测系统于国内首次进行大规模钢筋腐蚀监测。钢筋腐蚀监测在混凝土浇筑完成之后即开始采集数据且每年采集一次数据。由图7-24可以看出，监测周期内钢筋未现明显的腐蚀。

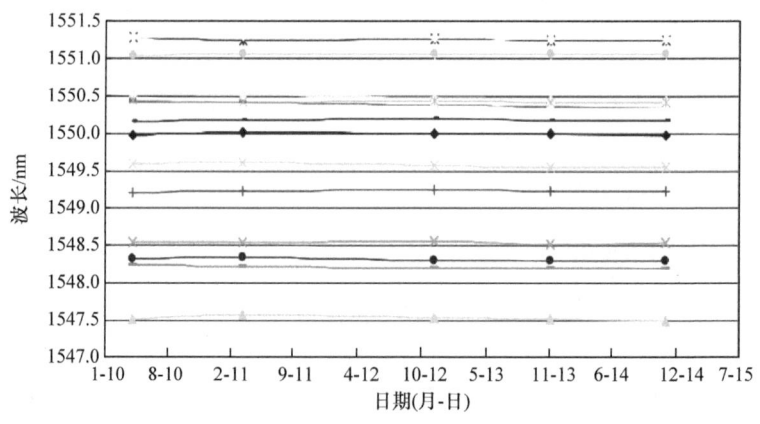

图7-24 光纤光栅腐蚀传感器测试结果
不同线型代表不同位置传感器

7.4.4 南京玄武湖隧道

1. 工程概况

玄武湖隧道位于南京市玄武区，西起模范马路，东至新庄立交，全长约2.7km，其中暗埋段为 2.2km。该隧道工程于 2001 年 11 月开工建设，2002 年 12 月 28 日全面竣工，2003 年 5 月 1 日正式全线通车，是南京市规划"经五纬八"路网的重要组成部分，也是南京市市政工程建设史上工程规模最大、建设标准最高、项目投资最多、技术工艺最为复杂的现代化大型隧道工程之一。隧道设计为双向六车道，总宽度 32m，通行净宽 13.6m，净高为 4.5m，总建筑面积 6.3 万 m²(不计敞开段和光过渡段)。隧道采用堰筑法施工，为钢筋混凝土，顶板厚度 0.5～1.0m，底板、侧墙厚度均为 1m。隧道结构构造如图 7-25 所示。

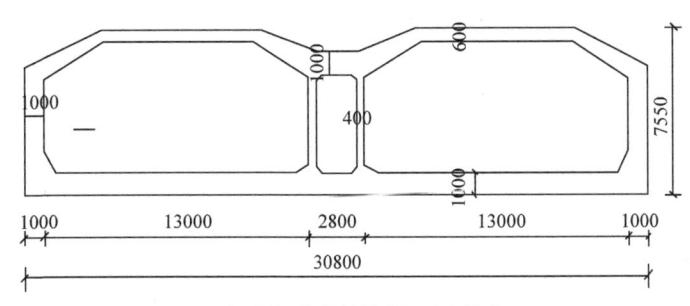

图 7-25 玄武湖隧道结构断面图(单位：mm)

2. 健康监测系统设计

1) 监测项目

2012 年 5 月～2014 年 5 月，隧道通车接近 10 年之际，为了解隧道结构的状况，监控隧道结构安全，南京玄武湖隧道实施了结构健康监测，主要包括隧道结构沉降、伸缩缝变形及混凝土强度等。

2) 监测断面

监测断面布设在下列位置：

(1) 伸缩缝及施工缝处；

(2) 隧道结构刚度有重大变化处；

(3) 隧道裂缝、沉降缝、后浇带两侧、基础埋深相差悬殊处、陆地段与湖中段接壤处、不同结构的分界处及填挖方分界处。

根据上述原则，其实施断面情况如下：

(1) 伸缩缝变形、混凝土强度共布设断面 2 处：K0+815、K0+320；

(2) 差异沉降 3 处：K0+815、K0+320、K0+830；

(3) 纵向沉降 14 处：K0+175～K1+175 范围。

3. 实施效果

监测结果显示在隧道运营期间纵向变形稳定，没有明显伸缩变形发生。隧道内部巡查结果表明，没有明显渗水现象。

7.4.5 南京九华山隧道

1. 工程概况

南京九华山隧道工程主线全长 2.8km，隧址区地貌起伏变化大，存在断裂构造，工程地质较为复杂。分为湖底明挖段(以下简称湖底段)与山体暗挖段(以下简称山体段)两部分。

隧道山体段采用浅埋暗挖法设计和施工，为复合式衬砌结构，由外层初期支护(锚杆、钢筋网、钢架及喷射混凝土)和内层二次衬砌(模筑钢筋混凝土)所组成。隧道湖底段位于玄武湖湖底，采用钢筋混凝土折板拱箱涵形式。沿轴线方向，隧道每60m设一条变形缝，两条变形缝间设三条施工缝。同时，地层刚度、结构刚度发生突变位置增设变形缝。隧道地板下设钻孔灌注桩，解决抗浮及差异沉降问题。

隧道下穿九华山山体，岩体质量较差，工程周边环境复杂。运营期，隧道结构容易出现差异沉降、渗漏水等病害。为此，九华山隧道管养单位采用布拉格光纤光栅(fiber Bragger grating，FBG)传感技术，建立了隧道主体结构的变形监测系统，对运营期内主体结构的"健康"状态进行离线监测，为隧道的维护管养提供了必要的科学依据。

2. 健康监测系统设计

1) 监测项目

该隧道工程主要对混凝土应变与变形缝张开量进行监测。

2) 监测断面

(1) 山体段，设混凝土应变监测断面2处：K5+478、K5+506(断层处)；设变形缝张开量监测断面2处：K5+748、K5+493(山体段与湖底段交界处)。

(2) 湖底段，设混凝土应变监测断面1处，K7+200(该位置为双向八车道断面)；设变形缝张开量监测断面2处：K7+95、K6+420。

3) 传感器布设

山体段混凝土应变监测断面分别设置7个FBG表面安装式应变传感器，同时设置5个FBG温度传感器用于温度监测与应变传感器的温度补偿。FBG传感器依次布设在两侧洞室内及中间电缆通道顶板内侧，其中应变传感器沿截面主应力方向布设。以K5+478里程断面为例，图7-26绘出了山体段混凝土监测断面FBG传感器布设示意图。

山体段K5+748断面共设置3个FBG位移计和3个FBG温度计，依次布设在两侧行车洞室以及中间电缆通道的顶板内侧，位移计垂直于变形缝跨越其两侧，固定于混凝土表面。K5+493断面共设置2个FBG位移计和2个FBG温度计，分别布置在电缆通道的顶板内侧与侧墙的内侧。图 7-27 以 K5+748 里程断面为例，绘出了山体段变形缝监测断面 FBG 传感器布设示意图。

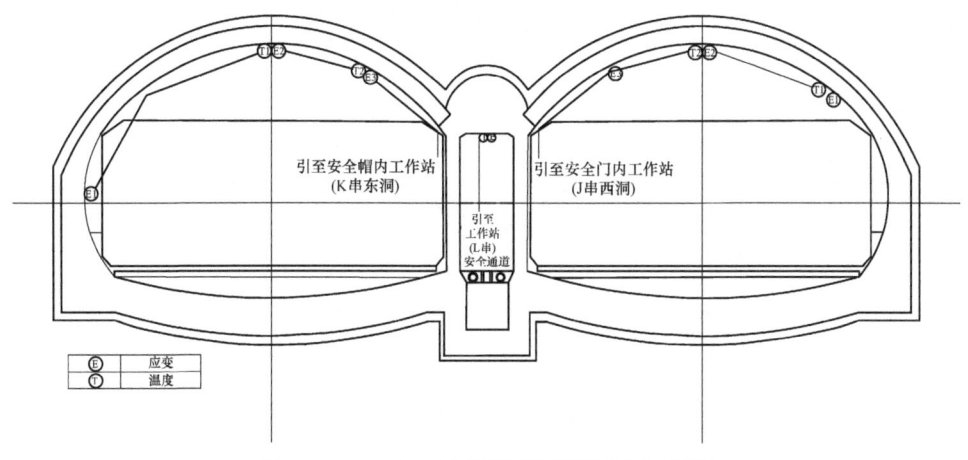

图 7-26 K5+478 里程断面传感器布设示意图

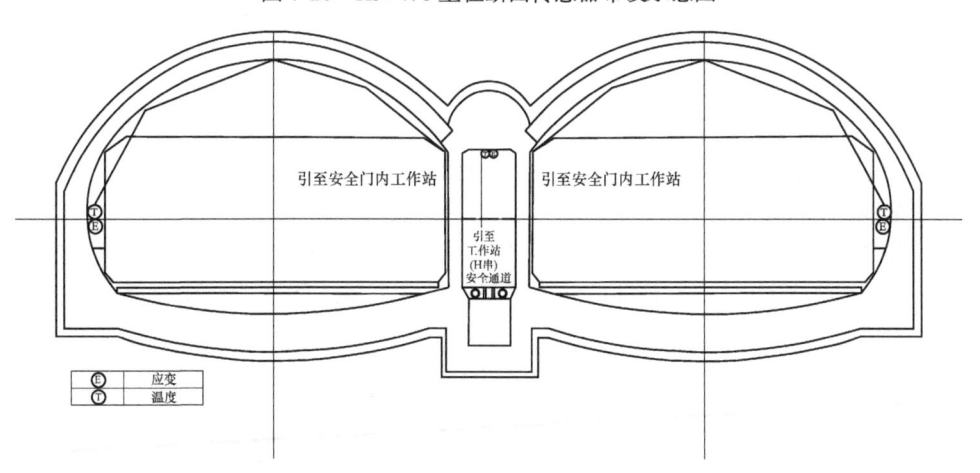

图 7-27 K5+748 里程断面传感器布设示意图

  湖底段混凝土应力监测断面 K7+195 共设置 9 个 FBG 表面安装式应变传感器和 6 个 FBG 温度计，分别布置在两侧洞室顶板及电缆通道顶板内侧，其中 FBG 应变传感器沿截面主应力方向布设。图 7-28 绘出了该监测断面的传感器布设示意图。

  湖底段变形缝张开量监测断面 K7+200 与 K6+420 分别设置两个 FBG 位移计与两个 FBG 温度计，均布设在中间电缆通道顶板和侧墙内侧，并跨越变形缝两侧。图 7-29 以 K7+200 为例，绘出了该监测断面的传感器布设示意图。

图 7-28 K7+195 里程断面传感器布设示意图

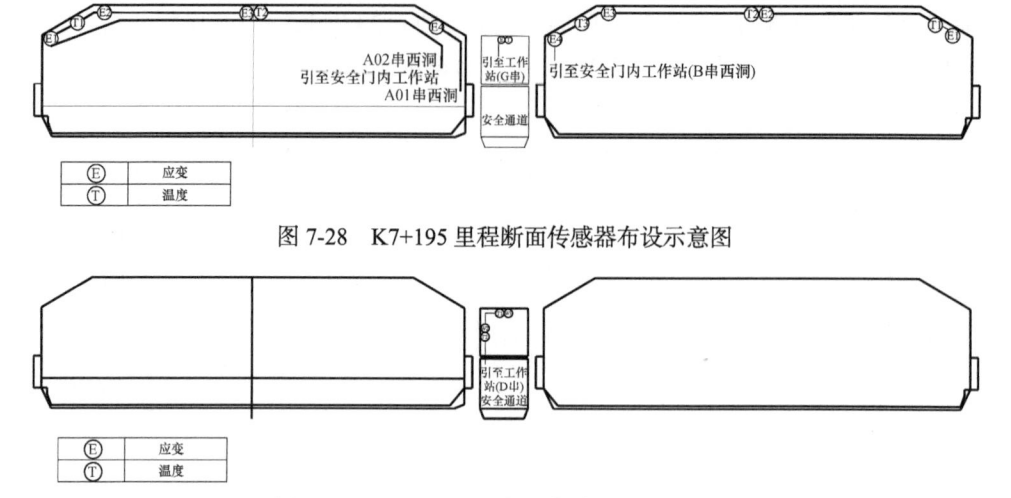

图 7-29 K7+200 里程断面传感器布设示意图

各监测断面上的 FBG 传感器依次级联并就近引至消防通道内。

3. 实施效果

九华山隧道于 2005 年 9 月 30 日通车试运营。同时，隧道结构健康监测系统投入使用，试运营期的监测数据表明，各监测断面在一年运营期内应变及位移均在安全阈值内。

如图 7-30～图 7-33 所示，在 2005 年 12 月至 2006 年 12 月期间的监测数据显示，隧道结构混凝土应力和伸缩缝张开量监测数据呈现周期性变化规律，在较小的范围内波动，结构处于安全状态。

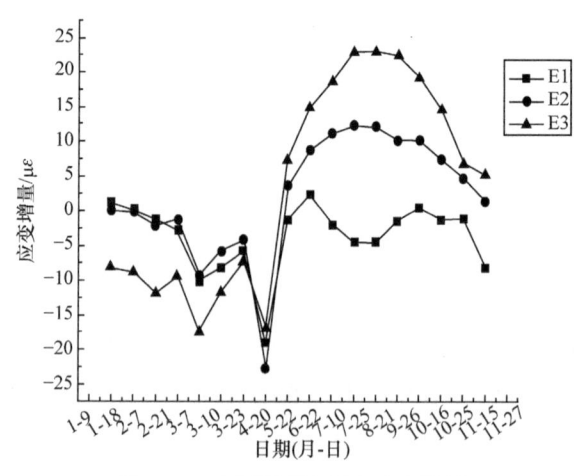

图 7-30 东洞混凝土衬砌应变增量

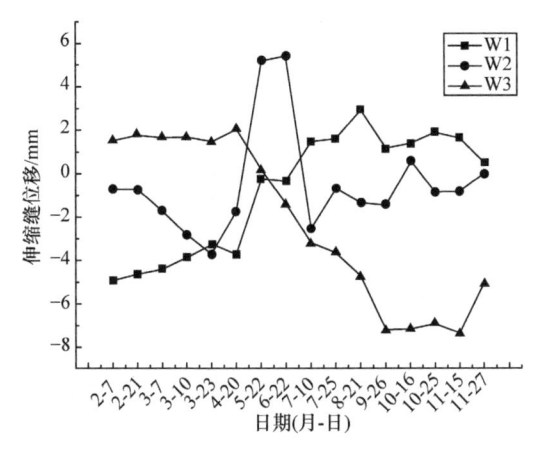

图 7-31　山体段断面伸缩缝位移

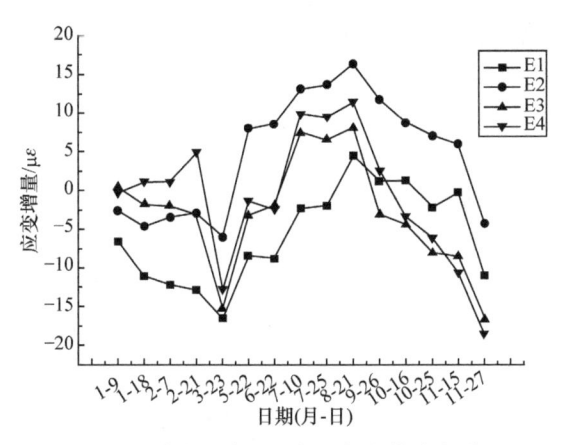

图 7-32　湖底段东洞混凝土折板拱应变增量

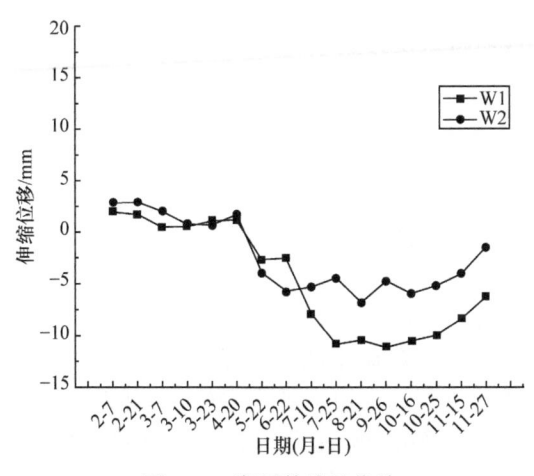

图 7-33　断面伸缩缝位移

第8章 能源隧道技术

8.1 能源隧道技术定义

能源隧道技术主要包括三种地下结构形式的能源利用：能源桩、能源地下连续墙以及隧道衬砌埋管。

能源桩是指在建、构筑物的桩基中埋设闭合换热管路，与岩土进行热交换，同时具有承载结构和换热双重功能的桩。能源地下连续墙是利用围护结构中的地下连续墙，在其中埋设闭合热交换管路来实现对地下岩土热能利用的技术。隧道衬砌埋管是一种利用隧道衬砌内的热交换管路来提取隧道空气热能或隧道围岩中的地热能，实现隧道附近建筑的供热/制冷服务的技术。

地热换热器与隧道地下结构的紧密结合，保证了系统的稳定性、耐久性，使其造价相对其他节能技术低廉，具有通用性，且不占用额外空间。获得的能源具有可再生性、清洁持久、经济和环境效益显著等特点，有着巨大的发展潜力和广泛的应用前景。

8.2 能源隧道技术的发展

8.2.1 能源隧道的应用特点及分类

能源地下结构技术最初起源于20世纪80年代的奥地利和瑞士，最早是地下室底板和浅基础，然后是深基础(预制桩，1984年)、地下连续墙(1996年)，被广泛应用于别墅、高级住宅楼、商业楼、文化中心和工业设施，体现了良好的应用前景。能源地下结构这种新颖的技术一经试用成功，就迅速向世界各地传播，尤其进入21世纪后，能源地下结构的结构种类不断丰富，安装数量也得到快速增长。我国的能源地下结构的应用起步较晚，在环保理念和国家政策支持下，近几年开始逐渐进行相关工程尝试，如南京朗诗国际(2007年)、上海世博会中轴线(2010年)等。随着中国城市化进程的加快、国民经济的高速发展，城市隧道作为轨道交通的补充，进一步缓解了城市交通压力，全国城市隧道建设呈爆发式增长。在我国城市隧道建设大发展背景之下，能源隧道地热能技术在中国具有更广阔的应用前景。

能源隧道技术主要包括三种地下结构形式的能源利用：能源桩、能源地下连续墙、地下隧道衬砌埋管以及能源隧道(图 8-1)。最为常见的是能源桩和能源地下连续墙两种结构形式。

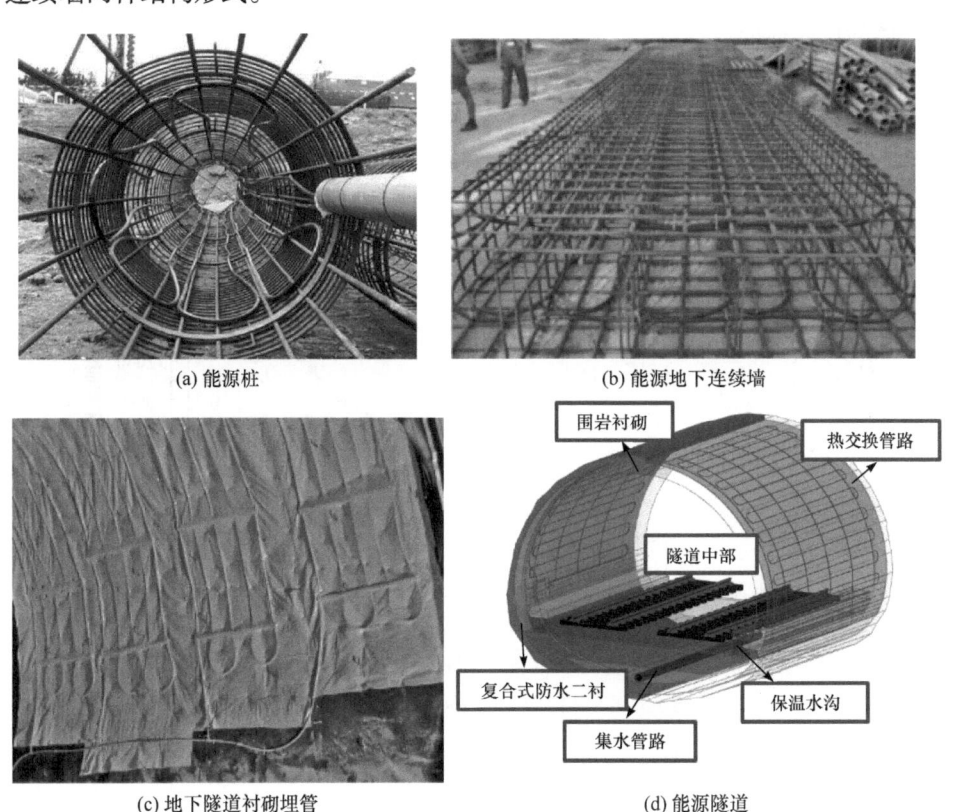

(a) 能源桩

(b) 能源地下连续墙

(c) 地下隧道衬砌埋管

(d) 能源隧道

图 8-1　能源地下结构的主要形式

能源桩在能源隧道中应用最为普遍，主要因为桩基础使用普遍；另外，桩垂直埋设在地下一定深度，桩长从几米到几十米，可以充分利用地下恒温层。此外，能源桩的研究以及实际工程案例也较为丰富，技术相对成熟。而能源地下连续墙以及隧道衬砌埋管由于其结构的复杂性，由于其工程案例较少，相应的研究也较为缺乏，其技术的发展也尚处于起步阶段。

8.2.2　能源桩技术的发展

能源桩出现得较早，这项技术最初起源于 20 世纪 80 年代的奥地利，在奥地利的发展十分迅猛，然后扩展到欧洲其他国家，近十年又开始在美国和亚洲国家兴起。奥地利能源桩(energy piles)安装数量在 2000~2004 年出现指数增长(图 8-2)，英国能源桩安装数量在2005~2008年也出现了指数增长,其中2008年能源桩安装数量是2005年安装数量10余倍。能源桩各个方面的研究已经比较丰富,其研究涉及能源桩的方方面面,包括传热理论、换热性能、结构热-力学响应以及设计施工技术等多个方面。目前在国内已经形成了集设计、计算、施工以及质量验收为一体的行业标准。

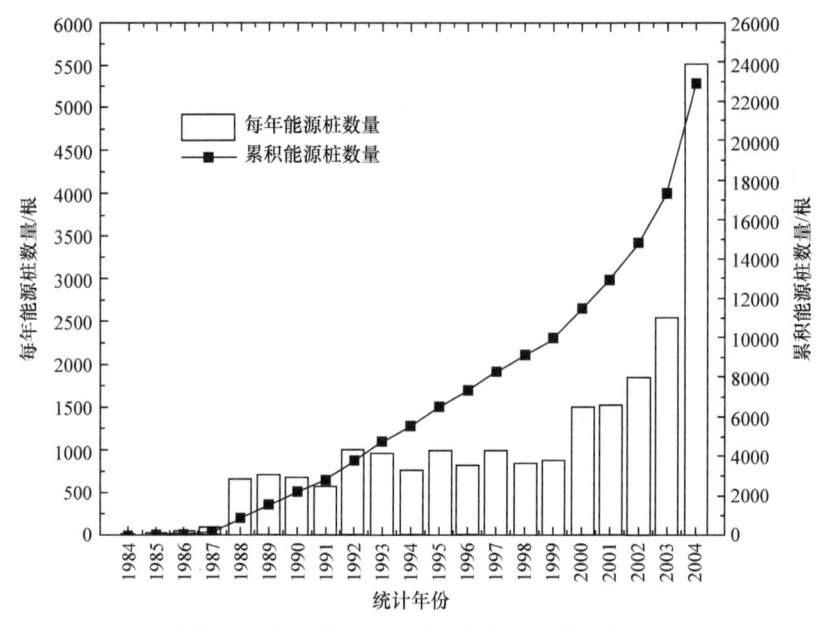

图 8-2 奥地利1984~2004年能源桩应用情况

8.2.3 能源地下连续墙技术的发展

地下连续墙内埋管技术1996年已应用于奥地利和瑞士,最早能源地下连续墙埋管换热器是在奥地利维也纳地铁U2延伸线中使用。

能源地下连续墙有以下几个特性:

(1) 相比于能源桩的轴对称属性,一般来说能源墙的几何形状更加复杂。由于开挖的存在,地下连续墙系统中会存在各种各样的支撑结构,如锚杆、顶板和底板等。

(2) 当存在地下临空面时,暴露在临空侧的墙体的热边界条件是不明确的,一般情况下它是与外界环境相连通的,故而会受到外界环境的季节性变化的影响。

(3) 由于地下连续墙单个墙体的长度足够长,换热管可以在墙内进行多种形式的布局,不同的布局形式会影响温度场在墙体内的分布,进而产生不同的力学响应。

由于能源地下连续墙的这种复杂性,能源地下连续墙埋管技术的发展受到了很大程度上的限制，换热特性及换热条件下力学特性的研究还尚未成熟。对传热理论模型的研究还有很大的发展空间；结合力学特性变化墙体内的换热管的最佳布置方式还有待进一步研究；不同条件下能源地下连续墙的变形特性的观点还缺乏统一的认识；在施工安装方面还缺乏相应的技术标准。这些问题都是制约这项技术进一步发展的主要因素。

8.2.4 能源隧道衬砌技术的发展

能源隧道衬砌技术最早工程项目是奥地利维也纳技术大学的 Brandl 教授在奥地利 Lainzer 隧道 LT22 区进行了能源隧道技术的试验，以研究能源隧道技术的应用(图 8-3)。该试验工程首次使用了能源土工布，将能源土工布布置于隧道初期支护和二次衬砌之间以吸收围岩地热能，经地源热泵提升后，用于隧道内部和附近建筑物的供暖。

图 8-3 Lainzer 隧道 LT22 区段能量土工布

2008 年，奥地利研究人员在 Jenbach 隧道设计了管片埋管系统，将换热管布置在隧道管片中，每个管片相当于一个换热管支管。国内首次利用能源隧道衬砌提取地热能是在 2014 年的内蒙古博牙高速扎敦河隧道,由埋设于隧道中断隧道初期支护和二次衬砌之间的热交换管环路提取周围岩土体中的热能，然后用该热能来解决隧道洞口的保温防冻问题，实现对寒区隧道洞口段防冻、保温。对于能源隧道衬砌这一新型能源隧道结构，相关的研究还十分缺乏。因此从工程应用的角度，十分有必要继续开展相关的研究工作。

8.3 能源隧道技术及指标

8.3.1 地源热泵系统简介

地源热泵利用热力学卡诺循环原理，通过深埋于建筑物周围的管路系统来提取自然界中能量。该管路系统是以岩土体、地下水或地表水为低温热源，由水源热泵机组、地热能交换系统、建筑物内系统组成的供热空调系统[44]，如图 8-4 所示。根据地热能交换系统形式的不同，地源热泵系统分为地埋管地源热泵系统、地下水地源热泵系统和地表水地源热泵系统。

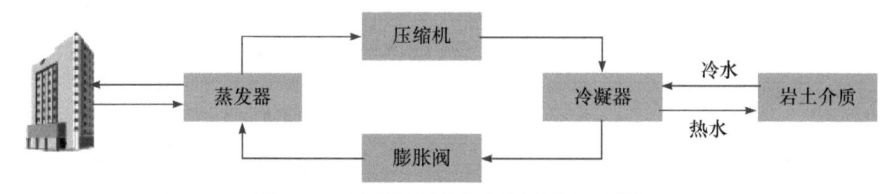

图 8-4 地源热泵供热空调系统示意图

已有资料表明[45]，我国每年使用地源热泵系统的项目已超过 2000 个，建筑面积近 8000 万 m^2。根据国家地热能中心公布的数据，截至 2020 年底，我国地热能供暖制冷面积累计达到 13.9 亿 m^2，其中，浅层地热能供暖制冷约为 8.1 亿 m^2。

在地下换热器的计算中，采用的模型包括无限长线热源模型、有限长线热源模型、空心圆柱热源模型以及实心圆柱热源模型等，理论热源模型无法计算管内流体的温度，只能用来估算岩土体的温度响应。随着数值计算能力的提升，为弥补解析解在近似和假设上的缺陷，取得更精细的模拟效果，通常采用数值模型，如有限差分模型、有限体积模型、有限元模型等。在给定相关热物性参数后建立数值模型，模拟地下换热器的传热过程。目前的研究中，利用 FLUENT、MARC、ANSYS 等有限元软件对地下换热器进行模拟的例子已有很多。

8.3.2 地源热泵在隧道中的应用

尽管该技术目前在各种商用和民用房屋建筑中都有广泛应用，却很少用于隧道工程中。隧道由于直接修建于岩土介质当中，与地上建筑相比，拥有更多的热交换空间。其热交换系统可直接植入地下工程的基坑围护墙内、基础底板下和桩基内，以及隧道衬砌结构中，与隧道工程部分结构一起形成换热器，可更便捷地获取能源。因此，相较于地上建筑，地源热泵技术其实更适合在隧道工程中使用。

世界上首次在隧道中应用该技术的国家是奥地利，相关学者和技术人员对 Lainzer 隧道的 LT24 区间(明挖法)、LT22 区间(新奥法)、维也纳地铁 2 号线的部分车站及区间进行了相关试验，取得了初步成果[46,47]，奥地利隧道热泵系统示意图如图 8-5 所示。

设计将深基础结构如桩、地下连续墙、基础底板以及隧道结构用作热交换元件，通过地下结构获得的地热能主要用于地铁车站管理用房、地下商场的供暖和制冷。

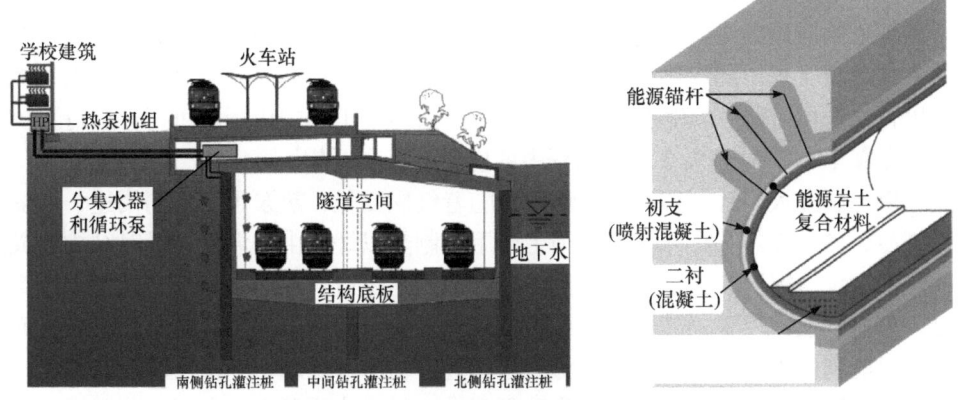

图 8-5 奥地利隧道热泵系统示意图

在英国，热泵系统被用于降低地铁运营过程中车厢温度，提高乘客的舒适度。研究表明，车辆制动和大量客流会在地铁中产生大量热量，应用热泵系统可以有效降低隧道中的温度，通过热泵系统提取的热量还可被地表建筑所利用[48]，英国地铁利用地下水热泵系统降温示意图如图 8-6 所示。Ampofo 等[49]通过对英国维多利亚地铁站(Victoria Tube Station)的地下水热泵系统的分析，指出热泵系统的制冷效率要明显高于普通空调系统，同时，对于相同制冷量，热泵系统的费用是普通空调系统的 1/3，此外可以有效降低城市 CO_2 排放量。

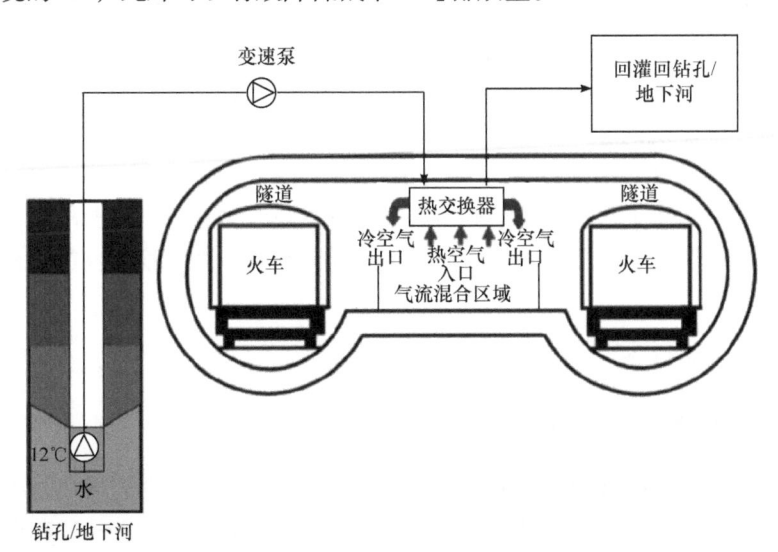

图 8-6 英国地铁利用地下水热泵系统降温示意图

我国地铁及隧道中地源热泵的应用仍然处于探索阶段。夏才初等[50]提出了能源地下工程的概念，并对地源热泵在上海地区地下工程的适用性进行了探讨[51]。邓志辉[52]、刘强[53]对热泵在成都地铁中的应用进行了研究，陈友媛等[54]对热泵在青岛地铁中应用的可行性进行了探讨，刘越等[55]以天津某地铁车站为例对土壤源热泵在地铁工程中的应用进行了分析，孟磊[56]对地源热泵应用于北京某地铁车库的可行性进行了研究，邬杰等[57]对热泵在南京地下工程中应用的可行性进行了探讨，茅靳丰等[58]对热泵在地下工程中的应用进行了展望。

以上研究大多针对普通气候地区，随着气候变化，热泵可有不同用途，如夏季制冷、冬季制热。在寒区热泵则主要用于制热以缓解由于温度过低对结构造成的危害。位于寒区尤其是气温极低的高寒地区的隧道，在建成后冻害问题十分突出，如衬砌挂冰现象、冻胀作用导致衬砌开裂等。运营后养护工作十分繁重，而目前只能利用煤电等加热系统来防治寒区隧道的冻害问题，经济与环境效益均不理想。寒区隧道的研究正处于起步阶段[59,60]，地源热泵可充分利用蕴藏于岩土体中的巨大能量，实现对寒区隧道的冻害防治。由于我国寒区面积大、冻土范围广，在寒区隧道中应用地源热泵技术，其经济效益、环境效益和社会效益都相当可观。

8.3.3 能源隧道的应用特点

能源隧道技术与传统的地源热泵系统相似，由地源侧换热循环、水源热泵机组和室内采暖空调循环三个部分组成，如图 8-7 所示，换热运行机制与传统地埋管系统相同，是新型的地源热泵技术，它是将地源侧换热管直接埋设地下隧道混凝土结构内部，具有结构和换热的双重功能。与传统的地源热泵系统相比较，具有显著的优越性：①无须另外钻孔，投资省；②换热构件与混凝土结合紧密，换热性能高且稳定、可靠，据欧洲经验，换热桩基可提取地热能 100~150kW·h/(m·年)，能耗仅为传统建筑的 25%~30%；③地下结构混凝土可有效防止换热管对地下水等的环境影响；④不额外占用地下空间资源。

在设计中，除了常规隧道结构所需要考虑的设计因素外，能源隧道的技术指标还包括埋管形式、布置间距、管材规格、换热材料、系统换热性能、桩的长期力学性能。

8.3.4 能源桩的技术

1. 能源桩换热管布置形式及换热性能研究

能源桩换热管布置形式主要有 U 型管和螺旋管两大类，根据换热管不同数量和连接方式又可以分为单 U 型、W 型(双 U 串联)、双 U 并联、三 U 并联和螺旋型等(图 8-8)。目前，国内外已开展了大量关于不同埋管形式以及运行方式对能源

第 8 章 能源隧道技术

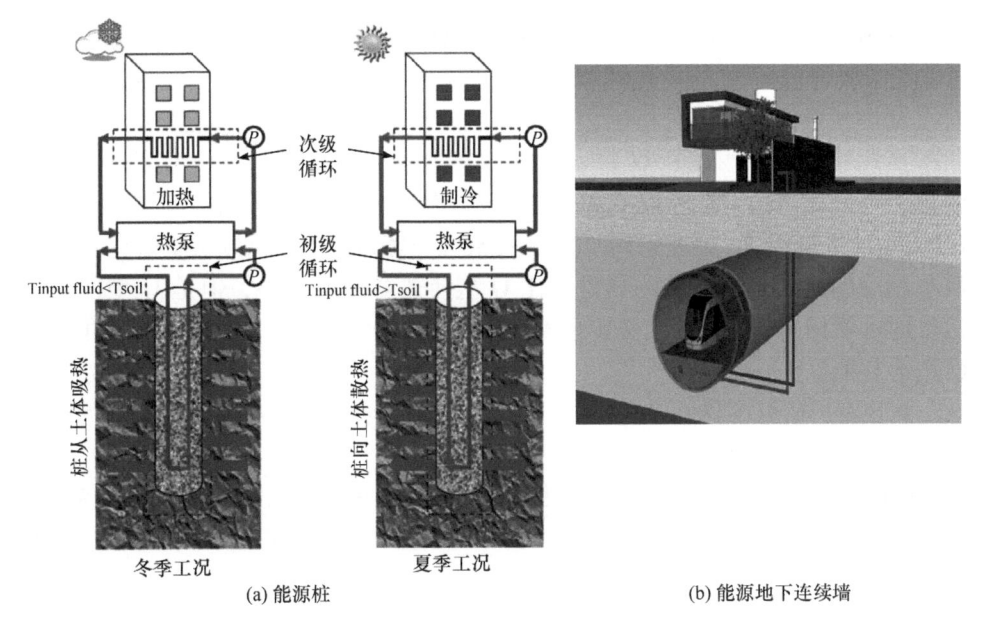

(a) 能源桩

(b) 能源地下连续墙

图 8-7 能源隧道系统示意图

桩的换热性能影响的研究，数值模拟分析了桩内埋管布置形式对能源桩换热效率的影响。结果表明：整体上，能源桩换热效率随埋管数量增加而提高，当桩内埋管数较少时，提高效果明显；而当埋管达到一定数量后，再增加对能源桩的换热效率影响很小；若埋管数量一定，桩内所有 U 型管的支管等间距布置时，能源桩的换热效率最高。

国外 Cecinato 等[60]研究发现影响能源桩换热性能最重要的设计参数是换热管的数量，在一定进水温度下，对不同埋管传热性进行实验，得到各埋管形式传热性能从弱到强依次为：单 U 型、W 型、并联双 U 型、并联三 U 型。Jalaluddin 等[61]对三种桩基埋管单 U 型、双 U 型和多管型的循环液流量进行了 2L/min、4L/min 和 8L/min 的测试，在增加管内液体循环流量时，三者的热交换率都增加，其中 2~4L/min 时热交换率增加较多，4~8L/min 时改变较小，并建议在循环液流量较大时宜采用双 U 型和多管型埋管。

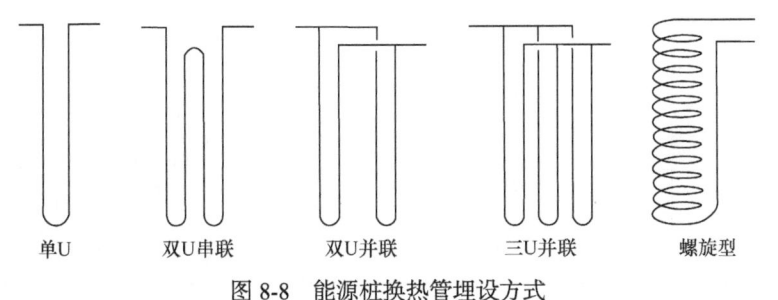

单U　　双U串联　　双U并联　　三U并联　　螺旋型

图 8-8 能源桩换热管埋设方式

Zarrella 等[62]采用数值模拟及原位实验的方法研究了两种埋管形式(螺旋管和 3U 型管)能源桩的换热性能,模型中考虑了热传导、深度、桩热容、回填料以及热载流体,数值分析比较发现,螺旋型换热器的峰值换热荷载比 3U 并联型换热器增加 23%,比双 U 并联换热器增加 40%,但是螺旋型换热器运行的压力降要比 3U 并联型换热器高出近 20 倍,对能源桩系统的节能性有较大影响,并且造价较 W 型埋管高 200%~250%。Wood 等[63]通过实验研究发现,虽然螺旋型的换热器输出的热量要比 U 型换热器高出 12%,但是 U 型换热器运行时的机组 COP 值要比螺旋型换热器要高 0.08,认为螺旋型换热器并不比 U 型换热器好。

从现有的研究中我们可以看出,除了桩基础本身,影响桩基埋管换热的因素主要有以下几个方面:

(1) 埋管形式。桩基埋管形式很多,每种形式的换热能力不同,由换热面积可知螺旋管的单桩换热能力最好,W 型和三 U 次之,再其次是双 U 型埋管,单 U 最弱。

(2) 桩基内埋管的数量。桩基比钻孔埋管直径大很多,一般在 300~1000mm,一根桩内可安装多根 U 型管,考虑桩内的热短路问题,一般采用 W 型和双 U 型,尽量避免单桩单 U 型埋管。

(3) 循环液的流量。一定程度增加循环液的流量可以提高桩基埋管的换热效率,但流量太大换热效果提高不显著,反而会增加功耗。

(4) 桩基的布置。桩基布置太密会形成热短路,不利于换热,应充分考虑间距的选取。

表 8-1 列出了目前国内已有的能源桩工程案例及其设计安装方式。从这些案例中可以看出,由于桩基础尺寸以及换热管形式的不同,各案例能源桩的换热性能差别很大。其中以双 U 型并联的埋管设计形式最多,而螺旋埋管则体现出其换热性能较强的优势。

表 8-1 国内能源桩案例及相关设计

工程实例	时间	桩基础类型	平均桩长/(H/m)	桩径/mm	单桩埋管形式	换热性能/(W/m)
济南市某办公楼	2008	沉管灌注桩	14.6	400	螺旋埋管	/
湖北移动 3G 办公楼	2015	钻孔灌注桩	33	800	W 型	夏季 70,冬季 65
江苏昆山市某办公楼	2016	钻孔灌注桩	17	600	并联双 U 和并联双螺旋埋管	夏季 153,冬季 87.5
南京某综合写字楼	2012	灌注桩	54	800	双 U 串联	夏季 75,冬季 60

续表

工程实例	时间	桩基础类型	平均桩长/(H/m)	桩径/mm	单桩埋管形式	换热性能/(W/m)
南京某综合商业区	2012	灌注桩	55	/	双U并联	夏季78.7,冬季55.1
青岛瑞源珠江路项目中的会所项目	2011	钻孔灌注桩	10	1000	螺旋埋管	/
上海世博轴空调系统	2010	钻孔灌注桩	25~40	600~800	W型埋管	夏季67.2,冬季78.8
上海自然博物馆空调系统	2011	灌注桩与地下连续墙	45	/	W型埋管	/
上海松江别墅小区	2012	/	15	800	螺旋埋管	夏季113,冬季58
未知地点住宅楼	2011	预制混凝土空心管桩	20	外径400,内径180	并联双U埋管	夏季63,冬季38
信阳宋基产业物流园信息大厦	2015	钻孔灌注桩	18.5	600	并联双U埋管	夏季147.1,冬季115.5
信阳高铁站站前广场	2015	人工挖孔灌注桩	12	800	螺旋型	夏季224.7,冬季145.7

2. 能源桩系统的设计

能源桩的设计需要综合考虑能源桩的系统换热性能、系统的经济性以及结构安全性三个方面。

1) 换热性能

能源桩的换热性能的控制因素非常多，桩基的尺寸、埋管形式、桩内埋管数量、管路规格、桩基的布置间距以及循环液流量等。其中忽略掉桩基础自身的条件，从换热管设计的角度，主要需要考虑的因素为埋管形式与数量、管路的规格以及换热管内循环液流量四个因素。

2) 经济性

根据上述分析，对于埋管形式与数量，螺旋管的单桩换热能力最佳，W型和三U型次之，再其次是双U型埋管，单U型最弱，但是从经济性角度考虑，螺旋埋管的管路成本较高，而且热短路的现象较为严重。循环液流量则与埋管入口流速对钻孔埋管换热性能的影响类似，在较小的流速范围内，流量增加，换热性能增强。超过一定流速后，流量增加带来的换热性能增加量将减小。因此，埋管内循环液流量需要选择一个适合的值，避免流量增加带来的电能消耗。

3) 安全性

对于能源桩的设计，结构的安全性也是当前学者们关心的重点。桩基中的温度变化会对桩内的应力以及桩基的承载力产生影响。2018 年国内大量高水平科研机构针对能源桩的设计编制了国家层面的行业标准《桩基地热能利用技术标准》(JGJ/T 438—2018)。该规范总结了实践经验，规定了能源桩技术的设计、计算、施工及质量验收等方面内容，但对于考虑结构安全性方面，标准中给出的结构设计计算方法还比较粗略，这部分内容仍然是以后工程设计关注的重点。

8.3.5 能源连续墙的技术

能源连续墙相关的研究主要分为两个方面：一个是能源地下连续墙换热特性的研究；另一个是能源地下连续墙在换热条件下力学以及变形特性的研究。

与能源桩相比，能源连续墙能够在换热管布置方式上有着更多的可能性。因而一直以来，墙内不同换热管布置方式是国内外学者研究的重点。Amis[64]和 Amis 等[65]通过伦敦骑士桥皇宫酒店的能源地下连续墙项目讨论了在地下室开挖之后，准确评估能源地下连续墙换热性能的必要性。结果中提出，由于墙壁的三分之二暴露在地下室中，其换热性能会降低 13%。国内学者采用现场实验的方法对上海自然博物馆地下连续墙内埋管的传热性能进行了实验研究，分析了埋管布置形式、循环水流速、进水温度和运行模式对换热效果的影响。实验结果表明：增大埋管的支管间距可提高其换热效果，埋管的换热量随进水温度呈线性变化，采用间歇运行的模式，可提高热交换系统的换热量。Xia 等[66]通过实验比较了 W 型、改进的 W 型和单个 U 型(图 8-9)三种管道形式的能量墙在不同的入口流体温度和流速下的换热性能。结果发现，W 型管道的换热能力比单个 U 型多 25%至 40%，改进的 W 型由于扩大了土体侧管路之间的距离，其传热效率比 W 型管路提高了 11%。

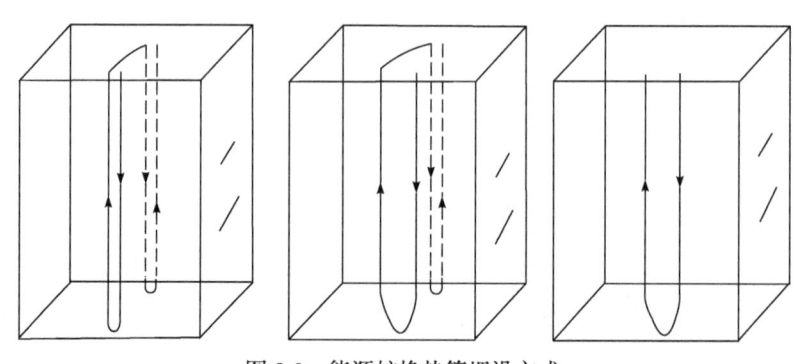

图 8-9 能源桩换热管埋设方式

由于能源地下连续墙结构上的复杂性,换热特性及换热条件下力学特性的相关研究还尚未成熟。对传热理论模型的研究还有很大的发展空间;结合力学特性变化墙体内的换热管的最佳布置方式还有待进一步研究;不同条件下能源地下连续墙的变形特性还缺乏统一的认识。

8.3.6 能源隧道衬砌技术

2008年,奥地利研究人员在岩巴赫(Jenbach)隧道设计了管片埋管系统,将换热管布置在隧道管片中,每个管片相当于一个换热管支管。根据运行结果,在系统运行期间可提供 10～20W/m² 的换热功率,每个采暖季该系统能为附件公共建筑物提供 40kW 的热量。

国内首次利用能源隧道衬砌提取地热能是在 2014 年的内蒙古博牙高速扎敦河隧道,首次由埋设于隧道中段隧道初期支护和二次衬砌之间的热交换管环路提取周围岩土体中的热能,然后用该热能来解决隧道洞口的保温防冻问题,实现对寒区隧道洞口段防冻、保温。对于该段能源隧道衬砌系统,张国柱等[67]通过理论计算得到,隧道衬砌每延米的换热量为 3W/m²,同时也对该段系统的施工工法提供了详细的说明。

2017 年,意大利都灵理工大学学者在都灵地铁 1 号线地铁隧道中安装了 2 环能源管片并进行了现场换热试验。热交换管布设在管片内外两侧,实测结果表明,隧道管片换热管的换热效率达到了 48.7W/m²。

能源隧道衬砌的研究是一个较为新型的工程,各个研究的能源隧道衬砌系统的换热效率差别很大,在上述研究中,换热效率的变化范围为 3～48.7W/m²,这种差别是由埋管方式的不同、水文地质条件的差异等因素造成的。对于埋管方式,有的工程案例将管道敷设在隧道初期支护和二次衬砌之间,有的是将换热管敷设在衬砌管片中,隧道地热能敷设方式如图 8-10 所示。在工程实际中,采用哪种敷设方式换热效率最高、最经济的,尚没有统一的结论。同时换热将不可避免地对隧道力学以及变形特性产生影响,对于能源隧道衬砌这一新型能源隧道结构,相关的研究还十分缺乏。

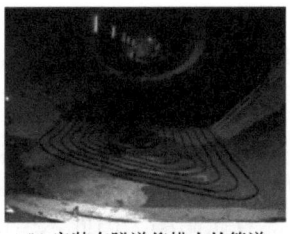

(a) 埋设在管片衬砌中的管道　　(b) 安装在隧道仰拱上的管道　　(c) 安装在二次衬砌和一次衬砌之间的管道

图 8-10　隧道地热能敷设方式

8.3.7 能源隧道热泵设计

能源隧道的热泵设计首先要根据隧道使用目的进行相应的冷热负荷设计计算。对于普通房屋建筑，地源热泵的供能作用效果等同于空调系统的冷却塔，主要用于制冷或供暖。而隧道中的热泵应用更加广泛，可利用热泵来降低隧道所产生的热量，提高乘客舒适度；也可将地铁车站与热泵系统相结合，与地表建筑进行热量交换；在寒区可将隧道区间产生的热量提取至洞口以缓解冻害。

能源隧道地热能利用工程应根据当地气候条件、水文地质工程地质条件、场地浅层地温资源情况、地基基础与地下结构设计等因素，对隧道地热能利用系统进行可行性和经济性的评估。隧道地热能利用系统除应满足地源热泵系统地下换热性能要求外，还不得影响隧道结构安全和正常使用。能源地下结构地热能利用工程应根据换热需求、能源结构承载要求和地层条件，对换热管路与能源结构进行协同设计，初步设计可按如下参考值进行：

(1) 直径 0.3~0.5m 的桩基每延米可获得 40~60W 的热量；
(2) 直径大于 0.6m 的桩，每延米与地基土接触面积可获得 35W 的热量；
(3) 地下连续墙或板桩墙，每延米可获得 30W 的热量；
(4) 基础底板每延米可获得 10~30W 的热量。

8.4 能源隧道技术案例

8.4.1 隧道融雪防结冰的浅层地热能利用研究

1. 项目概况

清凉门隧道工程北起扬子江隧道南接地点，南至河西大街与扬子江大道的交叉口，全长约 7km，主线设计速度 80km/h，辅道设计速度 40km/h。清凉门隧道是南京市重要的城市主干道之一，是南京快速路网的重要组成部分，在草场门大街、清凉门大街、汉中门大街、水西门大街共设置四座下穿节点隧道，隧道总长 2560m，最大纵坡 4%~5%，根据南京的雨雪天气隧道管养结果可以发现，雨雪天隧道路面出现结冰现象较多，当隧道纵坡较大时车辆易出现打滑发生交通事故。

进行隧道融雪防结冰系统试验段设计的区域位于扬子江大道清凉门隧道段，清凉门隧道位于扬子江大道与清凉门大街节点处，隧道总长 865m，隧道平面和纵断面见图 8-11。其中南敞开段的隧道路面下布置换热管进行冬季雨雪天气下的融雪防结冰(北敞开段路面上部有遮阳棚，因此不考虑布置路面除冰系统)，其隧道路面的长度为 245m。

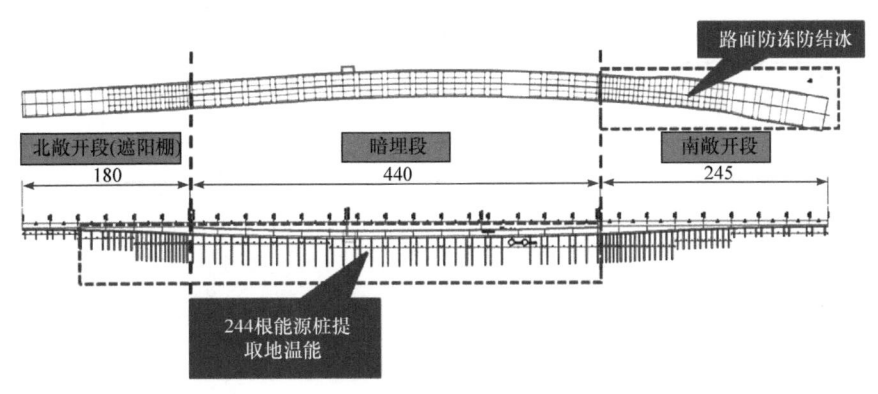

图 8-11 清凉门隧道段平面和纵断面图(单位：m)

2. 道路埋管和能源桩埋管的设计

除冰的路面位于清凉门隧道敞开段，因为南敞开段区间没有足够的空间同时布置冷水管主管和热水管主管，所以采取在北敞开段和暗埋段的桩基础中布置换热管，通过换热管将地下稳定的低品位地热能提取出来，然后通过热泵机组转化为高品位的地热能供给道路下埋管，以到达南敞开段路面防冻防结冰的目的。南敞开段标准横断面如图 8-12 所示。

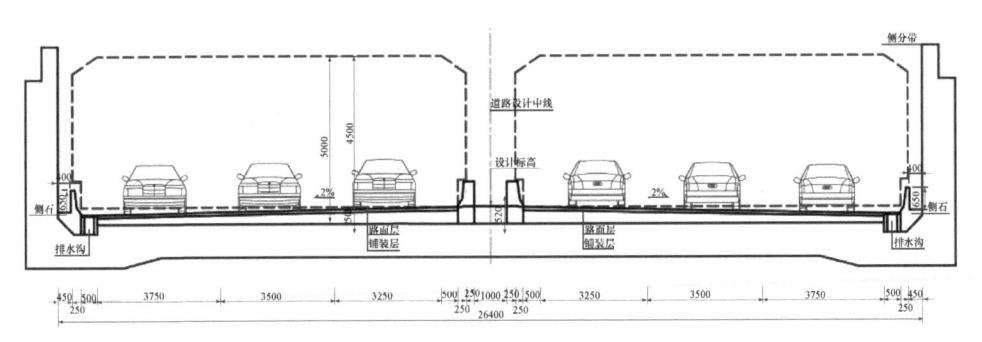

图 8-12 南敞开段标准横断面布置图(单位：mm)

对于隧道南敞开段，路面被中间的绿化带分隔成两个对称的道路部分。对于这两个道路部分，路面在横向上有个 2%的坡度。路面下 10cm 的厚度区域为路面沥青层，沥青层以下为变厚度的混凝土铺装层，铺装层以下为 1m 厚的混凝土主体结构层，主体结构层以下为 50cm 厚的碎石回填层，碎石回填层以下为土体部分。

对于桩基础部分，用于提取浅层地热能的桩长为 30m 和 20m，且以工程桩为主(表 8-2)，暗埋段工程桩和暗埋段抗拔桩的平面图见图 8-13。

表 8-2 桩基础分布

桩长	北敞开段(抗拔桩)	暗埋段(工程桩)	南敞开段(抗拔桩)
30m 桩	52	166	64
20m 桩	26	0	32

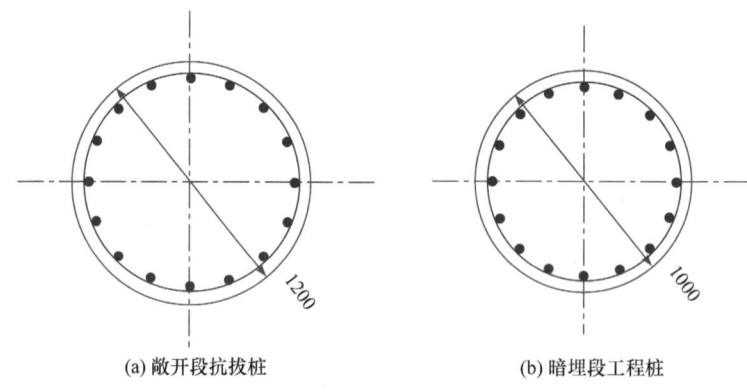

(a) 敞开段抗拔桩

(b) 暗埋段工程桩

图 8-13 桩的平面图(单位：mm)

3. 换热管布置方式设计

1) 道路下换热盘管设计

图 8-14 是道路下埋管初步设计的横断面视图和纵断面视图。如图 8-14 所示，换热管走向垂直于道路走向且平行于道路路面。考虑到如果换热管如果埋深过浅，容易受到路面荷载而损坏，但是如果埋深过深，换热管的热量又很难传递到地面。综合考虑，将换热管与道路路面垂直距离控制在 20cm，也就是在混凝土铺装层以下 10cm，并在换热管上面增加钢筋保护层，换热盘管采用 U 型环路形式，U 型

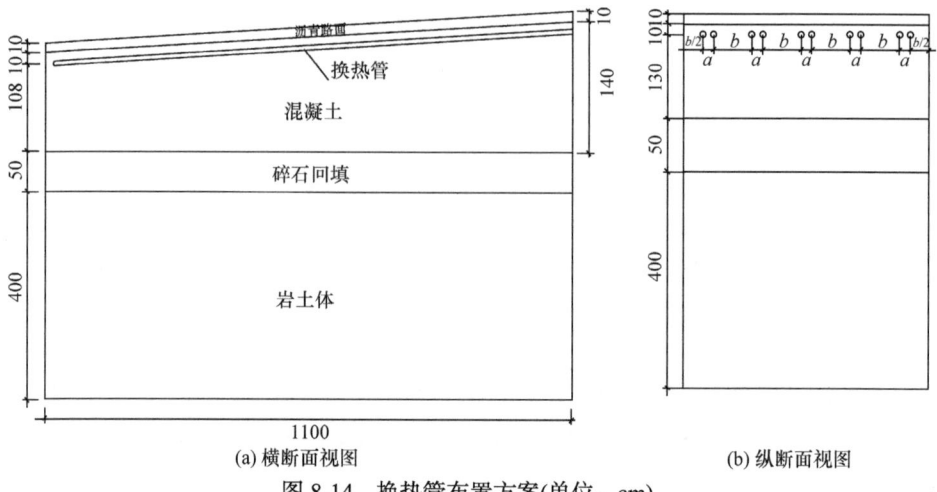

(a) 横断面视图

(b) 纵断面视图

图 8-14 换热管布置方案(单位：cm)

管进出水口间距 a 以及两个 U 型管之间的间距 b，如图 8-14(b)所示，通过数值模拟计算对比分析后确定。

2) 桩基换热管布置

为了减少换热管的损坏和方便安装，考虑将换热管布置在管径笼的外侧。同时为了保证主筋外保护层的厚度，换热管的位置需错开主筋布置。根据本项目桩基特点及热量需求，采用的是三 U 型埋管形式，通过数值模拟计算，桩基础内换热管布置平面图见图 8-15。

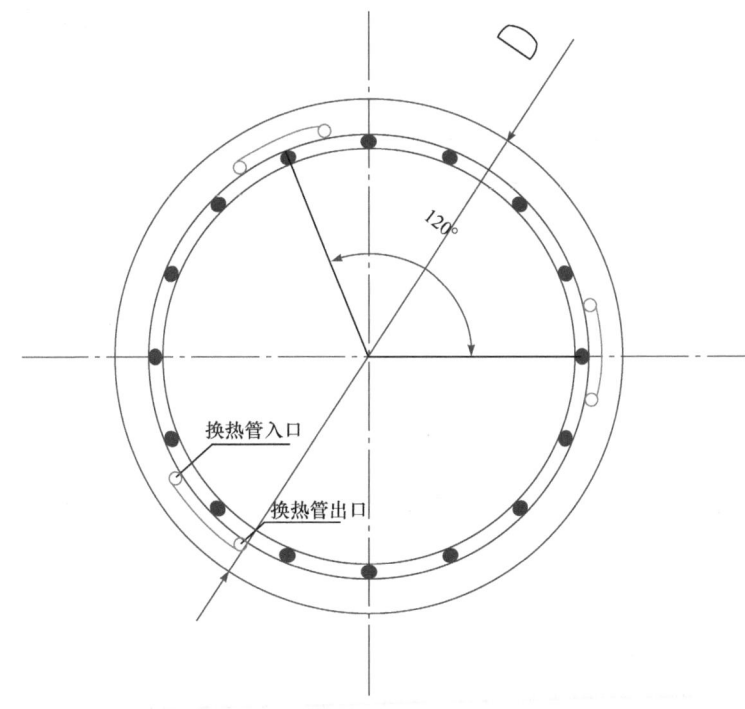

图 8-15　桩基础内换热管布置平面图

3) 管材及管径

道路下埋管采用单 U 埋管形式，为保证道路下换热管的耐久性及提高换热效率，结合工程实际，根据数值模拟计算，道路下换热管采用不锈钢的，管径选用 DN25 的，热水总管为 DN250 的焊接钢管。

能源桩内换热管根据数值模拟计算结果，综合考虑运行成本，采用公称外径 DN32 的高密度聚乙烯(HDPE)管，冷水总管为 DN300 的焊接钢管。

4. 防冻防结冰系统设计

1) 道路融冰换热量

根据南京室外设计气象参数(源于《暖通空调系统设计手册》)，南京冬季空调室外设计风速为 3.8m/s；同时根据南京 2018 年最大降雪时刻的降雪统计(表 8-3)，通过积雪厚度推算，2018 年最大降雪速率约为 1cm/h。图 8-16 为风速 4m/s、降雪速率 1 cm/h 条件下南京地区防冻防结冰的热量需求，对应的路面最不利点热通量在各温度条件下的需求值如表 8-4 所示。

表 8-3　南京最大降雪统计(2018 年)

全市雪情统计(1 月 25 日 13 时)			
站名	气温/℃	雪量/mm (昨夜 20 时起)	积雪深度/cm
六合	−1.2	7.7	10⇨
浦口	−1.8	12.2	15⇧
南京(江宁)	−1.4	10.2	6⇨
溧水	−0.8	11.2	7⇨
高淳	−0.4	12.5	7⇨

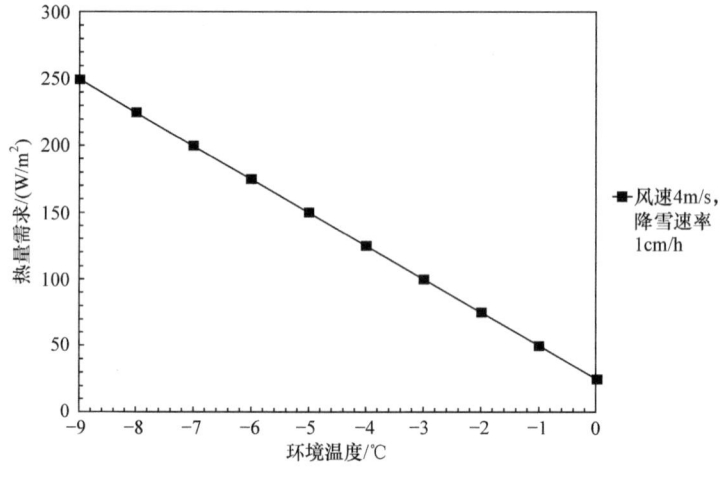

图 8-16　满足除雪条件单位面积热功率与环境温度关系

表 8-4　路面最不利点热通量需求值

环境温度/℃	0	−1	−2	−3	−4	−5	−6
对应路面热量需求/(W/m²)	25	50	75	100	125	150	175

2) 换热管总体平面布置

道路防冻防结冰为隧道南敞开段，热泵机房宜布置在南敞开段与暗埋段衔接的位置处，平面布置见图 8-17。

目前，此项目主要设计研究工作已经完成，正在进行深化设计。

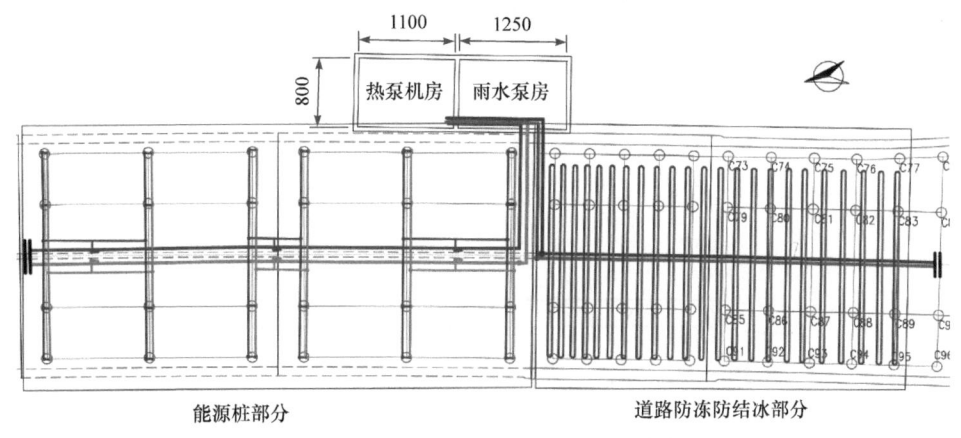

图 8-17 热泵系统管路总体平面布置图(单位：cm)

8.4.2 建宁西路过江通道地热能利用设想

1. 项目概况

南京建宁西路过江通道工程(一期)起于江北大道，止于热河路附近，路线长 6.801km，主要包括过江隧道、接线桥梁、路基、互通、沿线机电设施和附属工程，具体项目路线图如图 8-18 所示。其中，江南工作井、江北工作井及明挖段的围护型式为地下连续墙，地下连续墙单墙长 5~6m，墙厚 1.2~1.5m。

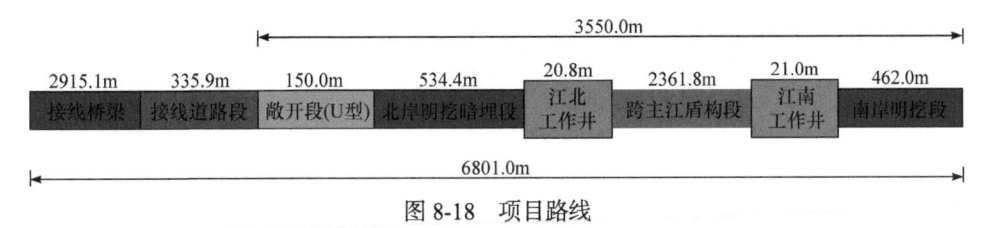

图 8-18 项目路线

2. 地热能利用设想

本项目地热系统尚未启动设计工作，目前为前期研究阶段，下面是针对此项目的设计设想。

1) 隧道地热能利用

本项目隧道两侧为工作井，由于江北段设有管理中心，可为隧道工作井设备用房及管理用房提供冷量。本项目考虑在江南工作井及临近明挖段地下连续墙中敷设换热管，为江南工作井区域设备用房提供冷量。图 8-19~图 8-21 分别为江南工作井围护结构平面图、临近江南工作井明挖段围护结构平面图以及纵断面图。从图中可以看出，这些区域的地下连续墙大部分单墙长为 5m，所有的墙厚为 1.5m，墙深约为 65m。地下连续墙内换热埋管直接绑扎在地下连续墙的主筋上，

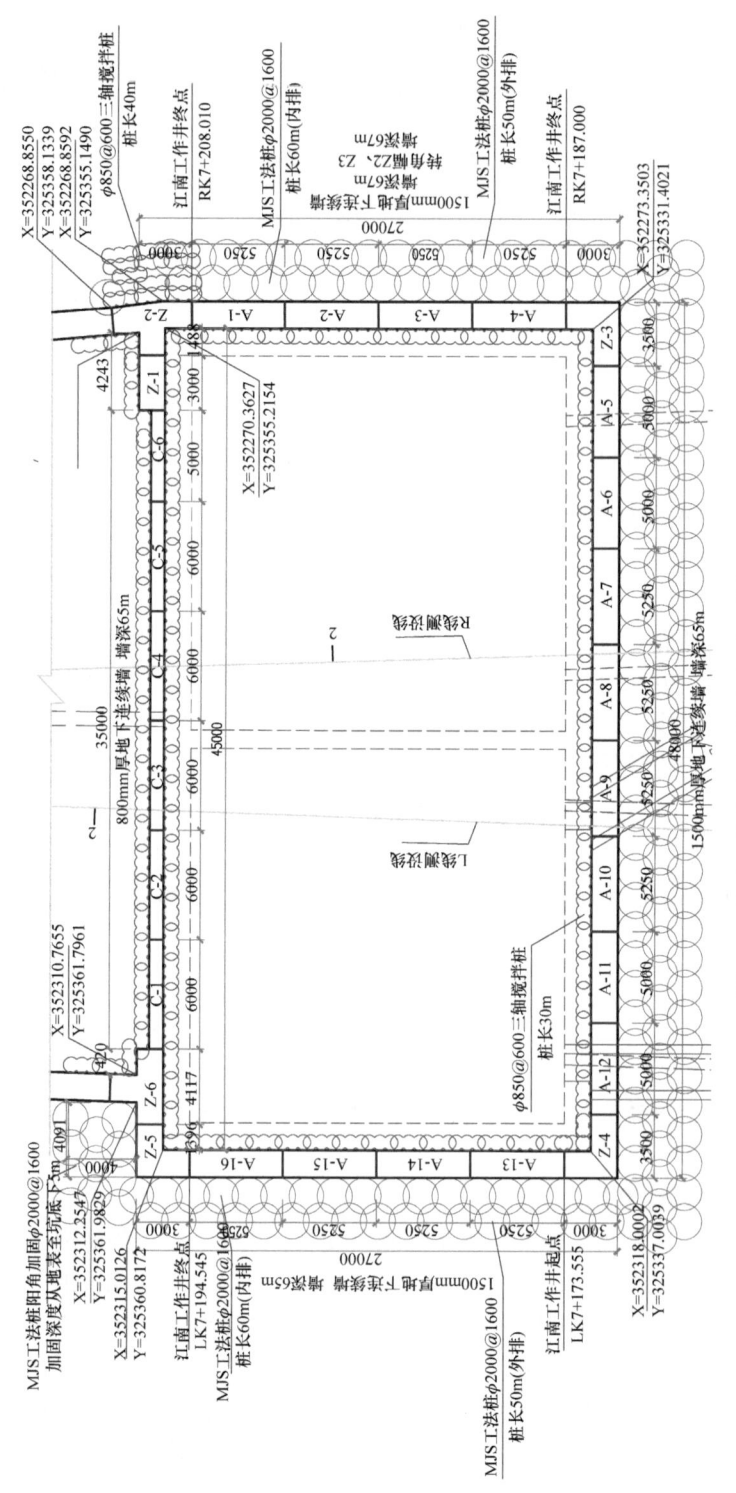

图 8-19 江南工作井地下连续墙平面图(单位：mm)

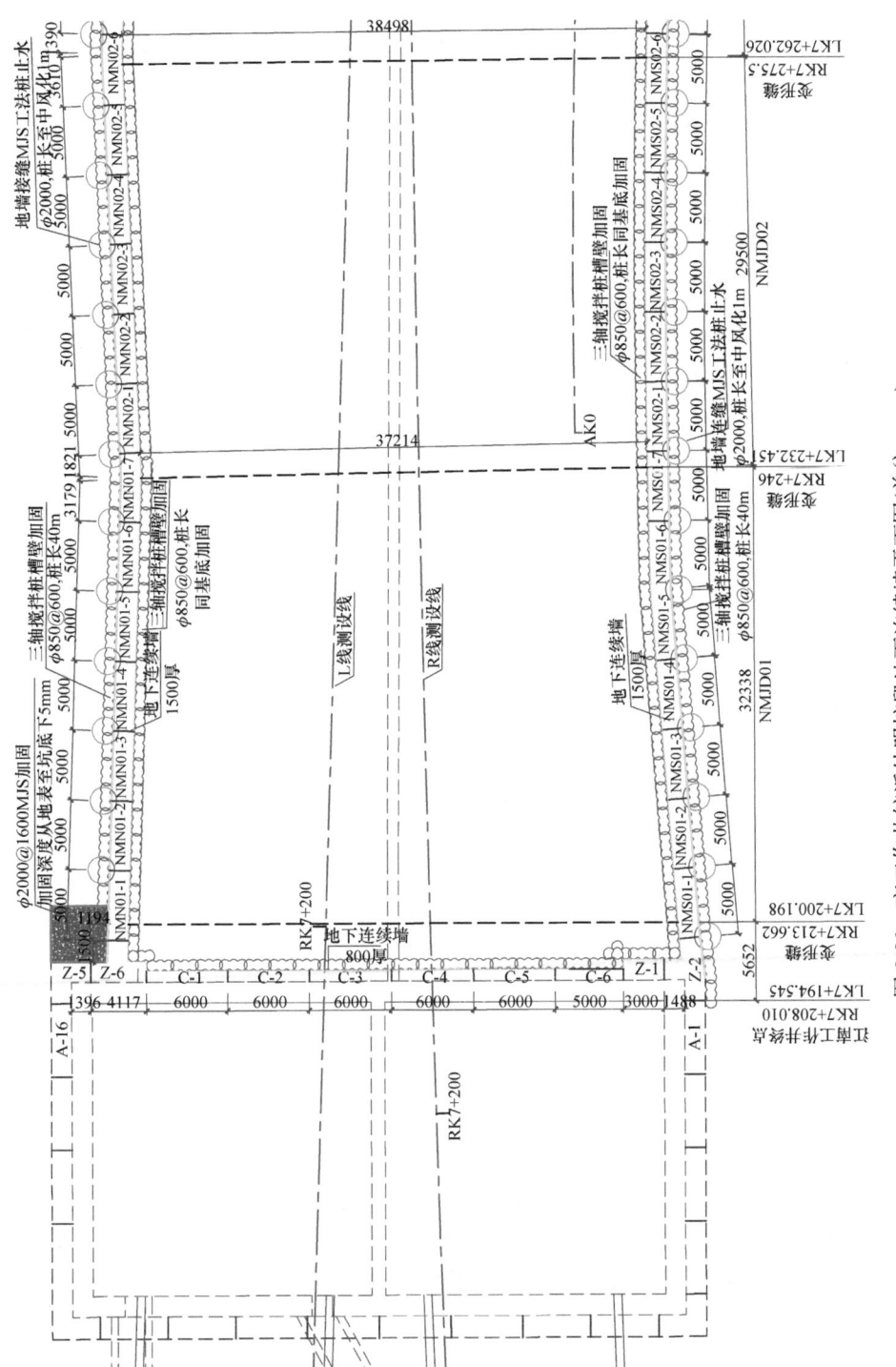

图 8-20 离工作井较近处明挖段地下连续墙平面图(单位：mm)

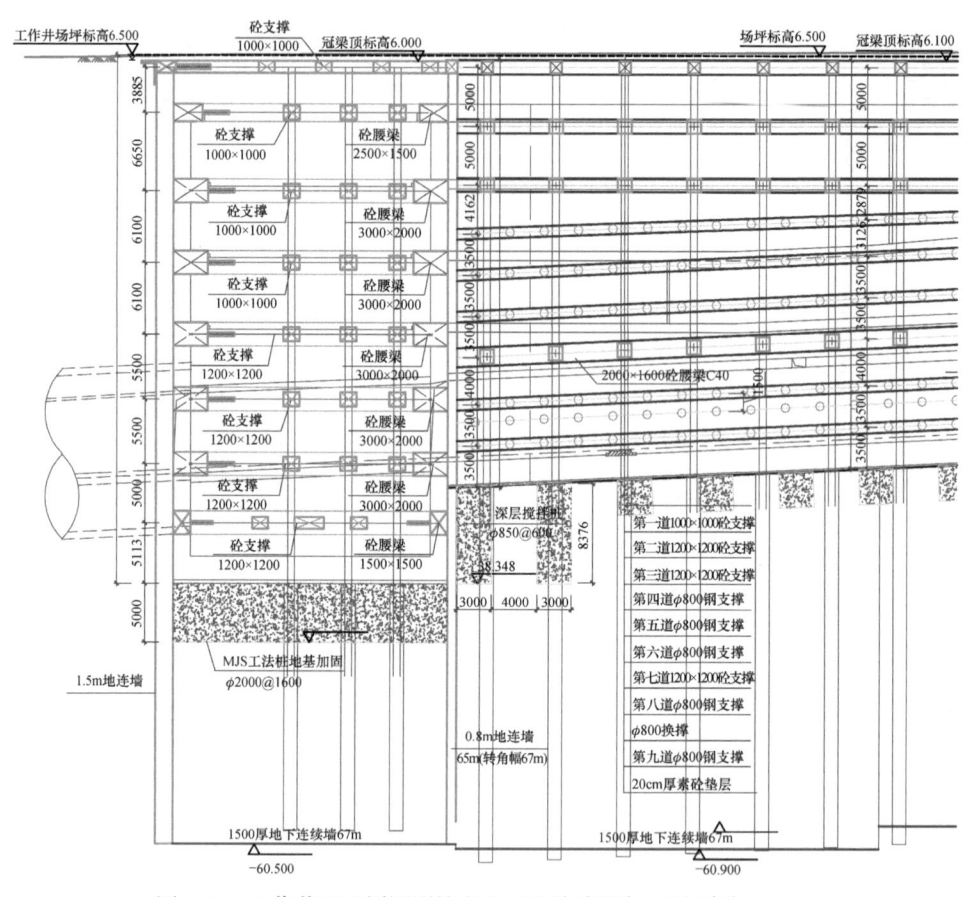

图 8-21 工作井以及周围明挖段地下连续墙纵断面图(单位：mm)

与地下连续墙一起形成换热构件，省去了钻孔费用，且具有传热效果好、稳定性耐久性等优点。江南明挖段连续墙换热埋管示意如图 8-22 所示。

2) 热泵系统数值模拟计算

根据本项目连续墙型式，进行了初步数值模拟计算，该模型由墙体、墙换热管、隧道主体结构以及墙周岩土土体部分组成。地下连续墙单墙内埋管考虑采用双 U 并联，单个 U 型管进出水口之间的间距为 0.8m，相邻 U 型管之间的距离为 1.7m，地下连续墙内埋管的管材采用 DN32 的高密度聚乙烯管(PE 管)。换热管布置在靠近土体侧并绑在地下连续墙主筋上，该距离的选择综合考虑了墙体尺寸、墙内钢筋主筋的布置以及《桩基地热能利用技术标准》(JGJ/T 438—2018)。地下连续墙内双 U 并联埋管布置的三视图见图 8-23。

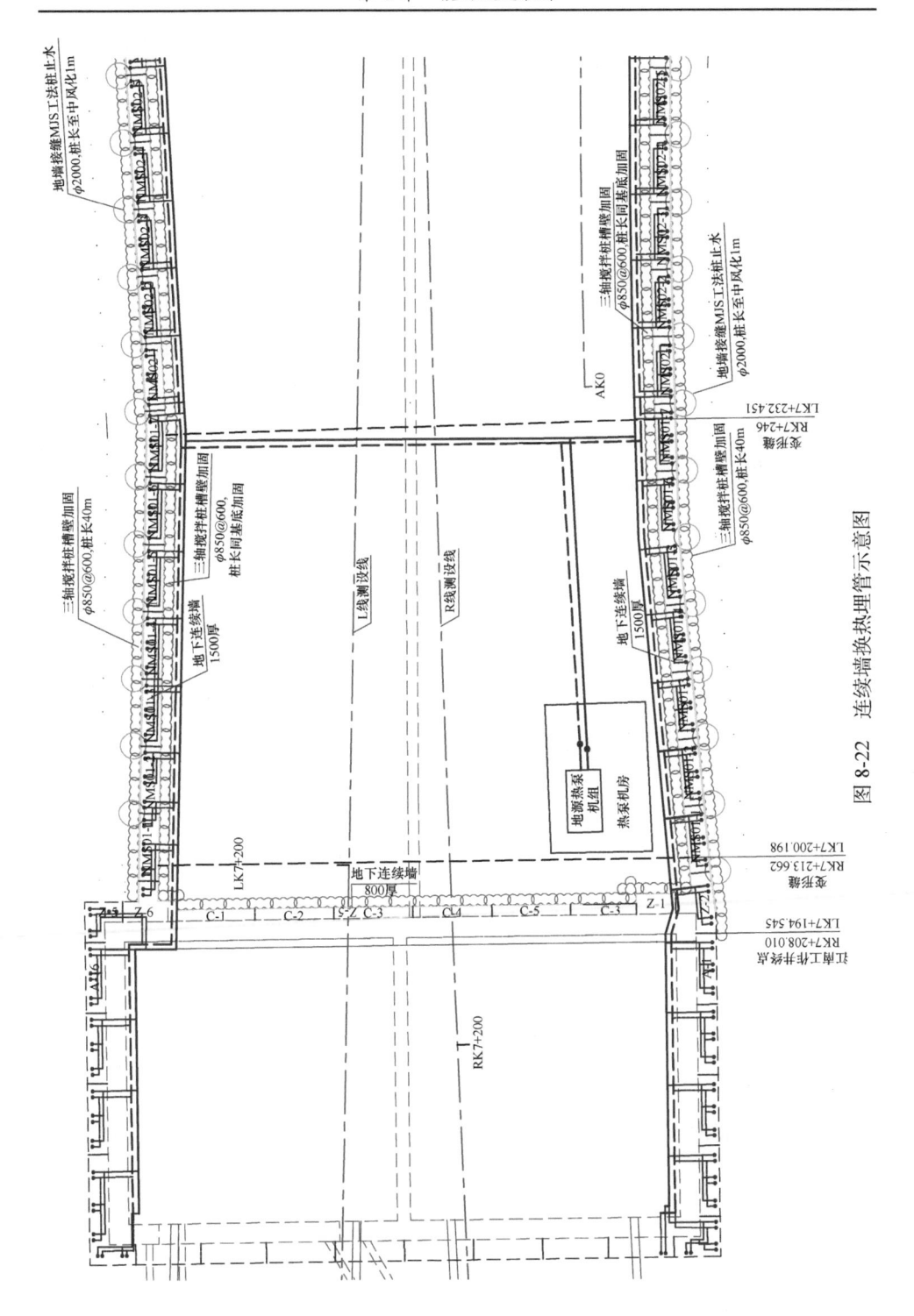

图 8-22 连续墙换热埋管示意图

(a) 主视图

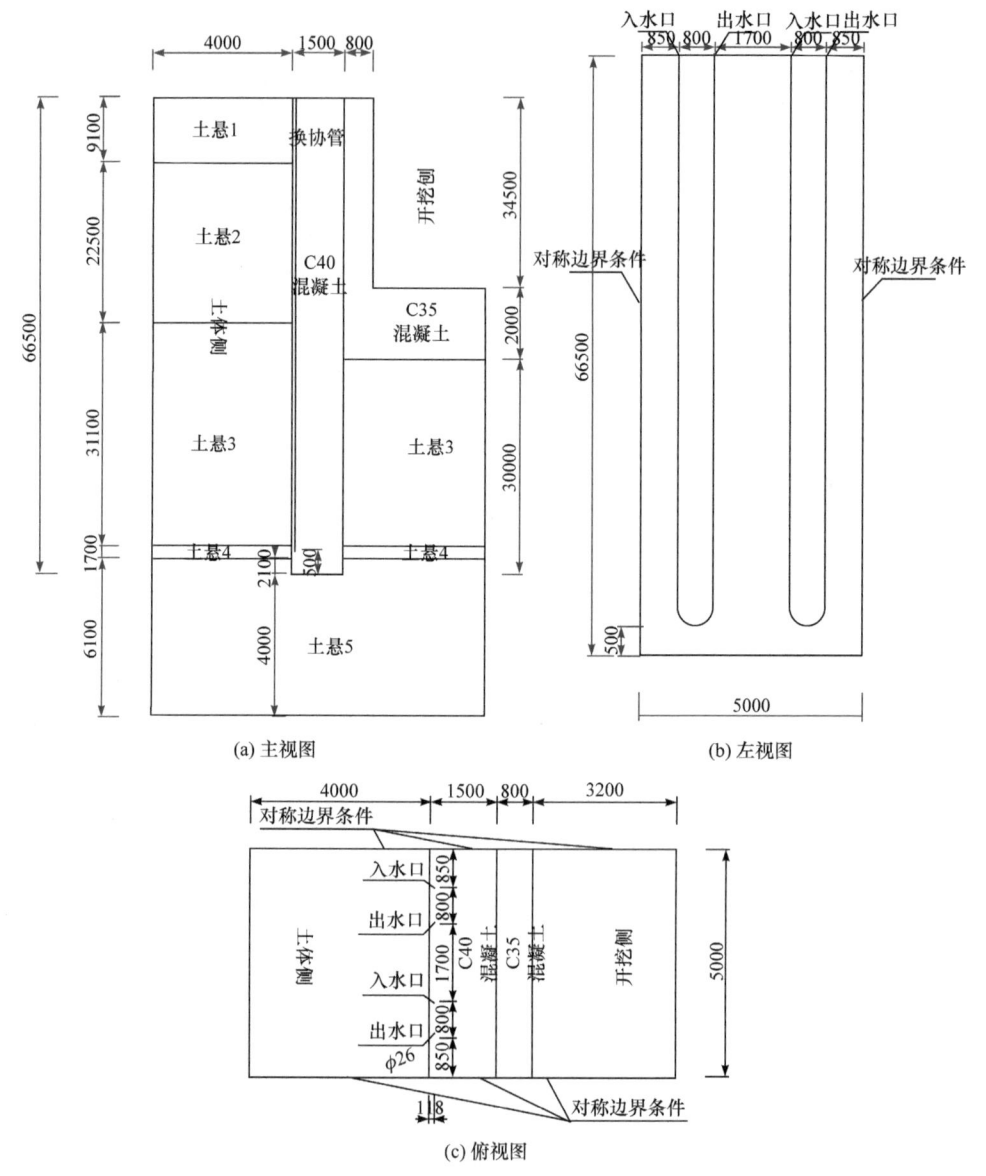

(b) 左视图

(c) 俯视图

图 8-23 U 型管布置方案示意图(单位：mm)

地下连续墙模型各材料参数如表 8-5 所示，材料参数来源于工程勘察报告以及文献资料。

表 8-5 地下连续墙模型各材料参数

材料	密度/(kg/m³)	导热系数/(W/(m·K))	比热容/(J/(kg·K))
C40 混凝土	2500	1.74	970
主体结构	2500	1.40	970
素填土	1910	1.2	1500
淤泥质粉质黏土夹粉砂	1800	1.64	1500
粉质黏土夹粉砂	1840	1.63	1500
粉砂	1980	2.22	1550
中等风化泥岩	2200	1.60	1200
PE 管	1100	0.42	2300

3) 数值模拟计算结果

对于夏季运行工况，考虑换热管的入口水温为 35℃ 和 32℃ 两种情况，并在两种入口水温条件下考虑 0.2m/s 和 0.4m/s 的换热管流速，运行 48h 后得到两种换热管布置下的数值模拟结果如表 8-6 所示。

表 8-6 不同运行工况下的数值模拟结果

换热管布置方式	入口/℃	流速/(m/s)	48h 单 U 换热量/W	单位面积换热量/(W/m²)
双 U 并联	35	0.2	4020	24.2
		0.4	4869	29.3
	32	0.2	3285	19.7
		0.4	3950	23.7

地埋管提供的冷负荷足以满足工作井设备用房及管理中心冷负荷需求，此项目具体实施方案会根据后续研究的深入，做进一步的优化。

第9章 结论与展望

9.1 结　　论

本书分析了隧道建设和运营中的节能、环保问题，提出了绿色隧道概念，并初步分析了绿色隧道的几个发展方向和其技术发展水平，构建了城市绿色隧道的基本框架体系和评价指标体系。

1. 提出了隧道毗邻空间利用绿色技术指标和标准

隧道毗邻空间在规划设计阶段应结合地下空间开发利用充分考虑以下要求。

当隧道埋深位于地下 1 层，底部存在构筑物时，应综合考虑同期协同建设；或做好远期建设该地下空间的预加固措施，降低两者的影响。

当隧道埋深位于地下 2 层及以下，顶部存在夹层空间和大量回填土时，应综合考虑利用该空间，同时兼顾两侧空间的连通性。

当隧道路径内存在平行的地下构筑物类型时，应结合所有地下结构物类型进行地下空间的平面和竖向布局，并进行结构协同设计，节约投资。

圆形交通隧道建设应考虑其空间高效利用，在技术成熟的条件下，优先考虑轨道交通、管线等生命线工程在隧道空间内的布设。

水下交通隧道建设应综合考虑与走廊带内的其他水下工程一并实施，并兼顾工程的难度和投资。

2. 提出了绿色隧道装配式建造技术指标和标准

装配式隧道可以参照绿色建筑评价标准从节地、节能、节水、节材、环境质量、施工质量和运营管理七大类指标进行评价；也可以从预制构件装配率、结构性能、运营维护、材料成本、环境质量、能源消耗六方面进行全面的指标确定，对各类指标进行细化和分析。

装配式隧道绿色建造指标的构建应能够反映出装配式隧道的标准化程度，指标体系要按照"资源的应用效率原则、能源的使用效率原则、污染的防止原则、环境的和谐原则"来构建，以交通为根本，做到层次分明，满足全面性、适当性和实用性原则。

预制构件装配率是衡量隧道装配式应用的基本标准，参照装配式建筑评价标准相关规定,衬砌结构及其内部结构预制装配率不应低于35%,一般不低于50%。结构性能主要包括耐久性、可靠性、功能性、美观性。其中耐久性、可靠性主要是指材料的质量、结构安全、抗震程度等。

3. 提出了绿色隧道噪声控制技术指标和标准

隧道周边声环境根据《声环境质量标准》(GB 3096—2008)及隧道运行引起的敏感目标噪声级增量按表9-1分类。

表9-1 城市隧道周边声环境分类

分类	隧道周边声环境/dB(A)
A1类	$L_{eq,tout(nst)} \geq [L]$ 且 $L_{t(nst)} \geq 2$
A2类	$L_{eq,tout(nst)} \geq [L]$ 且 $L_{t(nst)} < 2$
A3类	$L_{eq,tout(nst)} < [L]$

A类隧道以隧道对周边环境的影响作为分类依据。

对通行非机动车及行人的城市隧道,隧道内声环境根据隧道内最大噪声级按表9-2进行分类。

表9-2 隧道内声环境等级划分

分类	隧道内声环境/dB(A)
B1类	$L_{eq,tin} \geq 85$
B2类	$80 \leq L_{eq,tin} < 85$
B3类	$L_{eq,tin} < 80$

B类隧道以噪声对人体的影响作为分类依据。

4. 提出了绿色隧道通风环保技术指标和标准

(1) 隧道通风系统节能主要控制指标为稀释污染物的需风量、通风方式、风机选型、射流风机布置、通风系统控制方式等,具体从如下几个方面考虑。

先进程度。通风机越先进,风速的可控性和可调性就越好,通风效率越高,节能效果越好。

控制方式。通风机控制方式越先进,通风效率越高,节能效果越好,如通风控制采用智能控制方式,就可以根据隧道车流量、污染物浓度及外界环境实时控制通风机实现按隧道实际需要供风,达到很好的节能目的。

运行方式。通风机采取智能控制与变频调节结合，节能效果较好，是首选的节能方式。

结合影响城市隧道通风能耗的几个主要因素，提出隧道通风节能指标。

(2) 隧道通风系统的环保主要控制指标为污染物因子构成、隧道内污染物浓度指标、隧道排出污染物浓度和排放标准、隧道污染物除尘净化技术等，具体从如下几个方面考虑。

环境指标合理性。隧道内环境指标运行，驾驶员行驶的舒适性越好，安全性越高。隧道洞口或集中排风口排放的污染物浓度符合大气环境要求。

除尘技术先进性。隧道内配置除尘技术越先进、效率越高，隧道内外环境指标越好，达到很好的环保目的。

5. 提出了绿色隧道照明节能技术指标和标准

隧道照明系统节能最主要指标为照明功率密度，照明亮度指标、照明光源、控制技术、运维能力等是关键的次要指标，具体从如下几个方面考虑。

节能设备选择：实践证明照明灯具越先进，其可控性与可调性也越好，隧道节能效果也越好，如近年来使用LED灯进行隧道节能，得到业内认可。

节能控制技术：隧道照明控制技术越先进，节能效果越好，如采用智能调光控制技术可按照隧道洞外亮度及隧道车辆流量情况对隧道内照明实时控制，节能效果好。

隧道运维能力：隧道照明设备运行和维护关系到隧道的运营能耗，运营阶段应加强照明灯具的维修、清洁。

6. 提出了绿色隧道结构健康监测技术指标和标准

1) 健康监测的主要内容

对于钻爆法隧道，监测项目一般可以选择拱顶下沉、收敛变形，围岩与初衬接触压力、初衬与二衬接触压力、初衬及二衬水压力、二次衬砌混凝土及钢筋应力等。

对于盾构法隧道，隧道管片结构与地层、地下水长期作用，在长期高水压作用下结构容易发生腐蚀，连接件也容易发生老化。一般需要监测管片外水压力及土压力、管片混凝土及钢筋应力、螺栓内力、管片接缝张开量及错开量、隧道断面收敛变形等。

对于沉管法隧道运营过程中管段接头位移变化，监测项目的检测范围除了管段外水压力、基底应力、管段混凝土及钢筋应力、隧道顶覆盖层等，还要管段接缝张开量及错开量、管段接头剪切键剪应力、止水带压缩状态、隧道顶覆盖层等。

对于明挖法隧道(含堰筑法隧道)，检测项目应对基底应力、衬砌外水压力、土压力、混凝土及钢筋应力进行监测。

2) 健康监测系统框架

隧道结构健康监测系统包括传感器、数据采集和数据分析系统、监控中心以及实现诊断功能的各种软硬件。硬件部分主要包括：传感器系统、数据采集和传输系统、数据存储与管理系统。软件部分主要包括：中心数据库子系统、预警与评价子系统、用户界面子系统。

3) 传感器系统

结构健康监测系统中常用的传感器有应变片传感器、振弦式传感器等。除了传统的传感器以外，目前主要还采用各种新型智能传感器，包括：光纤光栅传感器、F-P 干涉仪型光纤传感器、光纤分布式传感器、压电超声波传感器等。

4) 数据采集和传输系统

数据采集系统是隧道结构安全监测系统的重要组成部分,应具有多通道采集、数据实时采集功能和通信功能；传输系统应具有有线和无线传输功能。

5) 结构健康诊断方法

隧道结构健康监测过程中，隧道结构安全预警与综合评估系统对自动化监测和人工巡测得到的数据进行统一处理和分析，依据建立的多层次评价指标体系，对隧道结构进行安全性评估，对异常状况进行诊断并预警。

6) 数据管理平台(软件系统)

隧道结构健康监测软件系统的结构采用客户机/服务器(Client/Server，C/S)模式+浏览器/服务器(Browser/Server，B/S)模式，数据的采集采用 C/S 模式，人机接口部分采用 B/S 模式结构。

7. 提出了能源隧道技术指标和标准

能源隧道设计需要综合考虑系统的换热性能、系统的经济性以及结构安全性三个方面。

(1) 只要隧道地下结构具有一定的埋深，周围岩土体温度相对恒定，就可在地下结构中敷设热交换管道，将换热管路与地下连续墙一起形成换热构件，提取隧道空气热能或隧道围岩中的地热能，为隧道附近的建筑供热、制冷。

(2) 能源地下结构具有换热和作为构筑物的双重作用，温度变化会对桩基、连续墙应力以及承载力产生影响，隧道衬砌内敷设换热管，将不可避免地对隧道力学以及变形特性产生影响，需进行相关力学特性的计算。

(3) 除了能源隧道结构本身，影响埋管换热的因素主要有：埋管形式、埋管数量、管路规格、换热管内循环液的流量。

从换热能力比较，螺旋管的换热能力最好，W 型和三 U 型次之，再其次是双 U 型埋管，单 U 型最弱；但是螺旋埋管的管路成本较高，螺旋型换热器运行的压力降要比 3U 并联型换热器高出近 20 倍,对能源桩系统的节能性有较大影响。双 U 型并联的埋管设计形式最多,而螺旋埋管则体现出其换热性能较强的优势。

9.2 展　　望

绿色隧道的发展不是一朝一夕,需要隧道科技工作者长期的实践才能完成,绿色的认识也可以从多个维度去研究和分析,丰富各项绿色隧道技术指标,形成《绿色隧道评价标准》和《绿色隧道评价细则》等体系性成果。

参 考 文 献

[1] 中国岩石力学与工程学会地下空间分会. 中国城市地下空间发展蓝皮书 2018[M/OL]. 2018-10.
[2] 赵慧. 我国城市地下道路研究现状及发展刍议[J]. 城市道桥与防洪, 2016, (2): 5-8,24.
[3] 黄俊, 虞辰杰, 张忠宇, 等. 城市隧道噪声实测与降噪措施研究[J]. 城市道桥与防洪, 2016, (4): 164-168, 17.
[4] 周正兵, 吕晓峰. 隧道 LED 照明节能 80%原因分析[J]. 交通建设与管理, 2008, (4):79-82.
[5] 郭清超, 闫治国, 朱合华. 城市隧道顶部开口型自然通风研究现状综述[C]//运营安全与节能环保的隧道及地下空间暨交通基础设施建设第四届全国学术研讨会论文集, 2013.
[6] 马芸, 鲍世民. 国外绿色建筑发展概况[J]. 中国地产市场, 2006, (4): 68.
[7] 王有为, 秦佑国. 绿色建筑评价标准[J]. 上海住宅, 2006, (9): 104-111.
[8] 郝培文, 蒋小茜, 石载. 绿色公路理念及评价体系[J]. 筑路机械与施工机械化, 2011, (5): 29-35.
[9] 易列斯. 论绿色公路评价的发展现状[J]. 南方农机, 2018, 49(8): 234.
[10] 王武生. 绿色公路建设理念在长益高速公路扩容工程中的应用[J]. 中外公路, 2019, 39(1): 299-302.
[11] 秦云. 上海城市地下道路规划发展设想[C]//中国土木工程学会, 上海土木工程学会, 上海城建隧道股份有限公司. 地下交通工程与工程安全——第五届中国国际隧道工程研讨会文集, 上海: 同济大学出版社, 2011: 34-40.
[12] 王梦恕. 21 世纪我国隧道及地下空间发展的探讨[J]. 铁道科学与工程学报, 2004, (1): 7-9.
[13] 黄平, 周锡芳, 关博. 日本东京都地下道路规划与建设[J]. 交通与运输, 2009, (5): 28-29.
[14] 虞振清. 新加坡的地下道路建设[J]. 交通与运输, 2013, (5): 33-34.
[15] 黄俊, 张顶立, 郑晅, 等. 绿色隧道建造技术研究与应用[J]. 现代隧道技术, 2018, 55(S2): 1026-1036.
[16] 黄俊, 战福军, 李海光, 等. 装配式钢管混凝土绿色隧道探讨[C]//中国公路学会养护与管理分会. 中国公路学会养护与管理分会第七届学术年会论文集, 2017: 106-112.
[17] 陈立平, 方继伟, 干啸洪, 等. 隧道噪声传播扩散规律及其检测方案探讨[J]. 隧道建设, 2016, 36(12): 1442-1448.
[18] 郭丽苹, 李志远. 隧道口减光设施对照明的影响研究[J]. 交通节能与环保, 2020, 16(1): 123-126.
[19] 王莉. 长大隧道火灾纵向疏散救援通道正压送风策略研究[J]. 中国市政工程, 2014, (3): 94-98, 110.
[20] 赵斌, 吕西林, 刘丽珍. 全装配式预制混凝土结构梁柱组合件抗震性能试验研究[J]. 地震工程与工程振动, 2005, (1): 81-87.
[21] 李远辉, 李楠, 杨桂平. 预制装配式框架结构的连接与消能减震技术探讨[C]//天津大学. 庆祝刘锡良教授八十华诞暨第八届全国现代结构工程学术研讨会论文集, 工业建筑杂志社, 2008: 4.
[22] 孔复耀. 装配式钢筋砼空心楼板施工造成裂缝的原因分析[J]. 中外建筑, 2002, (6): 65-67.
[23] 谢颖, 胡成群. 装配式混凝土结构重要施工技术要点研究[J]. 安徽建筑, 2019, 26(10): 97-98.
[24] 丁亚超, 周敬宣, 李恒. 国外几种道路交通噪声预测模式的对比分析[J]. 交通环保, 2004, (2): 5-7.

[25] Department of Transport of U K. Calculation of Road Traffic Noise [M]. London: Dept. of Transport, Welsh Office, HMSO, 1988.
[26] Probst W. Prediction of sound radiated from tunnel openings[J]. Noise Control Engineering Journal, 2010, 58(2): 201-211.
[27] Guan P. Prediction of sound attenuation in the tunnels using sound absorber[D]. Singapore: National University of Singapore, 2005.
[28] Davies H G. Multiple-reflection diffuse-scattering model for noise propagation in streets[J]. The Journal of the Acoustical Society of America, 1978, 64(2): 517-521.
[29] Davies H G. Noise propagation in corridors[J]. Journal of the Acoustical Society of America, 1973, 53(5): 899-909.
[30] Yang L N, Shied B M. The prediction of speech intelligibility in underground stations of rectangular cross section [J]. Journal of the Acoustical Society of America, 2001, 109(1): 266-273.
[31] 陈方荣, 嵇正毓. 类比测量城市隧道交通噪声预测法介绍[J]. 江苏环境科技, 2005, (1): 42-43.
[32] 师利明. 高速公路隧道内交通噪声预测和降噪措施[J]. 噪声与振动控制, 2010, (2): 66-68.
[33] 师利明, 罗德春, 邓顺熙. 公路隧道内噪声预测和降噪措施的理论研究[J]. 中国公路学报, 1999, (1): 103-107.
[34] HJ/T 90—2004, 声屏障声学设计和测量规范[S].
[35] 储诚赞, 刘玉新, 燕凌. 公路隧道节能方式探究[J]. 现代隧道技术, 2016, 53(1): 23-27.
[36] 张永利. 隧道通风系统节能理念及其实践探讨[J]. 长沙铁道学院学报(社会科学版), 2012, 13(1): 204-205.
[37] 时亚昕. 隧道内自燃风计算方法及节能通风技术研究[D]. 成都: 西南交通大学, 2011.
[38] 张祉道. 公路隧道的洞口照明与建筑结构[J]. 高速铁路技术, 1994, (4): 1-6.
[39] 王学堂, 赵展旗. 隧道照明控制工程研究[J]. 西安公路交通大学学报, 1998, 18(1): 5.
[40] 翁季. 机动车交通道路照明设计标准研究[D]. 重庆: 重庆大学, 2006.
[41] 孙春红, 陈仲林, 杨春宇. 用数码相机研究隧道洞外景物亮度[J]. 照明工程学报, 2010, 21(6): 19-22, 27.
[42] 黄军. 城市隧道照明系统优化[J]. 灯与照明, 2011, 35(2): 13-15.
[43] 冯守中. 绩黄高速玉台隧道光纤照明应用技术研究[J]. 地下空间与工程学报, 2012, 8(S1): 1426-1430.
[44] 中国建筑工业出版社. 地源热泵系统工程技术规范(GB50366—2009). 北京: 中国建筑工业出版社, 2009.
[45] 孙友宏, 仲崇梅, 王庆华. 中国地源热泵技术应用及进展[J]. 探矿工程(岩土钻掘工程), 2010, (10): 30-34.
[46] Brandl H. Energy foundations and other thermo-active ground structures[J]. Géotechnique, 2006, 56(2): 81-122.
[47] Maidment G G, Missenden J F. Evaluation of an underground railway carriage operating with a sustainable groundwater cooling system[J]. International Journal of Refrigeration, 2002, 25(5): 569-574.

[48] Revesz A, Chaer I, Thompson J, et al. Ground source heat pumps and their interactions with underground railway tunnels in an urban environment: A review[J]. Applied Thermal Engineering, 2016, 93: 147-154.

[49] Ampofo F, Maidment G G, Missenden J F. Application of groundwater cooling scheme for London Underground network[J]. International Journal of Refrigeration, 2011, 34(8): 2042-2049.

[50] 夏才初, 曹诗定, 王伟. 能源地下工程的概念、应用与前景展望[J]. 地下空间与工程学报, 2009, (3): 419-424.

[51] 陈小龙, 曹诗定. 能源地下工程在上海地区的适用性研究[J]. 土木工程学报, 2009, (10): 122-126.

[52] 邓志辉. 成都地铁应用水源热泵模式的研究[J]. 制冷与空调(四川), 2007, (2): 13-16.

[53] 刘强. 关于XX地铁车站采用地源热泵技术方案的研究[C]//铁路暖通空调专业2006年学术交流会, 成都, 2006: 15-27.

[54] 陈友媛, 韩亚军, 李文伟, 等. 青岛地铁地源热泵技术综合应用可行性分析[C]//2010 中国环境科学学会学术年会, 上海, 2010: 585-588.

[55] 刘越, 廖胜明, 孔华彪. 土壤源热泵在地铁工程中的应用分析[J]. 区域供热, 2010, (4): 4-8.

[56] 孟磊. 地源热泵技术在地铁车库内使用的可行性研究[C]//高水平地建设城市轨道交通——2013中国城市轨道交通关键技术论坛暨第二十三届地铁学术交流会, 北京, 2013: 320-322.

[57] 邬杰, 余跃进. 能源地下工程在南京地区的适宜性讨论[J]. 建筑节能, 2014, (2): 34-37.

[58] 茅靳丰, 潘登, 耿世彬, 等. 地源热泵在地下工程的应用研究与展望[J]. 地下空间与工程学报, 2015, (S1): 252-256.

[59] 张国柱, 夏才初, 马绪光, 等. 寒区隧道地源热泵型供热系统岩土热响应试验[J]. 岩石力学与工程学报, 2012, (1): 99-105.

[60] Cecinato F, Loveridge F A. Influences on the thermal efficiency of energy piles[J]. Energy, 2015, 82: 1021-1033.

[61] Jalaluddin J, Miyara A, Tsubaki K, et al. Thermal performances of three types of ground heat exchangers in short-time period of operation[C]//International Refrigeration and Air Conditioning Conference, Indiana, 2010.

[62] Zarrella A, De Carli M, Galgaro A. Thermal performance of two types of energy foundation pile: Helical pipe and triple U-tube[J]. Applied Thermal Engineering, 2013, 61(2): 301-310.

[63] Wood C J, Liu H, Riffat S B. Comparative performance of "U-tube" and "coaxial" loop designs for use with a ground source heat pump[J]. Applied Thermal Engineering, 2012, 37: 190-195.

[64] Amis T. Energy foundation in the UK[J]. Ground Source Live Sustainable Heating & Cooling: Peterborough, UK. Available online: https://www. gshp. org. uk/GroundSourceLive2011/Tony AmisPilesgsl. pdf (accessed on 1 October 2018), 2011.

[65] Amis A, Loveridge F A. Energy piles and other thermal foundations for GSHP—developments in UK practice and research[J]. Rehva Journal, 2014, 2014, (1): 32-35.

[66] Xia C, Sun M, Zhang G, et al. Experimental study on geothermal heat exchangers buried in diaphragm walls[J]. Energy and Buildings, 2012, 52: 50-55.

[67] 张国柱, 张玉强, 夏才初, 等. 利用地温能的隧道加热系统及其施工方法[J]. 现代隧道技术, 2015, 52(6): 170-176.